国内外经典教材辅导系列·法学类

马工程《宪法学》(第2版)

考研真题和典型题详解

主编：圣才考研网
www.100xuexi.com

中国石化出版社

内 容 提 要

本书是马克思主义理论研究和建设工程重点教材《宪法学》(第 2 版)的学习辅导书。本书遵循该教材第 2 版的章目编排，共分为 10 章(含导论)，每章由两部分组成：第一部分为复习指南，知识框架部分清晰勾勒出了每章的知识脉络，通关提要部分剖析了本章重难点、考查特点和学习方法；第二部分为考研真题与典型题详解，精选了近年的部分名校考研真题、法考真题，并提供了详细的分析和解答。

圣才考研网(www.100xuexi.com)提供全国所有院校各个专业的考研考博辅导方案【网络课程、电子书、题库等】。购书享受大礼包增值服务【本书电子书(手机版、电脑版)+专业咨询】。手机扫码(本书封底的二维码)领取本书大礼包。

图书在版编目(CIP)数据

马工程《宪法学》(第 2 版)考研真题和典型题详解/圣才考研网主编.—北京:中国石化出版社,2021.7(2025.1 重印)
国内外经典教材辅导系列·法学类
ISBN 978-7-5114-6387-6

Ⅰ.①马… Ⅱ.①圣… Ⅲ.①宪法-法的理论-中国-研究生-入学考试-自学参考资料 Ⅳ.①D921.01

中国版本图书馆 CIP 数据核字(2021)第 142808 号

中国石化出版社出版发行
地址:北京市东城区安定门外大街 58 号
邮编:100011 电话:(010)57512500
发行部电话:(010)57512575
http://www.sinopec-press.com
E-mail:press@sinopec.com
武汉市盛宏源印务有限公司印刷
全国各地新华书店经销
*
787×1092 毫米 16 开本 15.25 印张 343 千字
2021 年 8 月第 1 版 2025 年 1 月第 2 次印刷
定价:58.00 元

序　言

国内外经典教材辅导系列是一套全面解析当前国内外各大院校权威教科书的辅导资料。我国各大院校一般都把国内外通用的权威教科书作为本科生和研究生学习专业课程的参考教材，这些教材甚至被很多考试(特别是硕士和博士研究生入学考试)和培训项目作为指定参考书。为了帮助读者更好地学习专业课，我们有针对性地编写了一套与国内外教材配套的复习资料，并提供配套的名师讲堂和题库。

马克思主义理论研究和建设工程重点教材《宪法学》是我国高校采用较多的宪法学权威教材之一。本书遵循该教材第2版的章目编排，共分为10章(含导论)，每章由两部分组成：第一部分为复习指南，知识框架部分清晰勾勒出了每章的知识脉络，通关提要部分剖析了本章重难点、考查特点和学习方法；第二部分为考研真题与典型题详解，精选了近年的部分名校考研真题(含法律硕士真题)、法考真题，并提供了详细的分析和解答。所选习题基本涵盖了每章的考点和难点，特别注重理论联系实际，凸显当前热点。

要深深牢记：考研不同一般考试，概念题(名词解释)要当作简答题来回答，简答题要当作论述题来解答，而论述题的答案要像是论文，多答不扣分。有的论述题的答案简直就是一份优秀的论文(其实很多考研真题就是选自一篇专题论文，完全需要当作论文来回答)！

圣才考研网编辑部

目　录

导 论

0.1 复习指南

【知识框架(庖丁解牛)】

- 导论
  - 宪法学的概念、分类、在中国的产生和发展
  - 宪法学的研究对象
    - 宪法典[宪法文本]
    - 宪法理论
    - 宪法规范
    - 宪法现象及宪法运行过程
  - 宪法学的研究方法
    - 阶级分析法
    - 历史分析法
    - 比较分析法
    - 规范分析法
    - 理论联系实际的方法
  - 宪法学的基本特征
    - 鲜明的政治性
    - 学科基础性
    - 特殊的规范性和实践性
  - 学习宪法学的意义和基本要求

【通关提要(提纲挈领)】

本章是本书的导论部分，总体介绍宪法学的基本内容，比较基础且简单。学习时，要掌握宪法学的研究对象、分类和基本特征，熟悉宪法学的概念和研究方法，了解宪法学在中国的产生和发展、学习宪法学的意义和基本要求。本章常考选择题和简答题，要理解记忆。

0.2 考研真题与典型题详解

一、简答题

1. 简述宪法学的研究对象。[扬州大学2022年研]

相关试题：简述宪法学的研究对象和范围。[四川师大2014年研]

答：宪法学是指以宪法及宪法现象为主要研究对象的一门法律科学。其研究对象主要包括：

(1)宪法典(宪法文本)。宪法学的主要研究对象是宪法典，此外还包括规范国家权力

组织形式、公民基本权利与义务等方面的基本法律。宪法学一般以本国的宪法为主要研究对象。

(2)宪法理论。作为一种社会现象，宪法建立在一定的理论基础和基本原则之上，有其自身的发展规律，并形成了宪法学理论体系。

(3)宪法规范。宪法由一定数量的规范组成。宪法学在阐明宪法的基本原理之外，要着重研究宪法的具体规范及宪法规范所规定的国家基本制度。

(4)宪法现象及宪法运行过程。宪法现象是指由宪法引起的各种社会关系和社会现象。研究宪法和宪法现象，不仅要研究不同宪法现象之间的相互关系以及宪法运行的具体过程，同时也要探寻出其产生和发展的规律性。

2. 简述宪法学的研究方法。[扬州大学2021年研]

答：宪法学的研究方法是指研究宪法及宪法现象、宪法规律的途径、步骤和手段。其根本方法是马克思主义的辩证唯物主义和历史唯物主义的世界观和方法论，以及毛泽东思想、中国特色社会主义理论体系特别是习近平新时代中国特色社会主义思想中的科学方法论。其研究方法主要包括：

(1)阶级分析法。指运用马克思主义阶级理论分析社会现象，从社会经济条件、阶级背景等方面入手，通过分析宪法在阶级矛盾中的地位与作用，揭示其阶级本质。不同性质国家的宪法有本质区别，通过阶级分析可划清社会主义宪法与资本主义宪法的界限。

(2)历史分析法。指将研究对象置于特定历史条件和背景下进行分析与比较。宪法的产生、发展及国家制度等都受历史背景影响，通过追溯历史，能把握其发展规律。历史经验和教训对现实与未来有借鉴意义，研究宪法应总结经验、以史为鉴。

(3)比较分析法。指通过特定指标系统对客观事物进行比较，从而认识其本质和规律并作出评价。各国宪法既有基本内容，又有独特之处；通过比较分析，可借鉴外国宪法有益成果，避免盲目照搬。

(4)规范分析法。指对宪法文本的法律规范结构、体系、目的等进行分析以确定其内涵。通过文义、体系、历史、目的等解释方法，结合政治、经济、文化等因素，深入理解宪法规范。该方法以逻辑学和语言文字学为基础，要引入相关最新成果。

(5)理论联系实际的方法。指以马克思主义基本原理为指导，联系经济社会及国际国内实际，分析宪法及其发展规律。宪法学具有实践性，研究需结合现实问题，重视案例分析，避免理论与实践脱节。

3. 宪法学的基本特征。[湖南师大2023年研]

相关试题：

(1)简述宪法学的学科地位。[四川师大2015年研]

(2)简述宪法学的学科地位和特点。[四川师大2012年研]

答：与法学其他学科及政治学等相关学科相比，宪法学在研究对象、学科地位、研究方法等方面呈现出独特性质，即其基本特征。具体如下：

(1)宪法学具有很强的、鲜明的政治性。

宪法是国家的总章程，是治国安邦的总章程。宪法学具有政治性的首要和决定性原因是其研究对象即宪法具有的高度政治性。宪法的高度政治性体现在：宪法规定国家的根本制度和根本任务、公民的基本权利和义务以及国家运行和社会生活中最重要的原则，其具有最高的权威和根本的法律效力，在法律体系中占核心地位。

(2)宪法学在法学学科体系中具有基础性。

①从法的渊源角度看，许多法学学科的基本精神和基本原则都根源于宪法。

②从法学研究角度看，许多部门法问题的研究以宪法学的相关知识为基础。

③从制度层面来看，在宪法监督制度中，部门法实施中可能出现的违宪问题可以通过宪法监督制度予以纠正，在制度层面上形成了宪法学和其他法学学科之间的内在联系。

(3)宪法学具有特殊的规范性和实践性。

①宪法学具有法学特有的规范性，包含大量的原则性和价值性规定。为了维护宪法文本的稳定性和权威性，宪法学表现出对宪法文本和宪法规范的更强的从属性。

②宪法学实践性的一个基本特点是关注现实生活中的具体案例与事例。即宪法学运用法学方法对宪法理论和宪法制度作出分析，强调用案例与事例的解决来检验宪法解释的正当性和合理性。

宪法学的这些特点不仅充分表明宪法学与其他法学学科的联系和区别，而且充分表明宪法学对于整个法学学科发展，特别是对于现代国家政治、经济、文化和社会生活的发展具有极为重要的意义。因此，宪法学不仅在法学体系中居于基础地位，而且在民主法治国家建设过程中也同样居于基础地位。

二、论述题

我国宪法的历史概述。[中山大学2015年研]

相关试题：简述中华人民共和国宪法的产生和发展历程。[简答题，广西民大2021年研]

答：宪法学在中国的产生和发展，大致包括新中国成立以前的宪法学和新中国成立以后的宪法学两大阶段。

(1)中国古典政治理论中与现代宪法学相通的一些思想：

①民主。《礼记·礼运》十分明确地指出，“大道之行也，天下为公，选贤与能，讲信修睦”。在大同世界中，“选举”是必须具备的要素。尽管儒家所主张的“民贵君轻”的思想并不等于民主，但它与民主仍有相通之处。直到明末清初，黄宗羲对君主专制政体发起直接攻击，与西欧资产阶级革命遥相呼应，其中蕴含的反专制的宪法思想已显现出来。

②法治。在中国历史上，法家强调以法治人，虽然崇尚规则的重要性，却因过分强调严刑峻法而背离人道，成为物化的统治工具。黄宗羲主张先有“治法”而后有“治人”，强调法先于人，这与现代法治理念不谋而合。

③权力制约。唐朝的三省六部制中，中书省负责草拟诏书，皇帝画敕予以批准，再交由门下省复核。如果门下省不同意诏书内容，可以加以封驳，将诏书发回而不交由尚书省执行。在这个过程中，国家权力相互配合、相互制约，皇权并非万能。这与权力制约的理念也有契合之处。

这些说明古代中国也存在与现代宪法学相通的思想与实践，但不能说明宪法学在中国已经产生和发展。

(2)我国宪法的产生和发展历程:

①萌芽时期(19世纪末到20世纪初)。在此期间，人们对民主、宪法、共和、议会等问题的认识开始从直观走向理性，并形成一种理论体系。这种理论体系即宪法学在中国产生的萌芽状态。日本宪法学在中国早期宪法理论的发展过程中具有非常重要的影响。萌芽形态的中国宪法学是在中西宪法文化的冲突与融合中形成和发展起来的。

②形成时期(1911年到1930年)。这一时期的宪法学已从分散的理论与知识发展成为初步容纳各种宪法学知识的体系。对外国宪法问题的研究，出现了从单纯介绍日本宪法转向介绍、研究欧美国家宪法的状况，还开始出现了以比较方法研究宪法和宪政的比较宪法学著作，从而使宪法学理论又向前推进了一步。

③发展时期(1930年到1949年)。五权宪法理论是20世纪三四十年代宪法学研究的重点，从1930年到1948年，共出版有关这一问题的著作20余部。对苏联宪法理论的介绍与研究，既促进了新民主主义宪政的发展，也为在中国产生马克思主义宪法学奠定了必要的基础。特别是张友渔、韩幽桐、潘大逵、潘念之、费孝通等进步学者对宪法与宪政问题的探讨，在中国宪法学的发展过程中发挥了重要作用，在一定程度上标志着马克思主义宪法学在中国的形成。

④新中国宪法学时期(1949年10月中华人民共和国成立至今):

a. 1949年到1957年是新中国宪法学的初创阶段。“共同纲领”和1954年宪法的制定，为宪法学的研究和发展提供了有利条件。在此时期，初步建立了宪法学课程体系。

b. 1957年到1965年是新中国宪法学的曲折发展阶段。主要特点在于介绍国外宪法学的著作和中国学者自己撰写的著作数量增加，苏联学者的译著大大减少。但这一阶段，宪法学研究缺乏自身的科学性与学术性，研究成果也基本上属于宣传性、注释性的内容。

c. 1966年到1976年，宪法实际上名存实亡，宪法学研究基本上处于停滞阶段。

d. 1978年，特别是1982年宪法制定和颁布以后是新中国宪法学走向恢复和繁荣发展的阶段，逐渐形成了具有现实性、开放性的宪法学理论体系。

第一章　宪法总论

1.1　复习指南

【知识框架(庖丁解牛)】

- 宪法总论
  - 宪法的概念和本质
    - 特征
      - 规定了一个国家最根本的问题
      - 制定和修改程序更为严格
      - 最高的法律效力
    - 本质
      - 民主制度化、法律化的基本形式
      - 各种政治力量对比关系的集中体现
  - 宪法的分类和渊源
    - 分类
      - 成文宪法和不成文宪法
      - 刚性宪法和柔性宪法
      - 钦定宪法、协定宪法和民定宪法
      - 近代宪法和现代宪法
    - 渊源：宪法典、宪法性法律、宪法惯例、宪法判例、宪法解释、国际条约
  - 宪法的制定、解释和修改
    - 宪法制定：概述、制宪机关、制宪程序
    - 宪法解释
      - 概念
      - 解释机关、解释体制
      - 种类、原则
    - 宪法修改
      - 概念、必要性、限制
      - 方式：全面修改、部分修改
      - 程序：提案、先决投票、公告、议决、公布
  - 宪法关系和宪法规范
    - 宪法关系：性质、特征、主体、内容、客体
    - 宪法规范：概念、特点、种类、逻辑结构
  - 宪法的效力和作用
    - 效力：空间、时间、对人、对事效力
    - 作用：规范、引领、推动、保障作用

【通关提要(提纲挈领)】

本章总体介绍宪法，是本书的基础且重点章节，内容多且杂。宪法总论，是关于宪法的概念、特征、本质、分类、渊源、制定、修改、解释、规范、关系、效力、作用等问题的观点和理论。学习时，要掌握宪法的特征和本质、宪法的分类和渊源、宪法解释的机关和原则、宪法关系的内容、宪法的作用等；熟悉宪法的概念、宪法的制定和修改、宪法规范、宪法的效力等。本章各种题型都有可能考查，理论性强，要深入理解再结合框架

图记忆。

1.2　考研真题与典型题详解

一、单项选择题

1. 下列关于宪法的表述，正确的是(　　)。[2024年法硕(法学、非法学)真题]

A. 成文宪法都是刚性宪法

B. 成文宪法是指以法典形式呈现的宪法

C.《钦定宪法大纲》是中国历史上第一部成文宪法

D. 以成文形式进行规定的宪法即为成文宪法

【解析】A项，不成文宪法一般是柔性宪法；但有的成文宪法也是柔性的，如1848年《意大利宪法》。

BD两项，宪法按是否具有统一的法典形式可分为：①成文宪法，指以统一的宪法典形式表现出来的宪法。②不成文宪法，指没有统一的法典形式而由带有宪法性质的各种法律文件、宪法判例和宪法惯例组成的宪法。

C项，《钦定宪法大纲》是中国历史上第一部宪法性文件。我国第一部成文宪法是1954年宪法。

2. 下列关于宪法修改的表述，正确的是(　　)。[2024年法硕(法学、非法学)真题]

A. 宪法修改不包括对宪法的全面修改

B. 宪法修改的主要目的在于维护宪法的稳定

C. 宪法修改的程序和法律修改的程序相同

D. 一些国家规定特定内容不得成为宪法修改对象

【解析】A项，宪法修改主要有两种方式：①全面修改；②部分修改。

B项，宪法修改的主要目的在于更好地贯彻宪法、完善宪法，使宪法的内容与社会的发展相适应。其目的在于一方面强调宪法的稳定性，另一方面也注重宪法的发展性。

C项，宪法修改的程序与普通法律修改的程序不同，须全国人大常委会或1/5以上的全国人大代表提议，全体代表2/3以上多数通过。

D项，各国对于宪法内容的修正往往附加特别的限制，有的国家虽然没有明文规定但是却存在着事实上对修宪内容的限制。

3. 下列选项中，不属于宪法所调整的社会关系的是(　　)。[2017年法硕(非法学)真题]

A. 国家与公民之间的关系　　B. 公民与公民之间的关系

C. 国家机关之间的关系　　D. 国家机关内部之间的关系

【解析】宪法规范所调整的社会关系所涉及的领域非常广泛，几乎包括国家和社会生活的各个方面，宪法关系的一方通常总是国家或国家机关。宪法所调整的社会关系主要包括：国家与公民之间的关系、国家与其他社会主体之间的关系、国家机关之间的关系、国家机

1B　2D　3B

关内部的关系。ACD 三项，属于宪法所调整的社会关系。B 项，公民与公民之间的关系由民法调整，不由宪法调整。

4. 下列关于宪法的分类，正确的选项是(　　)。[2018 年法考真题]

A. 世界上第一部宪法是 1787 年的《美国宪法》，欧洲的第一部宪法是 1791 年的《法国宪法》

B. 中国是典型的刚性宪法国家，宪法的修改程序严于普通法律，宪法修正案要求全国人大代表的三分之二以上多数通过，普通法律只需要二分之一以上通过即可

C. 在成文宪法国家，宪法典就是通常意义上的宪法，而在不成文宪法国家，其宪法往往体现为实质意义上的宪法性法律、宪法惯例等形式

D. 1889 年的《明治宪法》和 1830 年的《法国宪法》是两部典型的钦定宪法

【解析】A 项，1787 年《美国宪法》是世界历史上第一部成文宪法，1791 年《法国宪法》则是欧洲大陆第一部成文宪法。而世界上第一部宪法则是 1215 年英国的《自由大宪章》。

B 项，普通法律的通过不是二分之一以上，而是过半数。关于涉及本数的问题，二者属于不同的概念，前者包含本数，后者不包含本数。

D 项，1830 年的《法国宪法》属于协定宪法。

5. 成文宪法和不成文宪法是英国宪法学家提出的一种宪法分类。关于成文宪法和不成文宪法的理解，下列哪一选项是正确的？(　　)[2017 年法考真题]

A. 不成文宪法的特点是其内容不见于制定法

B. 宪法典的名称中必然含有“宪法”字样

C. 美国作为典型的成文宪法国家，不存在宪法惯例

D. 在程序上，英国不成文宪法的内容可像普通法律一样被修改或者废除

【解析】A 项，不成文宪法不具有统一法典的形式，但不是说其内容不见于制定法，而是散见于宪法性法律、宪法判例和宪法惯例之中。不成文宪法最显著的特征在于，虽然各种法律文件并未冠以宪法之名，但却发挥着宪法的作用。

B 项，成文宪法是指具有统一法典形式的宪法，其最显著的特征在于法律文件上既明确表述为宪法，又大多冠以国名，如《日本国宪法》《法兰西第五共和国宪法》《中华人民共和国宪法》等，但并不绝对。

C 项，美国是典型的成文宪法国家，但其宪法渊源不仅包括宪法典，也包括宪法惯例。如司法审查权，就是由宪法惯例形成的。

D 项，英国的宪法是不成文宪法，也是柔性宪法，其制定、修改的机关和程序与一般法律相同。

6. 宪法的渊源即宪法的表现形式。关于宪法渊源，下列哪一表述是错误的？(　　)[2015 年法考真题]

A. 一国宪法究竟采取哪些表现形式，取决于历史传统和现实状况等多种因素

B. 宪法惯例实质上是一种宪法和法律条文无明确规定、但被普遍遵循的政治行为规范

4C　5D　6C

C. 宪法性法律是指国家立法机关为实施宪法典而制定的调整宪法关系的法律

D. 有些成文宪法国家的法院基于对宪法的解释而形成的判例也构成该国的宪法渊源

【解析】A项，宪法的渊源主要有宪法典、宪法性法律、宪法惯例、宪法判例、国际条约等。一国的宪法究竟采取哪些渊源形式，由本国的历史传统和现实政治状况等综合因素决定。

B项，宪法惯例是一种不成文的政治行为规范，是指宪法条文无明确规定，但在实际政治生活中存在和通行并经国家默认、具有宪法效力的习惯和传统。

C项，宪法性法律是指一国宪法的基本内容，不是统一规定在一部法律文书之中，而是由多部法律文书表现出来的宪法。主要有两种情况：①宪法本体法，即国家的根本制度由多部单行法律文书予以规定，宪法本体法并不是专门为了宪法的实施而制定、调整宪法关系的法律；②宪法关联法，指在成文宪法国家中，由国家立法机关为实施宪法而制定的有关规定宪法内容的法律。

D项，宪法判例是指宪法条文无明文规定，由司法机关在审判实践中逐渐形成，并经国家认可、具有宪法效力的判例。宪法判例在英美法系国家的宪法渊源中占有重要地位。

7. 宪法的制定是指制宪主体按照一定程序创制宪法的活动。关于宪法的制定，下列哪一选项是正确的？（　　）［2015年法考真题］

A. 制宪权和修宪权是具有相同性质的根源性的国家权力

B. 人民可以通过对宪法草案发表意见来参与制宪的过程

C. 宪法的制定由全国人民代表大会以全体代表的三分之二以上的多数通过

D. 1954年《宪法》通过后，由中华人民共和国主席根据全国人民代表大会的决定公布

【解析】A项，制宪权与修宪权是两种不同性质的权力。制宪权是根源性的国家权力，我国的制宪权主体是人民，制宪机关是第一届全国人民代表大会。修宪权是修宪主体在不违背宪法的基本精神和原则的前提下，对宪法进行的修改。修宪权受制宪权的约束。

B项，人民作为制宪主体并不意味着人民直接参与制宪的过程，也可以通过对宪法草案发表意见来参与。

C项，关于宪法的制定及其通过程序，《宪法》并无规定。根据《宪法》第62条的规定，我国宪法的修改由全国人民代表大会以全体代表的2/3以上的多数通过。

D项，1954年宪法是第一届全国人民代表大会第一次会议以中华人民共和国全国人民代表大会公告形式公布，自通过之日起生效，并非由中华人民共和国主席根据全国人民代表大会的决定公布。

8. 下列关于制宪权的表述，正确的是（　　）。［2012年法硕（非法学）真题］

A. 制宪权通常由人民直接行使

B. 最早系统提出制宪权理论的是英国思想家洛克

C. 制宪权、修宪权和立法权属于同一层级的权力形态

D. 国民成为制宪权的主体是现代宪法的特点之一，为现代各国宪法所普遍承认

7B　8D

【解析】D 项，宪法制定权又称制宪权，是制宪主体按照一定原则创制作为国家根本法的宪法的一种权力。国民为制宪权主体是主权在民原则的具体表现。

A 项，人民间接行使制宪权。

B 项，最早提出制宪权理论的是法国的西耶斯。

C 项，通常认为制宪权是先于包括立法权在内的法权的先权力，是为创制实定法权力的原权力。

9. 关于宪法解释，下列表述正确的是(　　)。[2017 年法硕(非法学)真题]

A. 非正式的宪法解释可以具有宪法效力

B. 语义解释是从宪法制定的特定背景入手进行的解释

C. 法国宪法委员会对宪法的解释属于专门机关的解释

D. 我国人民法院对宪法规范的解释属于正式解释

【解析】C 项，法国宪法委员会是依据宪法或其他宪法性法律的专门授权成立的行使宪法解释权的机关，其解释是专门机关的解释。

A 项，依据对宪法解释主体的不同，宪法解释可以分为正式解释和非正式解释。正式解释是指享有宪法解释权的机关对宪法作出的具有宪法效力的解释。非正式解释是指有解释权的机关之外的组织或个人对宪法所作的解释，没有法律效力。

B 项，语义解释，是指根据宪法规范所使用的文字的字面意思进行解释。

D 项，按照宪法的规定，我国是立法机关解释体制。宪法解释权归属于全国人大常委会，人民法院无权解释宪法，因此法院对宪法的解释是没有宪法效力的非正式解释。

10. 关于宪法规范，下列说法正确的是(　　)。[2015 年法硕(非法学)真题]

A. 宪法规范比普通法律规范更具原则性、概括性

B. 宪法规范内容上的政治性决定了违宪主体不承担法律后果

C. 宪法规范主要调整国家与公民之间、公民与公民之间的关系

D. 宪法规范在我国的表现形式主要有宪法典、宪法相关法、宪法惯例和宪法判例

【解析】A 项，宪法规范与其他法律规范相比，具有内容的政治性、效力的最高性、立法的原则性(表现为原则性和概括性)、实施的多层次性。

B 项，任何违宪主体都将承担一定的法律后果。

C 项，宪法规范所调整的社会关系主要包括国家与公民之间、国家与其他社会主体之间、国家机关之间和国家机关内部的关系。

D 项，宪法规范在我国的表现形式主要有宪法典、宪法修正案、宪法相关法和宪法惯例等，不包括宪法判例。

11. 关于宪法规范，下列哪一说法是不正确的？(　　)[2013 年法考真题]

A. 具有最高法律效力

B. 在我国的表现形式主要有宪法典、宪法性法律、宪法惯例和宪法判例

C. 是国家制定或认可的、宪法主体参与国家和社会生活最基本社会关系的行为规范

9C　10A　11B

D. 权利性规范与义务性规范相互结合为一体，是我国宪法规范的鲜明特色

【解析】B项，宪法规范主要有以下表现形式：①宪法典；②宪法性法律；③宪法惯例；④宪法判例；⑤国际条约。其中，宪法判例是指宪法条文无明确规定，而由司法机关在审判实践中逐渐形成并具有实质性宪法效力的判例，常见于普通法系国家。在我国，宪法判例不具有法律明文规定的法律效力。

A项，《宪法》第5条第3款规定，一切法律、行政法规和地方性法规都不得同宪法相抵触。据此，宪法具有最高的法律效力。

C项，宪法作为国家的根本法，是一切组织和个人的最高行为准则，其调整的是最基本的社会关系。因此，可以将宪法规范定义为：宪法规范是由国家制定或认可的、宪法主体参与国家和社会生活最基本社会关系的行为规范。

D项，《宪法》第42条第1款规定，中华人民共和国公民有劳动的权利和义务。第46条第1款规定，中华人民共和国公民有受教育的权利和义务。权利与义务统一于这类规范中，这是我国宪法规范的鲜明特色。

12. 我国《立法法》明确规定："宪法具有最高的法律效力，一切法律、行政法规、地方性法规、自治条例和单行条例、规章都不得同宪法相抵触。"关于这一规定的理解，下列哪一选项是正确的？(　　)[2016年法考真题]

A. 该条文中两处"法律"均指全国人大及其常委会制定的法律

B. 宪法只能通过法律和行政法规等下位法才能发挥它的约束力

C. 宪法的最高法律效力只是针对最高立法机关的立法活动而言的

D. 维护宪法的最高法律效力需要完善相应的宪法审查或者监督制度

【解析】D项，宪法审查或者监督制度有助于维护宪法的最高法律效力，所以，应当进一步完善宪法审查或者监督制度。

A项，题干所述为《立法法》第98条规定。该条文第一处"法律"指的是广义的法律，即一切规范性文件；第二处的"法律"指的是狭义的法律，即全国人大及其常委会制定的法律。

BC两项，宪法效力具有最高性和直接性。在整个法律体系中，宪法效力是最高的，不仅成为立法的基础，同时对立法行为与依据宪法进行的各种行为产生直接的约束力。

13. 关于我国宪法的效力，下列表述不正确的是(　　)。[2018年法硕(非法学)真题]

A. 现行宪法首次明确规定宪法"具有最高的法律效力"

B. 一切法律、行政法规和地方性法规都不得同宪法相抵触

C. 国家机关和武装力量，各政党都必须以宪法为根本的活动准则

D. 法院审理案件时一般不得直接引用宪法，故宪法对法院的审判活动没有拘束力

【解析】A项，我国现行宪法为1982年宪法，在序言中首次明确规定：宪法"是国家的根本法，具有最高的法律效力"。

B项，《宪法》第5条第3款规定，一切法律、行政法规和地方性法规都不得同宪法相抵触。

12D　13D

C 项，《宪法》第 5 条第 4 款规定，一切国家机关和武装力量、各政党和各社会团体、各企业事业组织都必须遵守宪法和法律。一切违反宪法和法律的行为，必须予以追究。

D 项，《宪法》规定了人民法院的职权和职责，规定了公民的权利，法院的审判活动受到宪法约束。

14. 宪法效力是指宪法作为法律规范所具有的约束力与强制性。关于我国宪法效力，下列哪一选项是不正确的？（　　）［2011 年法考真题］

A. 侨居国外的华侨受中国宪法保护

B. 宪法的效力及于中华人民共和国的所有领域

C. 宪法的最高法律效力首先源于宪法的正当性

D. 宪法对法院的审判活动没有约束力

【解析】D 项，《宪法》第 5 条第 4 款规定，一切国家机关和武装力量、各政党和各社会团体、各企业事业组织都必须遵守宪法和法律。法院是国家审判机关，其审判活动当然应受宪法约束。

A 项，根据属人主义原则，凡中国公民都受我国宪法保护。《宪法》第 33 条第 1 款规定，凡具有中华人民共和国国籍的人都是中华人民共和国公民。华侨是侨居国外的中国人，自然也受到我国宪法的保护。

B 项，根据属地主义原则，宪法作为国家的根本法，其效力及于我国国土的所有领域。

C 项，宪法发挥功能首先要符合社会发展的客观要求，即具备正当性。正当性是宪法在社会生活中发挥功能的前提，包括在内容、程序与形式上的正当性。

15. 关于宪法在立法中的作用，下列哪一说法是不正确的？（　　）［2010 年法考真题］

A. 宪法确立了法律体系的基本目标

B. 宪法确立了立法的统一基础

C. 宪法规定了完善的立法体制与具体规划

D. 宪法规定了解决法律体系内部冲突的基本机制

【解析】宪法在立法过程中的作用主要表现在：①宪法确立了法律体系的基本目标；②宪法确立了立法的统一基础；③合理的法律体系的建立是实现宪法原则的基本形式之一；④宪法规定了解决法律体系内部冲突的基本机制；⑤宪法是立法体制发展与完善的基础和依据。

宪法是立法体制发展与完善的基础与依据。宪法作为国家的根本法，宪法规范是概括性的，不可能规定完善的立法体制。我国的立法体制是由立法法规定的。此外，宪法只对重大问题进行规定，作为立法机关之一的全国人大常委会才是立法规定和立法计划的具体制定机构。

16. 宪法结构指宪法内容的组织和排列形式。关于我国宪法结构，下列哪一选项是不正确的？（　　）［2011 年法考真题］

A. 宪法序言规定了宪法的根本法地位和最高法律效力

14D　15C　16C

B. 现行宪法正文的排列顺序是：总纲、公民的基本权利和义务、国家机构以及国旗、国歌、国徽、首都

C. 宪法附则没有法律效力

D. 宪法没有附则

【解析】C项，宪法附则是指宪法对于特定事项需要特殊规定而作出的附加条款。附则是宪法的一部分，其法律效力与一般条文相同。

A项，我国《宪法》序言中规定，宪法以法律的形式确认了中国各族人民奋斗的成果，规定了国家的根本制度和根本任务，是国家的根本法，具有最高的法律效力。

B项，我国现行《宪法》正文共四章，其排列顺序为总纲、公民的基本权利和义务、国家机构以及国旗、国歌、国徽、首都。

D项，我国现行《宪法》只有序言和正文两个部分，没有附则。

二、多项选择题

1. 宪法作为国家根本法，在国家和社会生活中发挥着重要作用。关于宪法作用和相关制度的说法，下列选项正确的是(　　)。[2018年法考真题]

A. 宪法宣誓制度有利于宪法作用发挥

B. 宪法修改是宪法作用发挥的重要前提

C. 宪法为避免法律体系内部冲突提供了具体机制

D. 宪法能够为司法活动提供明确而直接的依据

【解析】A项，宪法宣誓制度有利于增强公职人员的宪法意识，维护宪法权威，对于宪法作用的发挥有明显的促进作用。

B项，保持宪法文本与时俱进，避免宪法与现实脱节，是宪法实施的基本前提。

C项，作为根本法，宪法能够为避免法律体系内部冲突提供了基本框架，而该基本框架的具体落实，往往需要普通法律来具体发挥作用，在国家社会生活中，宪法的作用具有宏观性。

D项，我国宪法并未司法化，因此宪法规定本身不能直接作为法官案件裁判的依据。

2. 关于宪法表现形式的说法，下列哪些选项是正确的？(　　)[2010年法考真题]

A. 宪法典是所有国家宪法结构体系的核心，均具有内容完整、逻辑严谨的特征

B. 宪法判例主要存在于普通法系国家，这些国家具有"遵从先例"的司法传统

C. 宪法判例在美国只能通过联邦最高法院新的宪法判例才能推翻

D. 宪法判例在英国有着调整英王、议会、内阁之间关系的决定性作用

【解析】BD两项，宪法判例主要存在于普通法系国家，因为这些国家有"遵从先例"的司法传统。宪法判例通过约束法院进而对其他宪法关系主体产生约束力。

A项，在大陆法系国家，宪法典是宪法结构体系的核心，具有内容完整、逻辑结构严谨的特征；但英美法系国家，不存在形式上的宪法典。因此，不能说宪法典是各国宪法结构体系的核心。

1AB　2BD

C 项，根据“遵从先例”的原则，上级法院的宪法判例对于下级法院来说就是法律，是不允许被下级法院推翻的，但本法院或者上级法院可以以新宪法判例推翻原有的宪法判例。这就是说，在美国联邦上诉法院和联邦法院也有可能通过新宪法判例推翻原有宪法判例。

3. 关于我国《宪法》的修改，下列哪些选项不正确？（　　）［2009 年法考真题改编］

A. 1954 年《宪法》明确规定了宪法修改的提案主体

B. 1982 年《宪法》是对 1954 年《宪法》的全面修改

C. 我国现行宪法共进行了四次修改，通过了 31 条宪法修正案

D. “国家尊重和保障人权”是 2004 年《宪法修正案》规定的内容

【解析】A 项，1954 年《宪法》第 29 条规定，宪法的修改由全国人民代表大会以全体代表的三分之二的多数通过。法律和其他议案由全国人民代表大会以全体代表的过半数通过。即仅仅规定了宪法修改的通过程序，并没有明确规定宪法修改的提案主体。首先规定宪法修改提案主体的是 1982 年《宪法》。现行《宪法》第 64 条第 1 款规定，宪法的修改，由全国人民代表大会常务委员会或者 1/5 以上的全国人民代表大会代表提议，并由全国人民代表大会以全体代表的 2/3 以上的多数通过。

B 项，我国《宪法》共经过了 3 次全面修改：第 1 次全面修改是 1975 年《宪法》对 1954 年《宪法》的修改；第 2 次全面修改是 1978 年《宪法》对 1975 年《宪法》的修改；第 3 次全面修改是 1982 年《宪法》对1978 年《宪法》的修改。

C 项，现行《宪法》于 1982 年制定，期间进行了 5 次部分修改，总计通过了 52 条修正案。

D 项，2004 年《宪法修正案》第 24 条规定，宪法第 33 条增加 1 款，作为第 3 款：“国家尊重和保障人权。”第 3 款相应地改为第 4 款。

4. 我国《宪法》第三十八条明确规定：“中华人民共和国公民的人格尊严不受侵犯。”关于该条文所表现的宪法规范，下列哪些选项是正确的？（　　）［2015 年法考真题改编］

A. 在性质上属于组织性规范

B. 通过《民法典》中有关姓名权的规定得到了间接实施

C. 法院在涉及公民名誉权的案件中可以直接据此作出判决

D. 与法律中的有关规定相结合构成一个有关人格尊严的规范体系

【解析】A 项，组织性规范主要涉及国家政权机构的建立与具体的职权范围等，宪法中有关国家机构部分主要体现组织性规范的要求。题述条文属于宣言性规范。

B 项，姓名权是人格权的一种，宪法通过法律的实施而获得实施属于间接实施。

C 项，人民法院在行使审判权时，要遵守宪法和法律，使司法活动符合宪法要求，以维护社会公平与正义；然而其本身不具有可诉性，不能直接作为法院判决的依据。

D 项，除《宪法》外，我国法律针对人格尊严具体规定了公民的姓名权、肖像权、名誉权、荣誉权、隐私权。这些规定与《宪法》第 38 条相对应，构成了一个有关人格尊严的规范体系。

3ABC　4BD

三、不定项选择题

1. 宪法解释是保障宪法实施的一种手段和措施。关于宪法解释，下列选项正确的是(　　)。[2015年法考真题]

A. 由司法机关解释宪法的做法源于美国，也以美国为典型代表

B. 德国的宪法解释机关必须结合具体案件对宪法含义进行说明

C. 我国的宪法解释机关对宪法的解释具有最高的、普遍的约束力

D. 我国国务院在制定行政法规时，必然涉及对宪法含义的理解，但无权解释宪法

【解析】AB两项，各国宪法解释的机关主要分为代议机关、司法机关和专门机关三类。由司法机关按照司法程序解释宪法的体制(即司法审查制度)起源于美国，法院遵循“不告不理”和附带性审查的原则，只有在审理案件时才可以附带性地审查其所适用的法律是否违宪。德国的宪法解释机关是宪法法院，采用司法积极主义原则，其对宪法含义的解释则不是必须结合具体案件。

CD两项，根据《宪法》第67条的规定，全国人大常委会是我国的宪法解释机关，其对宪法的解释具有最高的、普遍的约束力。国务院无权解释宪法，但国务院在制定行政法规时，要实现合宪性，必然涉及对宪法含义的准确理解。

2. 宪法修改是指有权机关依照一定的程序变更宪法内容的行为。关于宪法的修改，下列选项正确的是(　　)。[2016年法考真题]

A. 凡宪法规范与社会生活发生冲突时，必须进行宪法修改

B. 我国宪法的修改可由五分之一以上的全国人大代表提议

C. 宪法修正案由全国人民代表大会公告公布施行

D. 我国1988年《宪法修正案》规定，土地的使用权可依照法律法规的规定转让

【解析】A项，宪法修改是解决宪法规范与社会生活之间冲突的一种方式，但不是唯一方式，宪法解释也是解决方式之一。

B项，《宪法》第64条第1款规定，宪法的修改，由全国人民代表大会常务委员会或者1/5以上的全国人民代表大会代表提议，并由全国人民代表大会以全体代表的2/3以上的多数通过。

C项，我国《宪法》没有规定宪法的公布机关，实践中，一般由全国人大主席团以全国人大公告的方式公布。

D项，1988年《宪法修正案》规定，土地的使用权可以依照法律的规定转让。可知，土地使用权只能依照“法律”规定转让，不能依照“法规”转让。

3. 关于宪法效力的说法，下列选项正确的是(　　)。[2014年法考真题]

A. 宪法修正案与宪法具有同等效力

B. 宪法不适用于定居国外的公民

C. 在一定条件下，外国人和法人也能成为某些基本权利的主体

D. 宪法作为整体的效力及于该国所有领域

1ACD　2BC　3ACD

【解析】A 项，宪法修正案是对宪法的完善和补充。宪法修正案或以单独的形式附于宪法典之后，或将其内容融于宪法典之中，成为宪法典的组成部分。其与宪法具有同等的效力。

BC 两项，宪法适用于所有本国公民，无论公民生活在国内还是国外。虽然外国人、法人不是我国的公民，但其在一定的条件下可以成为行使宪法规定的某些基本权利的主体。例如，在我国境内的外国人同样享有生命权和人身自由权。

D 项，宪法的空间效力及于国家行使主权的全部空间，即国家领土。国家主权具有唯一性、不可分割性，《宪法》是国家的根本法，任何一个主权国家的宪法空间效力都及于国土的所有领域，也及于这一主权国家的所有公民。

四、概念题

1. 成文宪法与不成文宪法［武大 2024 年研；湖南师大 2023 年研；华南理工 2022 年研；沈工大 2018 年研；中南财大 2010 年研］

相关试题：

(1)成文宪法［南京大学 2022 年研；常州大学 2021 年研；中山大学 2018 年研］

(2)不成文宪法［中国海大 2022 年研；中南财大 2014 年研；武汉理工 2010 年研］

答：(1)成文宪法，又称文书宪法或制定宪法，是指具有统一法典形式的宪法，其最显著的特征在于法律文件上既明确表述为宪法，又大多冠以国名。其特点是体系完整、结构严谨、内容明确、条款原则、相对稳定、便于适用。成文宪法是美国和法国两国资产阶级革命的成果，是资产阶级为了保障人权、确立新的自由主义政权体制而制定出来的。当今世界绝大多数国家的宪法都是成文宪法。

(2)不成文宪法是指不具有统一法典形式，而散见于宪法性法律、宪法判例和宪法惯例的宪法，是与成文宪法相对应的概念。不成文宪法富有弹性，适用性较强，能够被较好地运用以化解宪法争端，并且一般不会出现成文宪法时常面临的宪法危机。英国宪法就是典型的不成文宪法，主要由宪法性法律、宪法判例和宪法惯例三部分构成。

(3)成文宪法和不成文宪法的宪法分类，依据的标准为宪法是否具有统一的法典形式。二者的划分是相对的，其区别是程度上的而非性质上的。二者的联系在于：

①不论成文宪法或者不成文宪法都是由具有宪法效力的宪法规范所构成的。

②在成文宪法国家，不成文宪法的形式也可以构成宪法制度的重要基础，通常以宪法惯例、宪法判例或者宪法性法律弥补宪法典的缺失。

③不成文宪法国家的宪法也会发生变化和发展。

(4)成文宪法与不成文宪法的区别：

①表现形式不同。成文宪法的内容表现为书面形式的法典，比较明确、具体；而不成文宪法则不具有统一的法典形式，内容散见于宪法性法律、宪法判例和宪法惯例。

②修改程序不同。成文宪法具有严格的修改程序，修改比较困难；不成文宪法的修改较为容易。

2. 刚性宪法和柔性宪法［广西民大 2019 年研；华农 2011 年研；南开大学 2010 年研］

相关试题：

(1)刚性宪法[扬州大学2022年研；广西民大2021年研；山东大学2017年研；广东财大2016年研；四川师大2014年研；河北大学2012年研]

(2)柔性宪法[广西民大2023年研；广东财大2021年研；华农2016年研]

答：(1)刚性宪法，是指制定和修改程序比普通立法修改程序更为严格、具有最高法律效力的宪法。当今世界上绝大多数国家的宪法都是这种类型的宪法。其优点在于：①立宪、修宪的程序比较复杂，宪法的稳定性强；②宪法具有最高的法律效力，有利于形成统一的宪法秩序。其缺点是，宪法修改程序较为复杂，不能及时适应社会环境的变化。

(2)柔性宪法，是指制定和修改程序、法律效力与普通法律完全相同的宪法。英国议会在不同历史时期以一般立法程序制定和修改的宪法性法律文件，其效力与其他法律文件完全相同，英国是典型的柔性宪法国家。柔性宪法的优点在于，比刚性宪法弹性大，容易适应不断变化发展的社会环境；其缺点在于，不及刚性宪法稳定，权威性有限。

(3)刚性宪法与柔性宪法的宪法分类是英国学者詹姆斯·布赖斯最早提出来的，其分类标准是宪法的法律效力和宪法的制定修改程序的不同。这种分类的意义是有限的：①刚性与柔性之分无法解释宪法修改的难度；②除英国外，世界上几乎没有任何其他严格意义上的"柔性宪法"国家；几乎所有的成文宪法国家都只有"刚性宪法"，且千差万别。

3. 民定宪法[中南财大2012年研]、**协定宪法**[中国政法2024年研；山东大学2015年研]

答：参见本章简答题第2题答案。

4. 近代宪法和现代宪法[西南政法2020年研]、**现代宪法**[浙商大2020年研]

答：参见本章简答题第2题答案。

5. 宪法惯例与宪法判例[武大2015年研；中南财大2005年研]

相关试题：

(1)宪法惯例[中南财大2024年研；中国政法2022年研；扬州大学2021年研；中山大学2020年研；浙大2020年研；武大2020年研；浙江财大2018年研；浙商大2018年研；河北大学2016年研；江西师大2015年研]

(2)宪法判例[扬州大学2020年研；浙江财大2019年研；中南财大2012年研；四川师大2012年研]

答：(1)宪法惯例是指在长期的宪法实践中形成的、被反复沿用并被普遍认可的具有宪法效力的习惯或传统。习惯构成宪法惯例需要具备三个因素：①在长期的宪法实践中形成；②要反复使用；③被普遍接受为具有宪法上的效力。宪法惯例是一种通行的、具有较强稳定性和约束力的政治习惯和传统，因而一般国家都存在。宪法惯例在不成文宪法国家和成文宪法国家都存在，只是在国家生活中发挥的作用及在该国宪法中所占的地位有所不同。

(2)宪法判例，是指宪法条文无明文规定，由司法机关在审判实践中逐渐形成，并经国家认可、具有宪法效力的判例。宪法判例一般存在于普通法系国家，如英国、美国等，但许多大陆法系国家，如德国、法国、日本，也出现了一些宪法判例性质的文件，其特点是针对性和可操作性较强。

(3)二者的区别包括：

①产生途径不同。宪法惯例是在宪政实践中，经过长期积累而逐渐形成，并为社会公

众认可；而宪法判例则来自法院的审判实践。

②发生作用的方式不同。宪法惯例依赖于某种共同确信；而宪法判例依赖于法院的独立司法权和司法稳定性。

③效力来源不同。宪法惯例作为一种政治习惯规则，不具有国家强制力保障实施的法律效力，其普遍约束力来自社会公众承认和国家政权默许；宪法判例的约束力主要来自下级法院对上级法院的尊重，或来自下级法院法官对内容的内心认同。

6. 宪法形式［武大 2010 年研］

答：宪法形式是指各种具有宪法效力的规范、惯例等宪法具体的外在表现形式。宪法的形式是宪法的外在表现，是宪法内容的载体，宪法的形式直接决定一国宪法的体系。宪法形式在各国的差异较大。当今世界主要有两种宪法形式：成文宪法和不成文宪法。成文宪法国家和不成文宪法国家在宪法形式方面的差异很大，不成文宪法国家没有专门的宪法典。

7. 宪法典和宪法性法律［中南财大 2006 年研］

相关试题：宪法性法律［中南财大 2023 年研；湖南师大 2022 年研；广西民大 2022 年研；黑龙江大学 2014 年研；河北大学 2013 年研；武大 2011 年研；武汉理工 2010 年研］

答：(1)宪法典是指一国最根本、最重要的问题由一种有逻辑、有系统的法律文书加以明确规定而形成的宪法。宪法典一般由特定制宪机关采用特殊制宪程序制定，在一国法律体系中具有最高法律效力。其特点是体系完整、结构严谨、内容明确、条款原则、相对稳定、便于适用。

(2)宪法性法律是指一国宪法的基本内容不是统一规定在一部法律文书之中，而是由多部关联的法律文书表现出来的宪法，具体又分为：

①宪法本体法，是指一国的根本制度由多部单行法律文书表现出来的宪法。宪法本体法一般由普通立法机关按照普通立法程序制定，其地位和效力与普通法律等同。其特点是内容单一、结构简单、制定方便、使用灵活。宪法本体法多为不成文宪法国家所采用。

②宪法关联法，是指由普通立法机关为实施宪法而制定的宪法性法律，具体包括组织法、选举法、代表法、议会(代表)机关议事规则、立法法等。其效力低于宪法，但属于宪法的范畴。世界各民主国家，无论是成文宪法国家，还是不成文宪法国家，均有宪法关联法。

(3)在成文宪法的国家，宪法性法律起到对宪法典的补充作用。而在不成文宪法的国家，宪法性法律是不成文宪法结构中的成文形式，具有重要意义，它是绝大多数宪法规范、宪法原则、宪法指导思想的载体。

8. 宪法制定与宪法修改［广西民大 2019 年研］

相关试题：宪法制定［扬州大学 2024 年研；沈工大 2023 年研］

答：(1)二者的概念：

①宪法制定，指宪法制定主体依据一定理念、基本原则和程序，通过制宪机关创制宪法的活动。它是制宪权运行的过程，制宪主体是制宪机关。

②宪法修改，指在原有宪法基础上对宪法内容作全部或部分变动，不改变原有宪法的

理念和基本原则。

(2)二者的联系：

①目的关联：都是为了保障国家利益、公民权利，维护法治与政治稳定。

②程序合法性：都需依法定程序进行，修改程序遵循宪法制定时确定的框架 。

(3)二者的区别：

①活动性质不同。宪法制定是原创性活动，是从无到有地构建国家根本法；宪法修改是在已有宪法基础上的部分变革活动。

②主体和程序复杂程度不同。宪法制定主体通常是专门的制宪机关，程序涉及广泛征求意见等诸多环节，更为复杂和全面；宪法修改主体是宪法规定的特定机关，程序相对宪法制定来说，环节虽类似但更侧重对已有宪法内容的审查和调整，且也很严格。

③对宪法文本的影响范围不同。宪法制定是确立整部宪法的内容；宪法修改仅针对宪法中的部分条款进行变更，不涉及宪法的全部重新构建。

9. 制宪权与修宪权[河北大学2014年研；武大2011年研]

相关试题：制宪权[南开大学2011年研]**、宪法的制定权**[常州大学2018年研；四川师大2014年研]

答：制宪权是指制宪主体按照一定原则创制作为国家根本法的宪法的一种权力。修宪权是依据制宪权而产生的一种权力，可以理解为制度化的制宪权。二者的关系如下：

(1)制宪权与修宪权的区别：

①制宪权是一种原生性的权力，被认为是先于国家权力的权力，不依赖于任何其他权力而产生和发展。近现代国家的国家权力从形式上来源于宪法，而制宪权是启动宪法的制定，并最终使国家权力合法化的一种权力。修宪权则是一种派生性的权力。

②从实质上说，制宪权来源于不同性质的国家政权发生某种更迭(如革命、政变等)的事实。在国家政权性质没有发生变化的情况下，无论宪法怎样变化(修改、解释等)，都不涉及制宪权的变化问题，而只存在修宪权的行使问题。

(2)制宪权与修宪权的联系：制宪权作为制定宪法的权利，先于修宪权而存在；修宪权源自制宪权的权力，通常是通过制宪权的运用所形成的宪法来确定其行使主体和程序。只有先行使制宪权，制定出宪法，才存在修宪权的问题。

10. 宪法解释与宪法修改[武大2024、2011年研]

相关试题：

(1)宪法解释[河经大2024年研；中山大学2022年研；扬州大学2022年研；中国政法2021年研；中南财大2021年研；广东财大2020年研；安徽师大2020年研；山东大学2018年研；浙江财大2017年研；安徽大学2017年研；常州大学2017年研；河北大学2016年研；四川师大2014年研]

(2)宪法修改[中南财大2024年研；沈工大2020年研；河北大学2018年研；广东财大2017年研；武大2015年研]

答：(1)宪法解释是指在宪法的实施过程中，由法定有权机构对宪法精神、宪法规范等所作的理解和说明。宪法解释的概念一般分广义和狭义两种。广义的宪法解释是指，除有权的特定主体所作的解释之外，还包括政府、社会团体、学者等对宪法的解释。狭义的宪法解释是指，法定有权机构根据宪法的原则和精神对宪法的条文、语句和文字的含义所作的解释，此种宪法解释具有法律效力。我国宪法解释的机关是全国人大常委会。

(2)宪法修改是指宪法正式生效后，在实施过程中，随着社会现实的变化与发展，宪法的部分内容不适应社会实际时，由有权机关根据法定程序废止、变更、补充部分内容的活动。

(3)宪法解释和宪法修改的区别：

①宪法解释属于解释学；宪法修改属于立法学。

②就其行为特性而言，宪法解释和宪法修改有各自不同的运作程序，对宪法产生不同的变化效应。如增加新的宪法条款和删去旧的宪法条款，一般认为是宪法修改的结果；而对宪法条文的字面含义作语言学和逻辑学意义的界定则可视为宪法解释。

11. 宪法修正案[复旦大学2010年研]

答：宪法修正案是部分修改宪法的一种形式，是指宪法修改机关不直接改动宪法文本的规定，而是按照修改时间将对宪法进行修改的内容另起序号排列附在宪法典之后，以新修改的内容代替或补充原文本内容的修改方式。宪法修正案是对宪法的完善和补充，它体现了宪法灵活性与稳定性的统一，是宪法的当然组成部分，与宪法其他条文具有同等效力。其功能主要有：①废除宪法原来的条款或内容；②修改宪法原有条款；③增补宪法的条款或内容。采取修正案修改方式的优点在于，无须重新通过宪法或重新公布宪法，从而保持了宪法典的稳定性和完整性。

12. 宪法的无形修改[武汉理工2010年研]

答：参见本章简答题第10题答案。

13. 宪法关系[沈工大2023年研；西南政法2022年研；河北大学2015年研；四川师大2014年研]

答：参见本章简答题第12题答案。

14. 宪法规范[武工大2024年研；浙商大2021年研；河北大学2017年研；常州大学2017年研；武汉理工2009年研]

答：宪法规范是指调整国家最基本、最重要的社会关系的各种规范的总和。宪法规范具有以下特点：①政治性。政治现实影响宪法规范的制定和实施，同时宪法规范可以很好地规制政治权力运作的功效。②最高性。宪法规范在法律体系中处于最高地位，具有最高效力，约束一切国家机关、社会团体和公民个人的活动。③原则性。宪法规范为国家的根本制度和根本任务提供指导原则。④组织性和限制性。宪法规范通过法定程序授予国家机关权力，并加以合理限制。

五、简答题

1. 简述宪法的特征。[沈工大2023年研；常州大学2021年研；昆明理工2018年研；中山大学2015年研]

相关试题:

(1)试述宪法具有哪些特征。[论述题,广东财大2019年研]

(2)简述宪法的基本特征。[广西民大2019年研]

(3)宪法为什么是国家的根本大法?[江西师大2017年研]

答:宪法作为特定国家法律体系中的重要组成部分,具有同一般法律相同的特征,即都具有规范性和强制力,都以权利和义务作为其基本内容。但与其他法律相比,宪法又有以下自有特征:

(1)宪法的实质特征主要表现在,宪法是国家根本法,在内容上涉及国家最重要机关的组织、公民基本权利与义务、中央与地方之间的关系等国家生活中最根本、最重要的问题。宪法的基本内容分为国家权力的依法行使和公民权利的有效保障。就它们之间的相互关系来说,公民权利的有效保障居于支配地位。在国家法律体系中,宪法不仅是系统全面规定公民基本权利的法律部门,而且其基本出发点在于保障公民的权利和自由。宪法是公民权利的保障书,这是最主要、最核心的价值。

(2)为了保证宪法的庄严性和稳定性,相较于普通法律,宪法的制定和修改程序更为严格。

①就制宪修宪的主体而言:

宪法的制定机关又称制宪机关,一般为一个专门机构,如制宪会议、制宪议会、宪法起草委员会等,其职责就是起草或者制定宪法。提出宪法修正案的机关,一般是宪法规定的特定主体。修改宪法的机关也较为特殊,如我国的1975年、1978年、1982年《宪法》都是通过成立"宪法修改委员会"来修改的。一般情况下,普通法律的起草和制定由常设的立法机关进行,无须成立专门的机构,有时虽然普通法律的起草由特定的专门机构进行,但其通常只能由立法机关进行。

②就修改宪法的程序而言:

a. 宪法草案及修正案的通过一般要求制宪机关以绝对多数同意,有的国家还需要举行全民公决或在制定或修宪机关通过后,再由公民表决才能最后通过。如我国宪法规定,修改宪法由全国人大以全体代表的2/3以上的多数通过。而普通法律的修改由立法机关以全体成员或者参加会议成员的过半数通过即可。

b. 有些国家的宪法对修改宪法内容作出明确的限制。

(3)宪法是一个国家的最高法律,具有最高法律效力。

①宪法是制定普通法律的基础和依据。

②宪法的效力高于普通法律,普通法律的规定不得同宪法相抵触,否则无效。

③宪法是一切国家机关、社会团体和公民的根本行为准则。

2. 简述宪法的分类。[常州大学2017年研]

相关试题:

(1)简述刚性宪法与柔性宪法的区别。[浙工大2021年研]

(2)试论资产阶级学者传统的宪法分类。[论述题,四川师大2016年研]

答:常见的宪法分类如下:

(1)成文宪法和不成文宪法:

划分标准：宪法是否具有统一的法典形式。

成文宪法和不成文宪法的含义，参见本章概念题第1题答案。

(2)刚性宪法和柔性宪法：

划分标准：宪法的法律效力和制定修改程序不同。

刚性宪法和柔性宪法的含义，参见本章概念题第2题答案。

(3)钦定宪法、民定宪法和协定宪法：

划分标准：制定宪法的主体不同。

①钦定宪法，指由君主自上而下地制定并颁布实施的宪法。如1889年日本明治天皇颁布的《大日本帝国宪法》。

②民定宪法，指由民选议会、制宪会议或公民投票表决等方式制定的宪法。现代绝大多数国家的宪法属于这种类型。民定宪法是基于人民主权的思想产生的，即国家的一切权力属于人民，宪法制定权只能属于人民。

③协定宪法，指由君主与人民或民选议会进行协商共同制定的宪法。协定宪法是由君主和人民一起分享国家的主权。协定宪法往往是阶级妥协的产物。如法国1830年宪法等。从正当性来看，钦定宪法和协定宪法只存在于一定的历史阶段，即便在保留传统的钦定宪法和协定宪法的国家，君主的作用已经只有象征性的意义。

(4)近代宪法和现代宪法：

划分标准：宪法发展的不同历史阶段。

①近代宪法，指近代自由资本主义时期实行的宪法。近代宪法体现自由主义的原理，国家和政府的职能比较简单，公民基本权利主要表现为自由权，近代宪法以英、美、法国为代表。

②现代宪法，指20世纪初以来在包括资本主义和社会主义国家实行的宪法。现代宪法中增加了国家和政府职能，公民基本权利也由自由权扩大到社会权。现代宪法产生的标志是苏俄宪法和魏玛宪法。宪法中规定的公民基本权利由自由权扩大到社会权，相应地，国家和政府的职能增加。

3. 简述宪法的渊源。［扬州大学2020年研；四川师大2016年研］

相关试题：

(1)请结合各国实践谈谈宪法的渊源。［清华大学2025年研］

(2)宪法的渊源［概念题，中南财大2025年研］

(3)简述我国宪法的形式渊源。［常州大学2017年研］

答：宪法的渊源主要是指宪法的表现形式。宪法主要有以下渊源：

(1)宪法典。宪法典是宪法的主要表现形式。宪法修正案是宪法修改机关依照宪法规定的程序修改宪法的结果，往往以单独的形式附于宪法典之后，或将其内容融于宪法典之中，而成为宪法典的组成部分。我国现行宪法为1982年宪法，并历经五次修订。

(2)宪法性法律。在成文宪法国家，宪法性法律对宪法典起补充作用。在不成文宪法国家，宪法性法律是不成文宪法结构中的成文形式，是绝大多数宪法规范、宪法原则和宪法指导思想的载体。我国是成文宪法和刚性宪法国家，宪法性法律不是我国宪法的渊源。

(3)宪法惯例。指在长期的政治实践中形成并被反复运用，为公民及全体社会普遍承认有约束力的习惯和传统的结合。不成文宪法国家和成文宪法国家都存在宪法惯例。我国在长期的国家政治生活中形成了一些宪法惯例。

(4)宪法判例。指涉及宪法问题，具有宪法约束力，并能为法院援引作为审理同类案件或为其他宪法主体所遵循的法院判决。在不成文宪法和柔性宪法国家，宪法判例是宪法的表现形式之一。我国不得以宪法为直接裁判依据，宪法判例不是我国宪法的渊源。

(5)宪法解释。作为宪法渊源之一的宪法解释，主要指立宪解释。立宪解释与宪法具有同等的效力，是宪法的组成部分。宪法解释是我国宪法的渊源。我国宪法规定，全国人大常委会有权解释宪法。

(6)国际条约。"条约必须遵守"是国际法的一项基本原则，国际习惯一旦为各国所接受，就应该具有普遍的约束力。国际条约不属于我国宪法的渊源。我国将国际条约转化为国内立法予以适用，或者在法律适用时优先适用国际条约。

4. 中国的宪法惯例有哪些内容?[对外经贸2010年研]

答：宪法惯例是指在长期的政治实践中形成并被反复运用，为国家机关、政党及人民所普遍遵循而实际上与宪法具有同等效力的习惯或传统。宪法惯例是一种通行的、具有较强稳定性和约束力的政治习惯和传统，因而一般国家都存在。我国宪法惯例的内容主要包括以下几个方面：

(1)宪法的修改方式。1982年宪法并未明确规定宪法的修改方式，但自1988年第一次用修正案的方式修改宪法后，1993年、1999年、2004年和2018年均沿用修正案的方式对宪法予以修改。宪法修正案的修改方式已成为目前我国的一项重要宪法惯例。

(2)关于宪法修正案的提案问题。我国《宪法》规定，全国人大常委会或者1/5以上的全国人大代表，才有权提出宪法修正案的议案，但在实践中，一般由执政党中央委员会首先以建议案的形式提出来。

(3)每届全国人大开会时，全国政协会议也同时进行，并且政协全国委员会委员全体列席全国人大的有关会议。

(4)中华人民共和国中央军事委员会主席，习惯上由中国共产党中央军事委员会主席兼任等，都具有较高的稳定性，已得到普遍承认。

(5)在我国国家领导人、最高国家机关和执政党中央委员会的行为中，一些不成文的习惯做法确实存在。

5. 制宪权的基本特征。[河北大学2016年研]

相关试题：什么是制宪权，制宪权的基本特征有哪些?[武汉理工2010年研]

答：(1)制宪权是指制宪主体按照一定原则创造作为国家根本法的宪法的一种权力。从抽象的角度来看，制宪权可以被看作一种价值体系，既包括制宪事实的力量，也包括使宪法正当化的权威与价值。

(2)制宪权的基本特征：

①制宪权的正当性。制宪权的行使要服从一定的制宪目的，遵循宪法发展的客观规律。

②制宪权是阶级性与公共性的统一。表现在两个方面：a. 制宪权反映特定阶级的根本意志，具有阶级性；b. 制宪作为人类治理国家经验的总结与升华，在客观上反映着社会公

共职能，具有公共性。

③制宪权的统一性。制宪权的存在形态具有完整性和统一性，不可分割和转让。

④制宪权的自律性。制宪权是主权国家独立意志的体现，它的具体运用过程与制宪内容，体现特定民族意志的自律性，不受除本民族意志之外的其他意志制约。从某种意义上说，制宪权的自律性是国家权力独立性价值的必然要求。

6. 简述宪法的制定程序。[沈工大 2020 年研]

相关试题：简述我国宪法制定程序。[吉林大学 2015 年研]

答：宪法制定程序是指制宪机关制定宪法时所经过的阶段和具体步骤。由于宪法是国家的根本法，其制定程序不同于普通法律，程序比较严格。

(1)制宪机构的设立。为了制定宪法，首先要成立专门的制宪机构，制宪机构的代表通常具有广泛性，代表各方面的利益。制宪机构的产生是否民主以及制宪机构成员的素质，直接影响制宪的社会效果。从各国宪政经验看，保证制宪机构的民主性与权威性是制宪程序的重要内容。

(2)宪法草案的提出。草案的起草要遵循一定的指导思想或原则，以保证草案内容的合理性。制宪机构在起草宪法草案之前，在基本宪政模式的选择、公民的宪法地位、基本政治和经济制度框架等方面首先要确立原则，由具体起草机关在起草工作中加以贯彻，如我国 1954 年宪法在制定过程中，确立了民主集中制、把领导意见和群众意见有机结合的原则，使宪法草案具有较好的基础。在宪法草案的起草和具体讨论过程中，不可避免地遇到各种利益的协调问题，需要通过不同层次的利益协调，寻求共同的社会基础。

(3)宪法草案的通过。现代各国的宪法草案多由议会、代表机关议决通过。为了保证宪法的权威性和稳定性，大多数国家对宪法的通过程序作了严格的规定。一般的规定是，制定宪法要获得国家立法机关成员 2/3 以上或 3/4 以上的多数赞成才能通过。

(4)公布。宪法草案经一定程序通过后，由国家元首或代表机关公布。在我国，通过和公布宪法的机关是全国人民代表大会。

7. 简述世界上几种主要宪法解释体制。[扬州大学 2018 年研]

答：各国根据本国的政治体制、法律传统及政治理念，确立了不同的宪法解释机关和宪法解释体制。概言之，世界上主要有以下三类宪法解释机关和宪法解释体制：

(1)最高国家权力机关或立法机关解释制。社会主义国家依据民主集中制原则建立国家机构体系，由最高国家权力机关及其常设机关解释宪法。资本主义国家中，早期实行议会内阁制的国家，由议会作为立法机关解释宪法，目前少数仍由立法机关解释。

(2)普通法院解释制。普通法系国家传统上由普通法院在审理具体案件时解释宪法，美国首创且代表这种模式。普通法院在审理案件时对法律等进行合宪性审查，通过结合具体案件解释宪法，无权抽象解释宪法，遵循先例原则，其解释对下级法院有约束力。

(3)宪法法院或宪法委员会解释制。大陆法系国家设立专门解决宪法争议的机关，如宪法法院或宪法委员会。其解决的宪法争议包括法律合宪性、国家机关间权限争议、选举诉讼、弹劾案、政党合宪性等，对宪法所作解释具有普遍法律效力。

8. 简要回答宪法解释的必要性。[河北大学2017年研]

答:宪法解释的必要性即宪法解释的意义，具体如下:

(1)解释宪法意义。由于宪法条文具有高度的概括性和原则性，含义深远而不够具体，在实践中有可能出现理解不一、难以遵行使用的情况，甚至容易造成某些误解。通过对宪法条文的词素、词、词组和句子的特定的语言学意义的说明和解释，可以使人们了解宪法条文的准确含义，尤其是宪法条文中特定的名词术语所具有的专门的宪法意义，这有利于宪法的正确实施。

(2)补充宪法缺漏。宪法是国家的根本法，但它不是法律大全，也不是万法全书。由于主客观条件的限制，一些宪法条文在开始规定时就存有遗漏，对现存的某些重要问题不可能作出规定。通过对宪法进行解释，就可以弥补这种缺漏，使宪法条文得到补充和完善。

(3)保障宪法的权威性。宪法，有人称之为“法之法”“法上法”。宪法的这种“母法”地位决定了它在一国法律体系中具有最高的权威性，一切法律、法规以及国家机关及其工作人员行使职权的行为都不得与宪法相抵触。然而，有宪法，必然会有违宪。要解决违宪问题，就必须将宪法作为法律来适用，这就要求对宪法进行解释。可以说，宪法解释是连接宪法与违宪之间的一座重要桥梁。

(4)防止机关违宪。为保证宪法的权威性和至上性，不但法令不得抵触宪法，而且各机关及各机关人员行使职权，亦不得有违反宪法的行为。此种行为与宪法的界限及其有无违背宪法之处，均可由解释来决定。

(5)适应情况变迁。宪法颁布以后，随着政治、经济、社会、文化等的变化发展，势必出现制宪者不能预见的情况，而宪法解释则在促进宪法适应各种新情况的过程中发挥着重要作用。

(6)统一解释法令。各机关对于法律或命令的适用产生不同意见的时候，通过宪法解释则能统一人们的认识。

9. 简述我国宪法解释的基本原则。[广西民大2020年研；人大2015年研]

相关试题:

(1)简述宪法解释的原则。[扬州大学2023年研；武大2022年研；宁波大学2019年研；安徽师大2017年研]

(2)论宪法解释的原则和方法。[论述题，吉林大学2020年研]

(3)宪法解释的原则主要有哪些?[武汉理工2010年研]

答:(1)从总体上讲，宪法是国家的根本法，宪法的变化影响深远，对宪法的解释就必须坚持从严的原则。但宪法规范的原则性、纲领性以及宪法必须适应社会发展需要的特点，又决定了必须根据新情况对宪法进行及时解释。因此合理的原则是，以从严解释为主，但并不排除在个别情况下作一定的灵活解释。

(2)就具体的宪法解释而言，其须遵循的基本原则如下:

①宪法解释须符合宪法的制宪目的，以基本原则和基本精神为指导。每一部宪法都有自身的制宪目的和价值，制宪目的是该部宪法的重要特征。在宪法解释的过程中应该尊重制宪目的，回归宪法的历史性，这是宪法解释具有正当性和法律效力的前提。宪法的根本精神是宪法的灵魂，基本原则是根本精神的直接体现。任何一部宪法的各项规定都无不以

根本精神为基础，都无不体现宪法的基本原则。因此，宪法解释必须以宪法的根本精神和基本原则为指导。

②宪法解释须符合宪法规定的国家根本任务和目的。宪法序言中通常都规定了国家的根本任务，宪法解释的根本目的是更好地实现宪法规定的根本任务和目的。

③宪法解释须协调宪法的基本原则和内容。宪法体现和规定了一系列基本原则，根据这些基本原则，宪法对政治、经济、文化以及国家机关的职权及其分工、公民基本权利等作出规定。因此，不仅需要综合认识宪法不同基本原则之间的关系，还要分析宪法不同内容之间的相互关系。宪法解释机关应在此基础上，把握宪法的实际内涵，作出适当的解释。

④协调宪法规范与社会实际的关系。社会、政治、经济、文化等不断发生变化是历史的必然，宪法解释必须适应社会发展的需要，否则，宪法就会成为一纸空文，就不能起到调整社会基本关系的作用。宪法解释机关通过解释宪法，最大限度地协调宪法规范与社会实际的关系。

10. 简述宪法修改的原因和方式。［四川师大 2013 年研］

相关试题：简述宪法修改的方式。［西南政法 2023 年研；北理 2008 年研］

答：根据不同的修改原因，宪法修改的方式主要有以下三种：

(1)全面修改：

①宪法的全面修改，又称整体修改，是指在国家政权性质及制宪权根源没有发生变化的前提下，宪法修改机关依法对宪法的大部分内容(包括宪法的结构)进行调整、变动，通过或批准整部宪法并重新颁布的活动。

②基本特征：

a. 宪法修改活动依据原宪法所规定的宪法修改程序进行。这是宪法全面修改与制定宪法的主要区别。

b. 宪法修改机关通过或者批准整部宪法并重新予以颁布。这是宪法全面修改与部分修改的主要区别。

③修改原因：一般说来，宪法全面修改的基本原因是原宪法的基本指导思想、基本原则或者绝大部分内容已经不适应社会实际，无法调整社会现实。从各国全面修改宪法的实践看，一般都是在国家出现极为特殊的情况下，或者国家生活(特别是国家的政治生活)发生某些重大变化的情况下，才进行这种活动。

④对全面修改的评价：

a. 优点：当社会实际发生较大变化，宪法规范的绝大部分内容已经无法适应变化了的社会实际时，及时对宪法进行全面修改，能够促使宪法保持真实性和权威性，否则，宪法规范就可能形同虚设。

b. 缺点：由于宪法的权威和尊严在一定程度上取决于宪法的稳定，如果修改频率过高，在政治心理上不能起到稳定作用，在法律角度上有朝令夕改之嫌，那么必然会降低其严肃性。

(2)部分修改：

①宪法的部分修改是指宪法修改机关根据宪法修改程序，以决议或者宪法修正案等方式，对宪法中的部分内容进行调整或变动的活动。

②基本特征：

a. 宪法修改机关的修改活动依据宪法修改程序进行。这是部分修改与制定宪法的主要区别。

b. 宪法修改机关并不重新通过或者批准整部宪法，而只是以通过决议或者宪法修正案等形式，修改宪法中的部分内容。这是部分修改与全面修改的主要区别。

③修改原因：宪法在总体上仍然适应社会实际，只是其中的部分内容落后于社会实际。

④具体方式：

a. 以决议的方式直接在宪法条文中以新内容代替旧内容，修改之后，重新公布宪法。

b. 以决议的方式直接废除宪法条文中的某些规定，修改之后，也需要重新公布宪法。

c. 以宪法修正案的方式增删宪法的内容。宪法修正案是宪法的组成部分之一。这种方式的优点是不需要重新通过或者重新公布宪法，因而能够保持宪法典的稳定性和完整性，进而强化宪法在人们心目中的权威性和尊严；缺点是需要将后面的新条文与前面的旧条文对照之后，才能确定实际有效的宪法规定，这在法律意识不强的国度或没有法律意识的公民，可能带来一定的困难。

(3)无形修改：

①宪法的无形修改，又称宪法变迁，是指在宪法条文未作变动(包括修改、解释或者由宪法惯例加以补充)，由于社会发展、国家权力的运作等，使宪法条文的含义实际上发生了变化。宪法的无形修改作为宪法变动的一种方式，并不典型。

②宪法的无形修改不是宪法修改机关依据宪法规定的程序而进行的一种有意识的活动，所以不包含在上述宪法修改的含义之中。但是，它可以使宪法条文的本来含义在事实上发生一定的变化，达到与修改宪法基本相同的效果，因而属于广义的宪法修改。

③宪法的无形修改使宪法现实在客观上出现违反宪法规范的情形。

④从树立宪法的权威和尊严、建设社会主义法治国家的角度来看，宪法的无形修改应予避免，应当及时通过决议或宪法修正案的方式把社会发展的要求反映到宪法中来，从而增强宪法对社会现实的规范力和适应性。

11. 简述宪法解释权与宪法修改权的关系。[人大2014年研；武大2012年研]

答：宪法解释权是宪法的正式解释，即由宪法授权的机关或宪法惯例所认可的机关依据一定的标准或原则对宪法条文所作的具有法律效力的说明的权力。宪法修改权是由宪法所授权的机关或宪法惯例所认可的机关对宪法条文或内容进行修改的权力。二者既有联系又有区别。

(1)二者的联系：

①二者都是由宪法所规定或由宪法惯例所认可的。

②二者都是极其重要的国家权力，影响一国根本法即宪法的实施。

③二者都能起到变更宪法的效果。宪法修改权直接改变宪法的意义及含义；而宪法解释通过不同的解释，实际上也变更了宪法的含义。

(2)二者的区别：

①权力的归属不同。我国宪法明确规定，全国人民代表大会有权修改宪法，宪法修改权专属于全国人大；全国人民代表大会常务委员会有权解释宪法，同时虽然宪法没有明确

规定全国人大有解释宪法之权，但在我国的宪政体制下，全国人大享有制定权和立法权，当然拥有不言而喻的宪法解释权。

②程度不同。宪法解释权和宪法修改权虽然都能起到变更宪法的作用，但宪法解释权受限于宪法具体条文的规定，权力机关仅能在一定程度范围内作出解释，不可超越宪法本义，而宪法修改权则是彻底改变宪法条文。不受原条文内容的限制。

③行使的程序不同。由于宪法修改权是对宪法影响更大的权力，因此宪法修改适用的程序要较宪法解释适用的程序严格，受到的限制也更大，如有人数要求、会议程序要求等。

④行使的方式不同。宪法解释权一般是通过立法的方式或发布解释案的方式行使：宪法修改权一般是通过直接修改宪法原文或宪法修正案的方式行使，我国目前采取宪法修正案的方式。

12. 简述宪法关系及其特点。［北邮2009年研］

答：(1)宪法关系又称宪政法律关系，是指按照一定的宪法规范，在宪法主体之间产生的，以宪法上的权利和义务为基本内容的社会政治关系。宪法关系直接反映特定社会的基本利益结构和政治结构，并构成其他法律关系的基础，是立宪社会最为基本的政治秩序在法律上尤其是在宪法上的表现。宪法关系涉及极为广泛的社会生活领域；国家或国家机关是其重要参与者。

(2)宪法关系的特征主要表现在：

①宪法关系是特定社会民主政治关系的法律模式，同时对政治关系产生特定的影响。宪法关系是民主国家政治关系在法律上的体现，但它并不是对社会政治关系的简单重复。宪法关系不仅以法律模式来表现政治关系，而且也对民主政治的运行和发展产生特定的影响。

②宪法关系是近现代社会法制体系中最为基本的法律关系。宪法关系首先是一种法律关系，在其内在结构、外在形式和调整方法等方面符合法律关系的一般规律。宪法关系与其他部门法律关系又有区别，这集中体现在宪法关系的基础性地位上。宪法关系的合理组织和良性运作是其他法律关系形成和有效实现的基础。

③宪法关系以宪法规范为调整依据，是宪法规范的具体化和现实化。宪法规范是宪法关系产生的前提，没有相应的宪法规范，就不可能产生宪法关系。因此，宪法关系的建立必须有严格的宪法依据。同时，宪法规范是相对静止的，具体的宪法关系则处于不断发生、变更和消灭的过程之中，使宪法规范反复适用于各种政治关系，使宪法精神和宪法原则在国家政治生活中得以实现。因此，宪法关系又是宪法规范现实化、具体化的重要形式。

④宪法关系既是宪法主体之间的静态宪法联系，也是宪法主体之间权利义务互动的方式。静态宪法关系是宪法确定的宪法主体之间的权利义务关系，它实质上是宪法对各个主体权利义务的分配形式，并通过这种权利义务的分配，实现宪法主体在宪政社会中的合理定位。宪法主体通过对自己享有的宪法权利的行使，对对方主体乃至整个社会都产生一定的法律作用。

⑤宪法关系既是宪法主体之间的事实关系，也是宪法主体之间的价值关系。宪法关系的内容是客观社会关系的反映，从本质上讲是一种事实关系。但这并不阻碍立宪者在尊重社会运动基本规律的基础上，在宪法中注入社会的价值标准，并按照这一价值对社会政治

关系进行调整。正是这些价值标准，促使宪法关系从低级向高级发展，从而避免运动方式上的简单重复。这也是宪法关系和宪政秩序的生命力之所在。

13. 试析宪法关系的主体。[吉林大学2014年研]

答：宪法关系主体是依据宪法规范直接参与宪政活动的政治实践主体，是宪法权利和宪法义务的直接承担者和直接行使者。具体主体类型如下：

(1)公民：

公民是指具有一国国籍，享有该国宪法和法律所规定的权利并承担相应法定义务的自然人。

①公民是宪法关系中最为活跃的主体因素。公民之所以成为宪法关系的主体，是由其内在特征决定的。具体说来表现在：

a. 平等性。公民在法律面前一律平等，是宪政社会的根本原则。

b. 自由性。包括公民的内在自由和外在自由。

c. 主动性。公民在宪法关系实践中不是消极地适应社会政治结构和环境，不是消极地被统治者而完全受制于国家，而是积极地参与社会政治生活，以其意志和行为反作用于社会、国家和其他公民。

②公民对于宪法关系发展的作用：

a. 通过权利的行使满足自己的利益要求，发挥自己的主体性和个体性，使人类在社会条件许可的范围内最大限度地发挥自己，在完成政治解放的基础上向人类解放的目标前进。

b. 通过自己的宪法权利行为，制约国家权力行使的方式、目的和效果，使之在法律规定的轨道上合理运行，并由此保证宪法关系的健康运作。总之，公民的积极作用始终是宪法关系向新阶段发展的活力源泉和基本动力。

(2)国家：

国家是一切政治关系的主体，但并非一切国家都是宪法关系的主体。作为宪法关系主体的国家是近现代以来其内部结构和外部形式发生了重大变革的民主国家。国家成为宪法关系主体的条件包括：

①国家的历史演变是其成为宪法关系主体的重要条件。

②国家在宪法关系中的存在方式也是国家成为宪法关系主体的条件。

(3)宪法关系的其他主体：

①国家机关。国家机关能够以国家代表的身份作为主体参与宪法关系；同时，在许多情况下，国家机关也独立地以自己的名义行使和承担宪法上的权利和义务。

②民族。民族作为主体出现在宪法关系中，其实质是一定数量的公民主体资格的集合反映。在一定情况下，当有关民族享有宪法权利和承担相应义务时，可以将其纳入公民的范畴进行分析。

③政党。政党是公民集体行使权力参与国家政治生活的组织方式，在进行理论分析时也可将其纳入公民的范畴。

④利益集团。利益集团是宪法关系的重要参加者。利益集团不具有特定的宪法地位，也不享有和承担宪法上的权利和义务，但对宪法关系和宪政社会中公民与国家具有重要的联系和缓冲作用。

14. 简述宪法规范的种类。［浙江财大 2017 年研；安徽师大 2016 年研；广东财大 2016 年研］

答：由宪法的性质和立法特征所决定，宪法规范的存在形式是多样化的，可以按照不同标准对宪法规范进行种类上的区分。具体如下：

(1)授权性规范和义务性规范：

这一分类是以宪法规范所采用的调整方式为标准进行划分的。

①授权性规范，是指通过确定性的法律规定赋予特定组织或个人可以选择为或不为一定行为的权利，该种规范形式主要表现为宪法确保国家机构在法定范围内履行职责，防止其不合法、不合理地限制公民权利。

②义务性规范，是指规定人们必须为或不为一定行为的规范，包括命令性规范和禁止性规范。

(2)宣告性规范和确认性规范：

这一分类是以宪法规范所呈现的表达方式为标准进行划分的。

①宣告性规范，是指目的在于对外表示国家对相关事项的认知倾向的规范。

②确认性规范，是指以法律形式对已存在的事实加以明确认可的规范。

(3)倡导性规范、任意性规范和强制性规范：

这一分类是以宪法规范所具有的约束力大小为标准进行划分的。

①倡导性规范，是指国家对公民或者其他组织的一种期待与鼓励的规范，往往通过教育等方式实现。

②任意性规范，是指行为人的个人意志可以改变所规定的权利、义务的规范。

③强制性规范，是指行为人的个人意志不能任意改变规定的权利、义务的规范。

(4)保护性规范、奖励性规范和制裁性规范：

这一分类是以宪法规范后果的性质为标准进行划分的。

①保护性规范，是指确认和保护公民的某种行为或者某种权利的规范。

②奖励性规范，是指宪法上对于为国家和社会作出积极贡献的行为的肯定性评价。

③制裁性规范，是指宪法上对国家机关的违宪行为的否定性评价。

15. 简述宪法的效力。［武大 2023 年研；广西民大 2022 年研］

相关试题：

(1)如何全面理解宪法效力？［论述题，中南财大 2020 年研］

(2)宪法的效力［概念题，中国政法 2025 年研；沈工大 2022 年研］

(3)请论述我国宪法序言的地位及其法律效力。［论述题，广西民大 2024 年研］

答：宪法的效力指宪法的法律约束力。宪法的纵向效力是指在多层级法律体系中宪法具有最高法律效力。宪法的横向效力即宪法的适用范围，涵盖宪法在何地、对何人、对何事以及在何时具有法律约束力，具体包括：

(1)空间效力。宪法在国家领土范围内有效，涵盖我国台湾、香港、澳门等地区。我国宪法虽未明确领土条款，但效力及于领土全部。

(2)时间效力。宪法生效时间有多种方式，如明确规定生效时间、自公布或期满生效、自通过或批准生效。失效方式有明示失效(新宪法或专门法律废止旧宪法)和默示失效(旧宪法随新宪法生效自动失效)。

(3)对人效力，包括约束公权力主体以及保护基本权利主体。基本权利主体主要是公民，外国人和无国籍人在特定情况下也受宪法保护，法人也可享有某些基本权利。我国宪法规定国家尊重和保障人权，对外国企业、其他经济组织和外国人在特定情况下也有效力。

(4)对事效力。宪法主要调整国家与公民以及国家机关之间的关系，传统上只对公共领域涉及国家权力运行的事项有效。随着基本权利理论发展，宪法在特定条件下对私人领域产生效力，形成直接效力说、间接效力说和国家行为理论说。

(5)我国宪法序言的法律效力。宪法序言与宪法条文构成有机整体，具有最高法律效力。它规定了宪法的根本制度、根本任务，是国家根本法的依据；明确了中国共产党的领导地位；对宪法条文具有统领性和指导性，是宪法解释和修改的重要依据 。

六、论述题

1. 试论宪法的本质。[扬州大学2023年研；安徽师大2018年研]

相关试题：宪法的本质[概念题，武工大2024年研]

答：宪法的本质是指从总体上规定宪法性能和发展方向的宪法的内部联系，是宪法比较深刻的、一贯的和稳定的方面。宪法本质属于宪法本体论中的重要问题。思想家们对宪法本质问题一直较为关注，并提出了诸多不同的观点和学说。

(1)关于宪法本质的学说：

①神的意志论，即把宪法的本质直接或间接地归结为神或上帝的意志，认为宪法是神或上帝意志的反映或体现。神学法律思想源于古代，至中世纪时成为占统治地位的法律思想，并为一些资产阶级学者和法学流派所接受。毫无疑问，将宪法的本质归结为神的意志，不符合马克思主义的基本原理，是不科学的结论。而有些国家的宪法之所以坚持这一基本观点，则是由这些国家的具体情况和历史文化传统决定的，这种做法虽缺乏实践基础，却已为这些国家的人民所普遍接受，已成为一种无须证明、更无须证伪的共识。

②全民意志论，即将宪法的本质归结为宪法体现或反映全体人民的意志。十七、十八世纪资产阶级启蒙思想家倡导的社会契约论，就是宪法体现全民意志的典型理论。全民意志论突出表现了宪法与民主之间的紧密关联。一部宪法之所以是宪法，乃是由本国人民决定的，因而宪法必须符合人民的意愿，践行民主的理念。这种观念曾经在资产阶级革命中起到了极大的作用。然而，将宪法的本质归结于全民意志也是一种乌托邦式的想象。宪法的制定本质上是一个政治过程，其中包含着各种各样的讨价还价，而能够将自己的利益写进宪法的往往是社会上的强势群体。因此，宪法几乎不可能是全体人民意志的体现，它主要是制宪者意志的体现。在马克思主义看来，制宪者的意志就是统治阶级的意志。

③阶级意志论，指宪法的本质在于反映阶级意志、体现阶级利益。马克思主义宪法学在历史上第一次揭示了宪法和宪法学的阶级属性。阶级意志论在社会主义国家的宪法学中得到了充分体现。应该肯定，尽管将阶级意志论视为宪法的本质尚有可推敲之处，但它的确揭示了宪法质的规定性，向科学认识和研究宪法的本质迈进了关键性的一步。

(2)宪法的本质在于，它是一国统治阶级在建立民主制国家过程中各种政治力量对比关系的集中表现。宪法是确认民主事实，集中反映一国政治力量对比关系，规范国家权力和保障公民基本权利的具有最高法律效力的国家根本法。

①宪法是民主制度化、法律化的基本形式。

a. 人民主权原则。宪法的产生基于人民主权观念。大多数国家宪法规定“人民主权原则”，我国宪法明确规定“中华人民共和国的一切权力属于人民”。

b. 民主制度化。不同性质的宪法反映了不同性质的民主事实。近代宪法源于资产阶级革命，是对资产阶级民主事实的制度化和法律化。社会主义宪法则在无产阶级革命后确认社会主义民主事实。

c. 宪法与民主的关系。宪法的前提和基础是民主事实的存在。宪法确认基本的民主制度和程序，但不涵盖所有民主事实。人民通过宪法和其他民主形式行使国家和社会管理权。

②宪法是各种政治力量对比关系的集中体现。

宪法反映国家生活和社会中最根本的问题，决定不同阶级、阶层、集团和群体的根本利益。宪法是一国特定时期政治力量对比关系的全面体现。政治力量对比关系首要体现为阶级力量的对比关系。宪法对阶级力量对比关系的反映，主要集中在以下三个方面：

a. 宪法是阶级斗争的产物。宪法由在阶级斗争中取得胜利并掌握政权的阶级制定，总结和确认阶级斗争成果。例如，法国 1791 年宪法和苏联 1918 年宪法分别反映了资产阶级和工人阶级的胜利。

b. 宪法规定社会各阶级的地位及相互关系。宪法确认有利于统治阶级的根本制度和重要制度，使统治地位合法化。我国宪法确认中国共产党的领导地位和社会主义制度。

c. 宪法随阶级力量对比变化而变化。当阶级力量对比发生根本性变化时，宪法性质会转变；当具体力量对比发生变化时，宪法内容也会调整。例如，我国 1982 年宪法与 1954 年宪法相比，反映了国内阶级力量对比的重大变化。

2. 论述成文宪法、不成文宪法和宪法惯例互相之间的区别。［北大 2016 年研］

答：成文宪法、不成文宪法和宪法惯例三者的概念，参见本章概念题第 1、5 题答案。

(1)成文宪法与不成文宪法的区别，参见本章概念题第 1 题答案。

(2)不成文宪法与宪法惯例的区别：

宪法惯例是不成文宪法的表现形式之一。宪法惯例是一种不成文的政治行为规范，没有法律文书表现形式，因而不由国家制定或认可，也不具有司法上的适用性。但宪法判例等不成文宪法则具有司法上的适用性。

(3)成文宪法与宪法惯例的区别：

成文宪法是制定宪法、文书宪法，而宪法惯例都是在政治实践中形成的。宪法惯例形成的前提是书面的宪法文件对某些宪法事项没有作出规定，而政治实践中又需要一定的政治规则。

3. 论宪法制定权(即制宪权)及其界限。［浙江财大 2018 年研］

相关试题：简述宪法制定权的界限。［简答题，长沙理工 2018 年研］

答：(1)制宪权的概念和特征：

制宪权，是制宪主体按照一定原则创造作为国家根本法的宪法的一种权力。其具有四个特征：①制宪权的正当性；②制宪权是阶级性与公共性的统一；③制宪权的统一性；

④制宪权的自律性。

(2)制宪权的性质:

①制宪权实际上是国家统治最高决定权的具体表现，即有权决定国家统治形态的阶级运用制宪权，具体创造宪法，以巩固统治关系。

②制宪权决定具体权力的活动方式与界限，有助于强化宪法规范的效力，建立以宪法为基础的权力制约机制。

③由于立法权、行政权与司法权三权的组织与活动原则由制宪权所决定，它是一种制度化的权力形态。不能简单地把制宪权表述为始原性的权力，否则会导致制宪权与国家权力的相互冲突。

(3)宪法制定权的界限:

制宪权主体在运用制宪权时是否应受限制，制宪权形态中是否存在"绝对意志的自由"，这是涉及制宪权界限的基本理论问题。虽然制宪权是最高决定权的具体表现，但这并不意味着制宪权的行使是不受任何界限的。实际上，制宪权是一种受制约的权力，客观上存在着一定的界限。

①受制宪目的的制约:

a. 制宪目的是把社会共同体规定为政治上的统一整体，从而确定国家权力活动的组织体系与原则，确立公民的宪法地位，以形成社会的共同意思，使宪法获得正当性。

b. 制宪目的的合理性与制宪权的合法性并不是始终相吻合的，具有合理性的制宪内容有时也可能是通过不合法的程序得到体现的。同样，不合理的制宪内容也有可能是通过合法程序得到体现的。

②受法的理念的制约:

a. 制宪是一种法的现象，在法的领域内进行，其活动受法的原理的制约。

b. 制宪过程中存在的法的理念和制宪者头脑中形成的法的理念在实践中合为一体，成为指导制宪的一种原理。

c. 就特定国家制宪过程而言，都存在着制宪原则与具体的立宪技术方面的要求。这些原则与要求实际上起着制约制宪活动的作用。

③受自然法的制约:

a. 制宪过程必须尊重人权以及人格尊严不受侵犯的基本价值。不尊重人权的任何制宪活动，背离宪法正当性的价值，都有可能失去其存在基础。

b. 自然权利实际上约束着制宪权，漠视自然权利的制宪权不具有正当性。

④受国际法的制约。这种制约主要表现在，战败国的制宪权受战胜国宪法的影响或国际条约的影响。

4. 试述宪法的解释及其分类。[中山大学2010年研]

答: (1)宪法解释的概念，参见本章概念题第10题答案。

(2)宪法解释的分类:

①根据不同的分类标准，可以把宪法解释分为如下几种类型:

a. 根据解释的主体与效力不同，分为有权解释和学理解释。

b. 根据宪法解释的目的不同，分为合宪解释和补充解释。

c. 根据宪法解释的方法不同，分为语法解释、逻辑解释、系统解释和历史解释。

d. 根据宪法解释的尺度不同，分为字面解释、限制解释和扩充解释。

e. 根据宪法解释者的动机不同，分为立宪解释、行宪解释、合宪性审查解释、监督解释。

f. 根据宪法解释的机关不同，分为立法机关解释、司法机关解释、专门机关解释。

②上述分类中，根据宪法解释的机关不同所作的分类有一定的优越性，因为这种分类具有以下特点：

a. 比较简明，并且基本能把其他学者所论及的宪法解释类型包括其中。因为确立了立法机关、司法机关及专门机关等的解释主体地位后，相对而言，其他解释类型便只有工具和方法的意义。

b. 普遍认同，约定俗成。分类的目的无非是突出不同宪法解释制度的特点，促使人们更好地了解和掌握宪法解释制度。尽管根据解释机关划分宪法解释类型也有许多不足，但这种划分方法更符合上述目的，而且也一直是宪法学界所普遍接受的分类模式。

③宪法解释之所以形成不同类型，其原因如下：

a. 在理论上，人们对宪法解释权的性质认识不同。在实行立法机关解释制的国家，一般都认为宪法解释属于立法权性质，因而应由立法机关行使。而在实行司法机关解释制的国家，则认为解释权属于司法权的一种，因而应当由法院来行使。

b. 政权组织形式不同。资产阶级国家按照三权分立原则组织政权形式，进行宪法的监督实施。社会主义国家则实行民主集中制。

c. 国家结构形式不同。在联邦制国家，联邦和州之间的权限划分往往通过宪法来确定。而在单一制国家中，由于地方的权力往往由中央机关通过宪法、法律或者行政法规授予，即使存在权限之争的问题，也可以由最高权力机关即中央立法机关通过解释来消除权限争议。

d. 历史传统不同。各国的历史传统不同，对于宪法解释机制的确立也有影响。

5. 试述我国的宪法解释体制。[对外经贸 2008 年研]

答：(1)我国的宪法解释体制：

我国实行的是立法机关解释体制，即由该国立法机关解释宪法的体制。

①特点：

a. 宪法解释权的行使分为两种：一是，立法机关主动行使；二是，依其他机关的申请而行使。

b. 宪法解释依照立法程序进行。

c. 宪法解释的形式有两种：一是，寓解释于立法之中；二是，单独作出决定。

d. 实行后法优于前法的原则。

②优点：

a. 由于是最高国家权力机关行使，有利于保证宪法解释的权威性。

b. 由于解释形式的多样化，有利于保证宪法解释的适宜性。

③缺点：容易使立法机关的意思代替宪法的原意，从而出现汉密尔顿所说的那种情况，即“代表的地位反高于所代表的主体，仆役反高于主人，人民的代表反高于人民本身”。

(2)我国的宪法解释机关：

《宪法》第67条规定，全国人民代表大会常务委员会有权解释宪法，监督宪法的实施。我国之所以采用这种宪法解释体制，是因为：

①全国人大常委会是最高国家权力机关的常设机关，根据宪法规定享有立法权。由制定法律的机关解释宪法有利于全面、准确地把握法律的含义，保证宪法解释的权威性。

②根据宪法规定，全国人大常委会是宪法监督机关，大量的宪法解释问题是在宪法实施过程中出现的，监督权与解释权的统一有利于保证宪法解释的权威性。

③宪法解释是一项经常性的工作，作为常设机关的全国人民代表大会常务委员会是经常开展活动的专门机关，其组成人员富有政治和社会经验，具有合理的知识结构，并且其中也有法律专家，可以承担根据社会发展需求解释宪法的任务。

(3)对我国宪法解释体制的理解：

在我国人民代表大会制度的宪政体制下，由于全国人大是最高国家权力机关，享有修宪权和立法权，而且宪法还从其地位至高无上、权力无限的精神出发，在其职权的第16项规定了"应当由最高国家权力机关行使的其他职权"。因此，尽管宪法没有明文规定全国人大有解释宪法的权力，但并不意味着全国人大无权解释宪法。但从发展趋势看，我国的宪法解释机关还需要进一步强化其解释功能，运用宪法解释权解决宪法与社会生活中的冲突，规范宪法解释的程序，提高宪法解释的效能。

6. 试论宪法解释的原则和方法。[武大2015年研]

相关试题：宪法解释的方法。[河北大学2013年研]

答：(1)宪法解释的原则，参见本章简答题第9题答案。

(2)宪法解释的方法，是指具体解释宪法的技术手段。具体包括：

①统一解释，是指对人们理解不一的宪法条文作出明确而统一说明的方法。

②条理解释，是指根据文字含义、法理、先例、类推和上下文之间的关系等对之予以说明。

③补充解释，是指宪法在规定过程中存在遗漏，而在实施中通过解释予以适当补充的方法。

④扩大解释，是指由于社会情况的变化、发展，使宪法的内容不能满足社会现实的需要，因而通过宪法解释扩大其含义的方法。

7. 试论宪法解释的基本程序。[武大2007年研]

答：由于各国的政治体制和宪法解释体制不同，各国在宪法解释中遵循的具体程序也不一样。从各国的实践来看，主要有立法机构解释宪法的程序、普通法院解释宪法的程序和特别机关解释宪法的程序。由立法机关解释宪法的体制，程序与一般的立法程序相同；由普通法院解释宪法的体制产生于美国，其他采用这种体制的国家其释宪程序也大都模仿美国；由特别机关解释宪法的程序的典型代表是联邦德国宪法法院和法国宪法委员会。概括说来，宪法解释程序通常包括：

(1)宪法解释的提出：

①在宪法实施过程中出现宪法规范与社会生活不一致，需要对相应的宪法规范作出解

释时，特定主体以口头或书面形式提出宪法解释的要求。

②我国宪法解释申请提出的主体是比较广泛的。全国人民代表大会常务委员会行使宪法解释权，国务院、中央军事委员会、最高人民法院和最高人民检察院以及全国人民代表大会各专门委员会等，可向全国人民代表大会常务委员会提出宪法解释的要求。

(2)宪法解释的审查：

①宪法解释申请提出并送达解释机关以后，应当依照法定程序进行审查，并决定是否作出解释。

②在我国，宪法解释机关是全国人民代表大会常务委员会，对宪法解释的审查机关也应当是全国人民代表大会常务委员会。如果是在全国人民代表大会常务委员会开会期间，可以由其进行直接审查；如果是闭会期间，也可以委托全国人民代表大会相关的专门委员会预先审查，向全国人民代表大会常务委员会提出审查报告，由其决定是否应作解释。

(3)宪法解释的决议：

全国人民代表大会常务委员会以通过决议的形式行使宪法解释权。对宪法的解释应当以常委会组成人员的过半数同意方可成立。表决方式原则上应当以无记名投票方式或按表决器方式。根据全国人民代表大会常务委员会的议事规则，也可以以举手表决方式进行。

(4)宪法解释的公布：

宪法解释机关对宪法作出解释形成相应的决议，并按一定的程序公布，通常自公布之日起发生法律效力。从一般的情况看，宪法解释一旦作出后便成为宪法的组成部分，与宪法条文一样产生普遍的约束力。在我国，宪法解释经全国人民代表大会常务委员会决议通过后，由中华人民共和国国家主席公布。

8. 试论宪法修改的方式和宪法修改的限制。［南开大学 2004 年研］

相关试题：

(1)宪法修改的限制有哪些？［清华大学 2025 年研］

(2)简述我国宪法修改的限制。［简答题，厦门大学 2025 年研］

(3)简述宪法修改的形式以及新中国成立以来我国历次宪法修改的年份。［简答题，广西民大 2024 年研］

(4)简述宪法修改的限制。［简答题，广东财大 2021 年研；扬州大学 2021 年研］

(5)试论述宪法修改及其方式。［中山大学 2019 年研］

答：(1)宪法修改的方式，参见本章简答题第 10 题答案。

(2)宪法修改的限制：

如果一部宪法在制定之初即逆历史潮流而动，或者受错误思想的指导而歪曲地反映社会现实和社会发展的要求，那么对宪法修改的严格限制，只能促使宪法同社会的脱节越来越严重，最终不可避免地造成宪法危机。而如果宪法正确地反映了社会现实和社会发展的要求，那么为了稳定政局，对宪法修改进行某些限制又是可行的。因此，在宪法修改是否应限制问题上，不应绝对化。从各国宪法的规定看，宪法修改的限制主要有以下几个方面：

①修改内容的限制。一些国家的宪法明确规定或者暗含规定，宪法的某些内容不得成为宪法修改的对象。概而言之，主要有以下三方面的内容不得成为宪法修改的对象：

a. 宪法的根本原则和基本精神。宪法所确立的国家根本制度、基本精神和根本原则不得成为宪法修改的对象。宪法的一些基本原则不得成为宪法修改的对象。

b. 国家的领土范围和政体等不能成为被修改的对象。

c. 宪法中的某些特殊条款不能被修改。

②修改时间的限制。为了保证宪法的稳定性，一些国家的宪法根据具体情况对宪法修改的时间作了限制性规定。主要有两种情况：

a. 消极限制，即不得修改宪法的时间限制。又分为两种情形：一是规定在宪法颁布实施或者修改以后的若干年内不得修改宪法。二是在特定时间或者时期内不得修改宪法。

b. 积极限制，即明确规定宪法应当定期修改。如葡萄牙1919年宪法第82条规定，宪法每隔10年修改一次。有的国家在宪法同一条文中对宪法修改的内容和时间同时作出限制。

一些国家还对宪法修改的形式作了明确规定，成为一种形式要件，从而对宪法修改机关构成形式上的限制，如须以"宪法修正案""法案""法律案"等形式对宪法进行修改等。

③受制宪目的的制约。制定宪法的目的是限制国家权力，保障公民权利。不管制宪权归国家所有还是归国民所有，这都是一项根本性的强大的权力，如果修宪权不受约束，没有界限的话，可能会修订出一部恶法。而最能有效制约修宪权的，正是制宪的目的和初衷。因此，在行使修宪权时，不能与其目的相背离。

④受法的理念制约。宪法是一国的最高法，但它作为上层建筑的一种，要受上层建筑中的其他部分影响。一些基本的法的理念和法的价值，如平等、正义、公平、效率、秩序等是衡量一部宪法是否正当的标准，因此，这些法的目的价值是修改宪法的出发点。

⑤受国际法的制约。当今时代，世界一体化的趋势日益明显，不仅表现在经济领域，也表现在政治、法律、文化、宗教各个领域。就法律而言，国际间统一的基本原则和强行性规范日益增多，一国在修订其内部法律时不得不考虑与国际法的联系。

9. 论述"宪法关系的内容"。[长沙理工2018年研；安徽师大2016年研]

相关试题：

(1)试述宪法关系中权利与权力的关系。[常州大学2021年研]

(2)简述宪法关系的内容。[简答题，常州大学2018年研]

答：宪法关系是经由宪法调整而包含有宪法上权利、权力和义务内容的社会关系。宪法关系的内容表现为宪法关系各主体之间由宪法规定的权利、权力和义务关系。

(1)权利与权力的关系是宪法关系的基本内核，宪法的中心任务是处理国家与公民之间的关系，即权力与权利之间的关系。

①权利与权力关系决定了宪法关系的性质。近现代宪法理论认为，国家权力的主体是社会成员的大多数；从根本上讲，国家权力派生于公民权利，权力的目的在于保证公民权利和人民主权的实现。

②权利与权力关系决定了宪法关系的基本结构形式。宪法关系是由宪法确定的社会政治秩序的法律表现形式。通过对权利、权力的动态分配和调整，宪法关系确立起秩序结构和外在表现形式。

③权利与权力关系是宪法关系各主体法律地位的体现。在宪法关系的规范中，宪法通过规定公民广泛的基本权利，将公民的主体地位提高到前所未有的水平；宪法通过限制国

家权力，将国家机关置于公民的控制与监督之下。在宪法关系的运作中，公民行使权利的行为和国家行使权力的行为在宪法关系中相互磨合、相互协调，体现出公民与国家在特定宪法事项和政治联系中的地位。

④权利与权力的冲突和妥协是宪法关系运作的基本形式。宪法规范和调整权利与权力之间的冲突，使宪法关系恢复稳定，推动宪法关系的良性发展，继而达到宪法秩序的动态平衡。

⑤权利与权力的互动关系推动宪法关系的发展：

a. 在微观层面上，在具体的宪法事项中，权利与权力之间的互动是宪法关系运作的基本形式

b. 在宏观层面上，权利与权力的互动是宪法关系良性发展的基本动力。

(2)公民权利制约国家权力是宪法关系的基本精神。人民的主权者地位决定了权利制约权力。

①从权力的运作特点来看，脱离规则和秩序的权力运行，极可能严重侵害公民权利和社会利益。

②从权利的地位来看，近现代宪法确立了人民主权原则，其实现的基本条件就是切实保护和实现公民的各项权利，防止权利受到国家权力的严重侵犯。

③公民权利对国家权力的制约状况，决定着宪法关系和立宪社会的发展程度。

(3)国家权力的互相制约是权利制约权力的重要补充。国家权力的适当分配、结合、制约与动态平衡，在总体上将国家权力限制在一定范围之内，继而达到强化主权、优化权力结构的良好效果。

(4)权力限制权利也是宪法关系的内容之一。宪法规定了公民的基本义务，公民履行基本义务有利于国家权力有效运行，也有利于基本权利的实现。因此，国家权力必须可以限制公民权利。主要表现为：

①宪法通过基本义务条款授权国家机关在特定情况下对公民权利进行限制。但是对于极为基本、极为重要的权利，实行宪法保留原则，即仅能由宪法作出原则性限制。

②在宪法授权范围内，出于公共利益的需要，国家机关可以通过其行使权力的活动，尤其是立法活动，对公民权利进行必要限制。

10. 论述宪法规范的特点。［广东财大 2017 年研；中山大学 2011 年研］

相关试题：

(1)宪法规范是调整宪法关系的各种规范的总和。结合宪法的本质，论述宪法规范的特点。［2023 年法硕(法学)真题］

(2)简述宪法规范的特点。［简答题，上贸大 2023 年研；扬州大学 2022 年研；华侨大学 2018 年研；江西师大 2015 年研］

(3)简述宪法规范区别于其他法律规范的特点。［简答题，华农 2014 年研；中南财大 2013 年研］

(4)宪法规范的政治性特征表现在哪些方面？［简答题，河北大学 2014 年研］

答：宪法规范是调整宪法关系的各种规范的总和。宪法规范的特点主要包括：

(1)内容的政治性。这是宪法规范与其他法律规范相比最主要的特点。宪法规范内容的

政治性是由宪法所调整的社会关系所决定的。从宪法最初的产生来看，宪法就是为了保障人权而对国家权力的行使进行限制而制定的，因此宪法内容的设计从一开始就具有强烈的政治色彩。从宪法规范的具体内容来看，主要是有关国家权力、政治过程、平衡各种政治利益的规则、规范国家与公民及各种政治力量之间的关系。即宪法旨在调整国家权力运作和保障基本人权，其制定和运行受政治力量对比影响。制宪、修宪过程以及规范内容体现了政治博弈与妥协，合宪性审查贯彻宪法的政治意图。

(2)效力的最高性。宪法规范具有最高的法律效力，这是由宪法规范的性质和内容决定的，也是由宪法的最高法律地位决定的。宪法规范是有关国家和社会生活的最根本的规则和问题，是国家的根本法和总章程，因此它在整个法律体系中居于最高的法律地位，具有最高的权威性。构成宪法的每一个规范自然就具有最高性的特点。

(3)立法的原则性。宪法规范表现为原则性和概括性，这一特点是与其调整内容的广泛性相联系的。宪法是国家的根本法和总章程，为社会政治调整和国家权力行使提供规范依据。如果宪法在立法上过于具体庞杂，必然会导致规范主次不分明和经常发生修改，也不利于维护宪法的稳定性和权威性。所以，宪法的原则性是宪法的概括性、适应性和相对稳定性的基础和综合体现。

(4)宪法规范的组织性和限制性。宪法规范组织国家权力，赋予国家机关权力行使的正当性和合法性。同时通过宪法规范对权力运行进行限制，人权保障规范也有助于限制功能发挥。组织性和限制性相互关联，共同确保国家权力在宪法规定范围内运行。

11. 试论宪法规范的效力基础。［吉林大学2014年研］

答：宪法规范的效力是宪法规范对相关社会关系所产生的约束作用，宪法规范的效力基础包含以下内容：

(1)宪法的法律效力：

宪法是根本法、最高法，然而这一最高性的法律在众多的法律中，却属于后起之秀。其产生伊始，是作为一种政治理念和价值目标登上历史舞台的。出于对历史的警戒和对未来的担忧，在这一最高性的法律文件中较多地规定了对权力的限制和对权利的保障，从而使其具有了强烈的政治色彩。宪法内容的政治性特点曾一度使人们弱化了宪法的法律属性，影响了人们对其法律性质的认识，甚至有人还曾否认宪法的法律性质，而认为其仅仅是一种政治理想。但宪政实践的发展最终抹去了这层笼罩在宪法上的迷雾，恢复了其法律性质的本来特征。由此也就必然涉及一个宪法适用的问题。国家强制性是法律的基本特征，宪法作为法律的一种，也不例外，静态的束之高阁的宪法根本起不到规范社会生活的作用。因此，宪法规范必须具有法的效力。

(2)宪政的内在要求：

在一般意义上，宪政至少包括以下内容，即以宪法为起点、以民主为内容、以法治为基石、以人权为目的，是宪法规范和实施宪法的政治实践相结合的产物。其中，民主是宪政的基础，法治是宪政的重要条件，人权则是宪政的终极目的。宪法、民主、法治、人权是宪政的四个基本要素。但宪法规范确认民主、法治、人权，也并不代表宪政的实现。从宪法转化为宪政，关键在于宪法的有效实施、宪法规范确立的公民权利的有效实现以及宪法规范规定的国家权力的有效运作。宪政也要求宪法规范必须具有法律效力。

12. 论依法治国的核心是依宪治国。［安徽师大 2019 年研］

答：依法治国的核心是依宪治国，即运用宪法的民主原则和法治精神来治理国家，通过民主和法治的方式和程序，对政治权力和政治行为进行规范，以保证其在宪法主治的轨道上有效运行，最终达到保障人权，实现人的全面发展的目的。具体分析如下：

（1）宪法是民主事实法律化的基本形式。

虽然无产阶级民主与资产阶级民主、社会主义宪法与资本主义宪法存在本质区别，但在"宪法是民主事实法律化的基本形式"这一点上则是一致的。马克思和恩格斯在《共产党宣言》中明确指出："工人革命的第一步就是使无产阶级上升为统治阶级，争得民主。"毫无疑问，如果无产阶级不能推翻旧的剥削阶级政权，不能使社会成员中的绝大多数成为国家的主人，即没有无产阶级民主的事实，社会主义宪法根本就无从产生。从 1918 年苏俄宪法的制定，到第二次世界大战胜利后东欧和亚洲等一系列国家的社会主义立宪运动都可看出，无产阶级民主事实是社会主义宪法产生的前提条件，而社会主义宪法则是无产阶级民主事实的法律化。

由此可见，宪法与民主紧密相连，民主主体的普遍化或者说民主事实的普遍化是宪法得以产生的前提。基于宪法在整个国家法律体系中的根本法地位，宪法确认的基本内容主要是国家权力的正确行使和公民权利的有效保障，因此可以说，宪法是民主事实法律化的基本形式。坚持依法治国，核心是坚持依宪治国。

（2）法治的集中表现是法律至上、宪法至上。

法治意味着严格依照法律治理国家的政治主张、制度体系和运行状态。它包含一个国家以宪法为基础的法律和法律制度由静态到动态的运行过程。法治在功能上表现为对专制权力的决然否定和对民主政治的完善和维护，在价值取向上则意味着对正义的追求和对人人平等自由权利的保护。法治强调国家受宪法和法律的限制，政府权力来源于宪法和法律的授权，依宪法和法律指示的轨道有效地运行，强调任何越出轨道滥用权力的行为都同宪法相抵触，与宪政的价值取向格格不入。法治的集中表现是法律至上、宪法至上。离开了宪法和宪政，法治就丧失了基本的依托，丧失了生命和活力，权力也就不会服从于法律。因此，宪政是法治的基本标志，法治是宪政的必然结果。正如《布莱克维尔政治学百科全书》所言，法治是"人们提出的一种应当通过国家宪政安排使之得以实现的政治理想"。

民主政治并不决然排斥专制，民主政治理想状态的获得还需得到法治的支撑。在缺乏宪法规则的情况下，民主政治不仅可能滑向专制，而且也可能对公民权利造成侵害。因此，民主政治必须是法治下的民主政治。

建设中国特色社会主义法治体系，必须坚持立法先行，发挥立法的引领和推动作用。坚持依法治国首先要坚持依宪治国，坚持依法执政首先要坚持依宪执政，健全宪法实施和监督制度，完善全国人大及其常委会宪法监督制度，健全宪法解释机制。

13. 试述宪法的作用。［四川师大 2018 年研］

相关试题：

（1）简述宪法的作用。［简答题，中南财大 2025 年研］

（2）论宪法维护国家统一和世界和平的作用。［西南政法 2023 年研］

（3）简述宪法的作用有哪些。［简答题，广西民大 2020 年研］

(4)结合宪法的规范和实践，谈谈你对宪法作用的认识。[宁波大学2018年研]

(5)简述宪法的规范作用。[简答题，四川师大2014年研]

答：宪法的作用是指宪法规范通过调整宪法关系主体的行为从而最终对社会关系产生的影响。宪法的作用既包括宪法的规范作用也包括宪法的社会作用。宪法的这两大作用是手段与目的的关系，即宪法通过发挥其规范作用来实现其社会作用。

(1)宪法的规范作用：

宪法对国家、国家机关、公民、社会团体等宪法关系主体都具有规范作用。宪法主要是对公民的权利行为和国家的权力行为进行规范。宪法对这两种基本主体行为的规范作用，主要包括：

①指引作用，是指宪法或宪法性法律对公民、国家等主体的行为起到导向、引路的作用。这主要通过权利和权力的设定来实现，即宪法通过规定公民、国家(主要表现为国家机关)的权利、义务、权力和职责以及违反宪法规定所应承担的责任，从而引导公民、国家机关为或不为一定的行为。对于宪法明确规定的权利，公民必然以宪法的规定作为行使权利的基本依据。宪法和法律尚未规定的领域应视为公民的自由，在此领域内公民可以根据自己的意志决定作为或不作为。同时，宪法也规定了国家权力的范围、行使程序和政治后果，引导国家在宪法规定的权力范围内，按照法定的程序和方式实施权力。

②评价作用，是指宪法作为一种行为标准和尺度，具有判断、衡量人们行为的作用。评价的对象包括主体的动机与目的、行为的手段及后果等。宪法的评价包括专门评价和一般评价。前者是指宪法专门授权的国家机关(即宪法监督机关)对公民、国家机关的行为所作的评价，这种评价具有国家强制力，产生法律效力；后者是指普通主体以舆论形式对他人行为所作的评价，是公民、社会团体及一般国家机关的自发行为。

宪法的评价与道德、宗教、风俗习惯等的评价不同，它具有统一性、普遍性、强制性等特点。宪法评价与一般部门法评价也不同，其评价的依据是宪法规范；更为重要的是，宪法的专门评价一般只针对国家及其职能机关的权力行为。而公民权利行为的合宪性则往往表现为合法性问题，由其他国家机关依据部门法规范进行评价。

③预测作用，是指根据宪法或宪法性法律的规定，人们可以预先知晓或估计到其他人将如何行为以及行为的后果，从而对自己的行为作出合理安排。宪法的预测作用对宪法关系主体遵守宪法、维护宪法的实施，进而保障宪政社会的稳定和有序发展具有重要意义。

④教育作用，是通过宪法的实施对宪法关系主体今后的行为发生影响。对违宪行为的制裁可以告诫其不要再作出同类行为，对合宪行为的鼓励和保护可以起到示范和促进作用。这种教育作用对提高全社会的宪法意识、权利意识和义务观念是不可或缺的。

⑤强制作用，是通过制裁违宪行为，加强宪法的权威性，保护公民权利和国家权力的正当行使，维护既定的宪政秩序。

(2)宪法的社会作用：

①确认和规范国家权力：

a. 确认国家权力，是指宪法明确国家权力的归属，使得统治阶级的统治地位具备正当性和合法性。宪法对国家性质的宣告，是宪法确认国家权力的集中体现。我国《宪法》第1条第1款明确规定：“中华人民共和国是工人阶级领导的、以工农联盟为基础的人民民主专政的社会主义国家。”这明确说明了我国全体人民享有并行使着我国的国家权力。

b. 规范国家权力，是指宪法分配国家权力，并规定行使、监督、约束国家权力的方式和程序。宪法对国家权力的规范作用主要体现在配置国家权力，进行国家机关的职权划分，规定国家权力间相互配合、相互制约的关系。我国宪法规定，民主集中制是我国国家政权组织和活动的基本原则，人民代表大会制度是我国的根本政治制度，国家权力分为立法权、行政权、监察权、审判权、检察权和武装力量领导权等。宪法还规定各种国家权力的组织机构、行使权力以及监督国家权力的具体方式与程序，以及纠正国家机关违法行为的程序和途径。

②保障公民基本权利。宪法的产生与公民基本权利的保障有着密切的联系，许多国家的宪法都是人民争取自身权利的斗争的产物。

③维护国家法制统一。制定普通法律须以宪法为依据，普通法律的规定不得同宪法相抵触，否则无效。宪法在法律体系中居于核心和基础地位，立法和解释普通法律都应当贯彻宪法的原则和精神，以保证法律体系的统一性。我国《宪法》第 5 条第 2 款规定：“国家维护社会主义法制的统一和尊严。”

④确认经济制度、促进经济发展。宪法作为上层建筑，对于经济基础具有能动的反作用。这种反作用具体表现在以下方面：

a. 宪法确认和维护经济制度。

b. 宪法规范经济生活，保证经济有序运行。

c. 宪法通过规制、维护和保障经济关系，最终对生产力发展起到促进的作用。

⑤维护国家统一和世界和平。

a. 宪法在维护国家统一方面发挥着积极的作用。在我国，基于特殊的历史和时代背景，宪法规定民族平等原则，确立民族区域自治制度；并创造性地将“一国两制”法律化，确立特别行政区制度，有力地维护了国家统一。

b. 宪法有利于促进世界和平。我国宪法规定了国家独立自主的外交政策，坚持互相尊重领土和主权完整、互不侵犯、互不干涉内政、平等互利、和平共处的五项原则。

宪法的作用是全方位的。宪法有力促进了物质文明、政治文明和精神文明的协调发展，为生态文明提供了法律保障，对国家各个领域、各方面事业的发展发挥着积极的作用。

七、案例分析题

1993 年 2 月，七届全国人大常委会接受中共中央提出的修宪建议，形成宪法修正案(草案)，提请八届全国人大一次会议审议。1993 年 3 月，八届全国人大一次会议期间，2383 名全国人大代表签名，以代表提案的方式向会议主席团提出“关于修改宪法部分内容的议案”。会议主席团将七届全国人大常委会的宪法修正案(草案)和该“代表修宪议案”合并成一份宪法修改案，交付大会表决。1993 年 3 月 29 日，八届全国人大一次会议通过了《中华人民共和国宪法修正案》第 3 条至第 11 条。[2017 年法硕(非法学)真题]

请根据我国现行宪法及法律，结合上述材料，回答下列问题：

(1) 有权向全国人大提议修改宪法的主体有哪些?

(2) 全国人大表决宪法修改案与法律案，在通过程序上有何区别?

(3)我国修宪实践中，对宪法的部分修改采用过哪些方式?

答:(1)我国《宪法》第64条规定，宪法修改由全国人民代表大会常务委员会或者1/5以上的全国人民代表大会代表提议。

结合材料，八届全国人大一次会议期间有2383名全国人大代表提议修改宪法，人数在当时已经超过1/5的要求，故该提议有效。

(2)我国《宪法》第64条第1款规定，宪法修改由全国人大以全体代表的2/3以上多数通过。第64条第2款规定，法律或其他议案由全国人大以全体代表的过半数通过。这说明全国人大表决宪法修改案的通过要求要高于法律案的通过要求，在程序上宪法修改案要比法律案的通过更加严格。

(3)根据我国修宪实践可以得出两种部分修改宪法的方式:

①全国人大以决议的方式直接修改宪法条文。如1980年9月10日五届全国人大三次会议通过了《关于修改〈中华人民共和国宪法〉第四十五条的决议》，本次部分修改是以人大决议的方式直接进行的修改。

②全国人大以修正案的方式增删宪法的内容。如1993年八届全国人大一次会议通过了《中华人民共和国宪法修正案》，本次对宪法的部分修改是采用修正案形式来修正宪法文本。

第二章　宪法的历史发展

2.1　复习指南

【知识框架(庖丁解牛)】

- 宪法的历史发展
  - 宪法的产生和发展
    - 资本主义宪法
      - 产生的社会历史条件
      - 英、美、法等国宪法的产生与发展
      - 基本特征、发展趋势
    - 社会主义宪法：产生和发展、主要特征
  - 中华人民共和国成立前宪法的产生和发展
    - 清末预备立宪
    - 《中华民国临时约法》
    - 北洋军阀和南京国民政府时期的宪法
    - 革命根据地的宪法性文件
  - 中华人民共和国宪法的产生和发展
    - 《中国人民政治协商会议共同纲领》
    - 1954 年、1975 年、1978 年、1982 年宪法
    - 1982 年宪法的 5 次修改：1988 年、1993 年、1999 年、2004 年、2018 年

【通关提要(提纲挈领)】

本章内容为宪法的历史发展，主要分为资本主义宪法和社会主义宪法的产生和发展、中华人民共和国成立前后宪法的产生和发展以及对 1982 年宪法的 5 次修改。学习时，可借助时间线梳理熟悉我国宪法的产生和发展，对 1982 年宪法 5 次修改的内容可结合具体的时间背景重点掌握。本章主要考查选择题和简答题，要理解记忆。

2.2　考研真题与典型题详解

一、单项选择题

1. 关于宪法的历史发展，下列哪一选项是不正确的？(　　)[2014 年法考真题]

A. 资本主义商品经济的普遍化发展，是近代宪法产生的经济基础

B. 1787 年美国宪法是世界历史上的第一部成文宪法

C. 1918 年《苏俄宪法》和 1919 年德国《魏玛宪法》的颁布，标志着现代宪法的产生

D. 行政权力的扩大是中国宪法发展的趋势

【解析】A 项，近代宪法的产生有着深刻的经济、思想、政治和法律条件。其中就经济

1D

条件而言，资本主义商品经济发展是近代意义宪法产生的经济条件。资本主义商品经济要求所有社会成员具有最基本的人身自由，以适应市场经济对“劳动力”的需求；要求有统一的市场，打破封建社会地方割据的局面；要求平等，反对特权；要求统一而公平的规则。归根结底，市场经济要求建立民主制度，这导致了以宪法为载体的民主制度的产生。

B项，美国宪法是在《邦联条例》的基础上制定的。1787年2月，邦联国会邀请各州代表在费城召开会议修改《邦联条例》，但与会代表起草了宪法，史称“制宪会议”。宪法草案于1787年9月通过，在邦联国会通过后送各州批准。1789年3月4日，美国第一届联邦国会开幕，正式宣布宪法生效。1787年美国宪法是世界第一部近代意义上的成文宪法。

C项，1918年《苏俄宪法》颁布，标志着第一部社会主义宪法诞生。1919年德国《魏玛宪法》的颁布，标志着现代宪法的产生。

D项，中国宪法发展的趋势之一是行政权的加强，而不是行政权的扩大。“行政权的加强”强调的是行政权的效能的加强，“行政权的扩大”强调的是行政权的范围的扩大。就现代宪法而言，限制行政权的范围，防止行政权的滥用，是现代宪法的发展趋势。

2. 下列选项中，不符合宪法发展的世界性趋势的是(　　)。[2015年法硕(非法学)真题]

A. 甲国修改宪法以扩大公民基本权利的范围

B. 乙国国会拒绝将国际人权法作为本国的宪法渊源

C. 丙国为维护宪法的最高权威设立专门违宪审查机构

D. 丁国最高法院判决，为应对经济危机而扩大政府权力的某部法律合宪

【解析】当代世界各国宪法内容的发展趋势包括：①各国宪法越来越强调对人权的保障，不断扩大公民权利范围；②各国宪法一方面确认和授予政府更多的权力，另一方面也更加注重通过设定多种监督机制对政府权力加以限制，以防止政府权力的滥用；③各国越来越重视建立违宪审查制度来维护宪法的最高权威，各国普遍认为，必须建立完善违宪审查的机构与制度，行使违宪审查的职能，保障宪法的实施；④宪法领域从国内法扩展到国际法，越来越多的国际法内容被吸纳进宪法。

3. 下列关于我国“八二宪法”的表述，不正确的是(　　)。[2013年法硕(非法学)真题改编]

A. 我国采用修正案方式对宪法进行修改始于“八二宪法”

B. “八二宪法”和五个修正案共同构成了我国的现行宪法

C. “八二宪法”仍将国家机构一章置于公民的基本权利和义务一章之前

D. “八二宪法”继承并发展了“五四宪法”好的传统与基本原则，废弃了“七五宪法”与“七八宪法”中不适宜的内容

【解析】1982年12月4日，第五届全国人大第五次会议通过了《中华人民共和国宪法》，即现行宪法。在结构上，1982年宪法除序言外，分总纲、公民的基本权利和义务、国家机构以及国旗、国徽、首都，共4章138条。1982年宪法将公民的基本权利和义务一章放在

2B　3C

国家机构一章之前，显示了国家对公民基本权利及保障的重视。从1988年起，我国开始采用宪法修正案的方式对宪法个别内容予以修改和完善。迄今为止，我国现行宪法进行过5次修改，形成了52条宪法修正案。

4. 将"国家建立健全同经济发展水平相适应的社会保障制度"载入现行宪法的是下列哪一宪法修正案？（　　）［2010年法考真题］

A. 1988年宪法修正案　　B. 1993年宪法修正案

C. 1999年宪法修正案　　D. 2004年宪法修正案

【解析】2004年《宪法修正案》第23条规定，宪法第14条增加1款，作为第4款："国家建立健全同经济发展水平相适应的社会保障制度。"

5. 2004年我国宪法修正案完善了保护私有财产的规定，下列表述正确的是（　　）。［2010年法硕（非法学）真题］

A. 首次采用"私有财产权"的概念

B. 明确规定了非公有制经济的宪法地位

C. 确立了私有财产神圣不可侵犯的原则

D. 规定了对私有财产征收、征用并给予合理赔偿制度

【解析】A项，2004年宪法修正案完善了私有财产保护的规定，首次用"私有财产权"代替原宪法条文中的"所有权"，在权利含义上更加准确、全面。

B项，对非公有制经济宪法地位的规定，经历了逐步确立和完善的过程，并在1999年宪法修正案明确非公有制经济是社会主义市场经济的重要组成部分。

C项，2004年宪法修正案规定，公民的合法的私有财产不受侵犯，并非所有的私有财产都神圣不可侵犯，必须是合法的。

D项，2004年宪法修正案同时规定，国家为了公共利益的需要，可以依照法律规定对公民的私有财产实行征收或者征用并给予补偿，并非选项中的赔偿。

6. 下列关于2018年宪法修正案的说法错误的是（　　）。［2018年法考真题］

A. 2018年宪法修正案是对1982年宪法的全面修改，共计21条修正案

B. 2018年宪法修正案明确了监察委员会的宪法地位

C. 2018年宪法修正案增加了习近平新时代中国特色社会主义思想

D. 体现了宪法与时俱进全面发展

【解析】A项，2018年宪法修正案体现了对1982年宪法的部分修改，全面修改意味着在事实上产生了一部新的宪法。

7. 根据2018年宪法修正案，爱国统一战线中增加的社会群体是（　　）。［2020年法硕（法学）真题］

A. 社会主义劳动者　　B. 社会主义事业的建设者

C. 拥护社会主义的爱国者　　D. 致力于中华民族伟大复兴的爱国者

4D　5A　6A　7D

【解析】我国的爱国统一战线包括，全体社会主义劳动者、社会主义事业的建设者、拥护社会主义的爱国者、拥护祖国统一和致力于中华民族伟大复兴的爱国者。2018年宪法修正案，将统一战线的范围扩大到“致力于中华民族伟大复兴的爱国者”。

二、多项选择题

1. 1949年9月，中国人民政治协商会议制定了《中国人民政治协商会议共同纲领》。关于《中国人民政治协商会议共同纲领》，下列说法正确的有(　　)。[2019年法考真题]

A. 《中国人民政治协商会议共同纲领》是我国第一部正式颁行的社会主义宪法

B. 最高政权机关是中国人民政治协商会议

C. 国家政权属于人民，人民行使国家政权的机关是各级人大和政府

D. 公民有选举权和被选举权

【解析】A项，《中国人民政治协商会议共同纲领》是在新中国成立前期，召开全国人民代表大会制定宪法的时机还不成熟的背景下出台的宪法性文件。我国正式颁行的第一部社会主义宪法是1954年颁布的《中华人民共和国宪法》。

B项，《中国人民政治协商会议共同纲领》规定，全国人大是最高政权机关。在普选的全国人民代表大会召开以前，中国人民政治协商会议的全体会议执行全国人民代表大会的职权。

CD两项，《中国人民政治协商会议共同纲领》规定，国家政权属于人民，人民行使国家政权的机关是各级人大和政府。同时，还规定了公民享有选举权和被选举权，有思想、言论、集会、结社、通讯、人身、居住、迁徙等自由权。

2. 序言是我国现行宪法的重要组成部分，现行宪法的5次部分修改，其中有4次对序言进行了修改。关于对宪法序言的修改，下列说法错误的有(　　)。[2019年法考真题]

A. 2018年宪法修正案序言部分把我国正处于社会主义初级阶段修改为我国将长期处于社会主义初级阶段

B. 2004年宪法修正案将社会主义建设者写入宪法序言

C. 2018年宪法修正案在序言部分将我国的根本任务调整为“把我国建设成为富强民主文明和谐美丽的社会主义现代化强国，实现中华民族伟大复兴”

D. 我国1999年宪法修正案将“和谐”的民族关系写入宪法序言

【解析】A项，我国1993年宪法修正案将“我国正处于社会主义初级阶段”写入宪法序言，1999年宪法修正案又调整为“我国将长期处于社会主义初级阶段”。

B项，我国宪法序言规定了祖国统一的基本国策，规定中国人民政治协商会议是包括全体社会主义劳动者、社会主义事业的建设者、拥护社会主义的爱国者、拥护祖国统一和致力于中华民族伟大复兴的爱国者的广泛的爱国统一战线。其中，2004年宪法修正案写入“社会主义建设者”，2018年修正案写入“致力于中华民族伟大复兴的爱国者”。

C项，2018年宪法修正案在序言部分将我国的根本任务调整为“把我国建设成为富强民主文明和谐美丽的社会主义现代化强国，实现中华民族伟大复兴”。

1CD　2AD

D项，我国2018年宪法修正案将“和谐”的民族关系写入宪法序言。

3. 下列关于英国宪法的表述，正确的有(　　)。[2014年法硕(非法学)真题]

A. 英国是最早确立违宪审查制度的国家

B. 英国宪法由宪法性法律、宪法惯例和宪法判例构成

C. 英国是典型的不成文宪法国家，没有统一、完整的宪法典

D. 英国宪政制度是通过限制王权、扩大资产阶级权力逐步实现的

【解析】A项，英国是世界上最早实行宪政的国家，而不是最早确立违宪审查制度的国家。最早确立违宪审查制度的国家是美国，开创违宪审查制度先河的是1803年的马伯里诉麦迪逊案。

BC两项，英国宪法由宪法性法律、宪法惯例和宪法判例构成，形成了没有统一的、完整的宪法典形式的、颇具特色的不成文宪法。

D项，英国宪政制度的确立，是通过逐步限制王权和扩大资产阶级权力实现的。

4. 关于现代宪法的发展趋势，下列哪些说法是正确的？(　　)[2010年法考真题]

A. 重视保障人权是宪法发展的共识

B. 重视宪法实施保障，专门宪法监督成为宪法发展的潮流

C. 通过加强司法审查弱化行政权力逐步成为宪法发展的方向

D. 寻求与国际法相结合成为宪法发展的趋势

【解析】宪法的发展主要体现在以下几个方面：①加强行政权力及中央集权；②丰富并完善基本经济制度和文化制度；③重视公民基本权利的保护；④宪法保障加强，建立专门的宪法监督机关成为一种潮流；⑤国际化趋势进一步扩大；⑥宪法渊源的多样化、宪法修改较为频繁。C项，司法审查、弱化行政权都不是宪法的发展方向。

三、概念题

1.《中华民国临时约法》[上海大学2004年研]

答：《中华民国临时约法》是中国宪法史上第一部资产阶级宪法性质的文件，其内容主要是确立资产阶级民主共和国的国家制度和规定人民享有较为广泛的权利和自由。该法以根本法的形式废除了在中国延续两千多年的封建专制，确立了主权在民、三权分立等资产阶级民主原则，具有反封建的重大进步作用和积极的历史意义。但其并未提出彻底的反帝反封建纲领，无法使广大人民享有真正的民主自由的权利，也不可能实现其资产阶级共和国的理想。

2.《天坛宪草》[安徽师大2018年研]

答：《天坛宪草》是在中华民国第一届国会成立后于1913年10月31日由国会宪法起草委员会三读通过的《中华民国宪法(草案)》，因宪法起草活动在北京天坛祈年殿进行而得名，是北洋军阀统治时期的第一部宪法性法律草案，共分11章113条。其主要内容包括：①以列举方式规定了人民广泛的权利，非依法不得限制、停止或侵犯。②总统由国会选举，

3BCD　4ABD

并设副总统。③政府组织采用议会内阁制，以限制总统的权力。④国会采用参众；在国会闭会期间，由议员中选出40名委员组成国会委员会作为常设机关。⑤司法权由法院行使，除审理一般案件外，法院还受理行政诉讼。因当时临时大总统袁世凯阴谋称帝，该法不合其意，便以武力解散国会，这部宪法草案也随之被废除。

3. “五五宪草”[安徽师大2019年研]

答：“五五宪草”是国民党政府迫于形势，于1932年年底通过制宪决议，1933年年初建立宪法起草委员会，1934年通过宪草一稿，最后于1936年5月5日公布的宪法草案。其全名为《中华民国宪法草案》，因公布于5月5日，故得名“五五宪草”。“五五宪草”全文共8章148条，其内容主要是：①赋予总统无上权力，如规定“总统为国家元首”“统率全国陆海空军”，总统拥有公布法律、发布命令、宣战、媾和、缔约、戒严、赦免、减刑、复权、任免官员之权以及对国家紧急事变的处置权；②在经济制度上，规定土地、矿物属于国有与公营；③《人民之权利和义务》一章规定人民享有的权利，同时又作出法律上的限制。此外，它还对中央和地方机构、教育、财政、军事等制度作了规定。由于抗日战争的形势变化，该宪草未能交由国民大会决议。

四、简答题

1. 从经济、政治、文化角度简述近代意义宪法的产生条件。[四川师大2016年研]

相关试题：简述近代宪法产生的条件。[黑龙江大学2014年研；南开大学2010年研]

答：近代意义宪法产生的条件具体表现为：

(1)经济条件——比较发达的商品经济。较为发达的商品经济一般表现为：

①商品化的程度较高。所有的劳动产品，甚至劳动力都能成为商品进入市场，进行平等自由的交换。

②形成了国内统一的大市场。商品能在全国范围内自由流通。

③建立了统一的市场规则体系。只有当商品经济已处于社会经济的主导地位，伴随商品经济的平等自由观念才会成为时代精神。近代宪法正是以平等自由为思想基础和价值追求的，所以较为发达的商品经济是近代宪法产生的经济条件。

(2)政治条件——比较发达的民主政治。近代以来的民主政治是较为发达和成熟的民主政治，表现在三方面：①它以平等自由为目标和追求；②它有较为完备的制度形式；③最为重要的是它以发达的商品经济为经济基础。

(3)思想文化条件——民主的、大众的和科学的文化：

①近代资产阶级的文化革命对近代宪法的产生起着直接的促进作用。宗教改革是资产阶级文化革命的重要内容，它按照资产阶级的要求，以宗教改革的形式对封建制度的精神支柱进行批判，确立了反映资本主义精神的资本主义新教伦理和个人的宗教信仰自由观念，为清除宪法产生的宗教障碍作出了贡献。思想启蒙运动也是资产阶级文化革命的重要组成部分。启蒙思想家高举理性的大旗，运用自然法理论的武器，用科学批判神学，用人权反对专制，使自由、平等、博爱等思想观念得以传播和普及，为宪法的产生创造了思想条件。

②近代资本主义文化为宪法的产生提供了理论和技术条件。随着社会生产力的发展，社会分工越来越细，客观上要求法律以部门法的形式对社会关系进行分门别类的调整，这

必然导致旧的诸法合体的法律形式解体；另一方面，社会又在分工的基础上走向了新的综合，它要求用法律对社会关系进行更深入、更系统的整体调整，因而需要有一种法律凌驾于其他法律之上，对社会关系进行统一调整，这种法律就是作为国家根本法的宪法。近代社会科学，特别是政治学、社会学和法律学为这一过程的完成提供了理论和技术支持。正是从这种意义上说，近代文化是宪法产生的重要思想条件。

(4)法律条件。法律制度本身的发展、部门法的分化以及由此产生的各种法律部门在更高层次上的统一的要求，是资本主义宪法得以产生的法律条件。到封建社会末期，新兴的资本主义生产关系促进了商事的发展，民商事领域的法律制度越来越重要，逐渐与其他法律分离。因此，各部门法逐渐独立，自成体系。但法律部门的分化容易导致各部门法之间的冲突，需要有更高层次的根本法加以统摄，使之形成有机联系的整体。这为宪法的产生提供了法律条件。

近代宪法基于上述政治、经济、思想和法律的条件而产生，在一定程度上适应了历史发展的客观要求，具有一定的进步性和民主性。

2. 简述资本主义宪法的基本特征。[扬州大学2018年研]

答：资本主义宪法的基本特征主要有：

(1)确立私有财产保护原则即私有财产神圣不可侵犯。资本主义的经济基础是私有制，但宪法大多不在基本制度部分明确生产资料资本家所有制，而是在公民基本权利部分规定“私有财产神圣不可侵犯”。这表面看似公平，实际是维护资产阶级利益，因为主要社会财富在少数资本家手中，无产阶级和多数劳动者受益极少。

(2)确立资本主义根本政治原则。为维护资产阶级统治秩序，资本主义宪法以“三权鼎立”、分权制衡为根本政治原则。国家政权分为立法、行政、司法权，相互制衡。这是西方特定环境的产物，能避免权力集中，保证资产阶级统治集团内部“民主”，但无法保障人民民主权利。其本质是资产阶级专政工具，用于维护资本主义制度稳定。

(3)确立主权在民和平等原则。资产阶级掌权后，在宪法中确立法律面前人人平等原则，这相对封建制度是进步。但在实际生活中，因经济、政治、信息资源等的不平等，宪法权利难以实现。资产阶级凭借经济力量控制民主实施，导致形式上平等、实际上不平等的局面，如选举过程存在诸多限制，选举成为“富人的游戏”等。

3. 简述资本主义宪法的发展趋势。[扬州大学2020年研]

答：西方资本主义宪法的产生和发展，是西方国家经济、政治、文化等诸多因素长期发展孕育的结果。总体上讲，资本主义宪法的发展是同资本主义生产方式、社会关系发展相适应的。但随着资本主义国家经济社会的发展和科学技术的进步，资本主义国家宪法也呈现出一些新的发展趋势，主要表现在以下方面：

(1)重视人权保障。人权是资产阶级在反对封建统治、建立资产阶级民主国家的过程中提出的权利主张，并为资产阶级宪法所确认。随着资本主义社会的发展，人权的内容也不断丰富充实。此外，社会主义对人权理论的充实和发展，也极大地推动了资本主义对人权的保护。第二次世界大战以后，尤其是最近十几年来，人权范围不断扩大。在主体范围上，人权不再仅指自然人的权利和自由，还出现了集体人权的概念。在地域范围上，人权成为国际社会普遍关注的问题。在内容范围上，人权不仅包含生存、自由和追求幸福等传统的权利，还包含大量社会、经济和文化权利。

(2)加强对宪法实施的监督。在现代国家中，宪法是国家根本法，对于调整日益复杂的社会关系、完善一国法律制度具有举足轻重的作用。为此，资本主义国家十分重视宪法实施的保障机制，如规定宪法的最高法地位，建立法律规范审查监督体系，严格设定宪法修改程序，明确社会组织和公民在维护、遵守宪法中的责任等保障手段。其中，设立专门的宪法实施监督保障机构是一个普遍趋势，如建立宪法法院或宪法委员会等专门机构。

(3)增加国际协作方面的内容。第二次世界大战特别是“冷战”结束后，世界局势由对抗逐步转为对话与合作，与之相适应，许多国家的宪法都规定了关于加强国际协作的内容。如规定放弃用战争作为解决国际争端的手段或不参与侵略战争。这些规定反映了国际形势的新发展与各国人民要求和平、友谊和合作的共同愿望等。

4. 简述社会主义宪法的主要特征。[扬州大学2023年研]

答：社会主义宪法主要有以下特征：

(1)明确规定国家性质。社会主义宪法规定国家的阶级本质是无产阶级专政或人民民主专政，确立人民当家作主的地位。国家权力属于人民且服务于人民，尽管存在利益差别和矛盾，但根本利益一致。宪法体现了工人阶级和最广大人民群众的利益与意志。

(2)确立并维护社会主义生产资料公有制。社会主义宪法普遍将公有制确立为基本经济制度，规定按经济规律组织经济建设。公有制是社会主义经济制度的基础、劳动人民当家作主的经济基础和社会化大生产的要求，为国家发展和人民行使民主权利提供物质基础。

(3)确认马克思主义政党领导地位。与资本主义宪法不同，社会主义宪法直接确认无产阶级政党的领导地位。

(4)体现政权建设理论。贯彻马克思主义政权建设思想，规定根本政治制度，以民主集中制为基本原则，将民主普遍性和科学性统一，遵循多数决定原则并尊重少数人权利，保证国家机关高效运转。

(5)保障人民当家作主。基于公有制经济基础，规定的民主权利真实广泛，不受资本和金钱操纵。既保障个人和集体权利，也保障政治、经济、社会和文化等权利。人民通过多种途径管理国家和社会事务等，建立平等社会政治关系，在法律面前人人平等。宪法还规定人民通过行使参与权、表达权和监督权保障国家权力正确行使。

5. 试述《中华民国临时约法》的特点。[中山大学2018年研]

答：(1)以孙中山为首的资产阶级革命派为了制约袁世凯的政治野心，于1912年3月11日颁布了《中华民国临时约法》。

(2)《中华民国临时约法》的特点：

①《中华民国临时约法》是我国仅有的一部反映资产阶级意志和利益的宪法性文件，是资产阶级共和国方案的具体体现。它以根本法的形式，确立了主权在民、人人平等、三权分立等资产阶级民主原则，树立了民主观念，具有反封建的重大进步作用。

②这部约法缺乏必要的民意基础，同时也带有较强的工具性，即以宪法限制袁世凯的权力。

③明显地具有对封建势力妥协的色彩，没有明确提出反帝反封建的纲领和任务，不可能使广大人民群众享有真正的民主自由权利。它的作用极其有限，只存在了1年多时间，尚未来得及真正实施，就被袁世凯反动派所撕毁。

6. 简述《中国人民政治协商会议共同纲领》的体例与主要内容。［沈工大2018年研］

答：(1)体例：

1949年9月29日，中国人民政治协商会议第一届全体会议正式通过了《中国人民政治协商会议共同纲领》(以下简称《共同纲领》)，起到了临时宪法的作用。

《共同纲领》除序言外，共分为7章60条：第一章总纲，规定中华人民共和国的性质、任务以及人民的基本权利和义务，规定了民族政策、外交政策和军事政策的基本原则。第二章政权机关，规定政权机关的设置及其相互关系。第三章至第七章分别规定了军事制度、经济政策、文化教育政策、民族政策和外交政策。

(2)《共同纲领》的主要内容：

①国家性质。规定我国是新民主主义国家，即人民民主主义国家，实行工人阶级领导、工农联盟为基础，团结各民主阶级和国内各民族的人民民主专政，目标是反对帝国主义、封建主义和官僚资本主义，实现国家独立、民主、和平、统一和富强。

②政权组织形式。确认人民代表大会制度为政权组织形式，在普选的全国人民代表大会召开前，由中国人民政治协商会议全体会议代行其职权。

③经济方面。宣布取消帝国主义在华特权，没收官僚资本，开展土地改革。

④其他政策原则。规定军事制度，以及经济、文化教育、民族、外交政策的总原则。经济和文化教育实行新民主主义政策，民族政策是平等、团结、互助和民族区域自治，外交上坚持独立、自由和领土主权完整，反对侵略。

⑤人民权利。规定人民享有广泛民主权利，包括选举权和被选举权、居住和迁徙自由等。

五、论述题

1. 结合宪法修改的进程，说明为什么说现行宪法是一部符合我国国情的中国特色社会主义宪法。［广东财大2020年研］

相关试题：为什么说现行宪法是一部符合中国国情的中国特色社会主义宪法？［广西民大2021年研］

答：从中华人民共和国成立至今，《共同纲领》在新中国成立初期起到了临时宪法的作用；1954年宪法是新中国第一部社会主义类型的宪法；1975年、1978年颁布的两部宪法限于当时的历史条件，是不完善的宪法。现行宪法(1982年宪法)是一部符合我国国情的中国特色社会主义宪法，原因如下：

(1)我国现行1982年宪法自颁布以来，共进行了5次修改：

①1988年宪法修正案的主要内容有：确认了私营经济的宪法地位、修改了土地政策等。

②1993年宪法修正案的主要内容有：明确中国正处在社会主义初级阶段；将“国营经济”改为“国有经济”，将“国营企业”改为“国有企业”；将“农村人民公社、农业生产合作社”，改为“农村中的家庭联产承包为主的责任制”等。

③1999年宪法修正案的主要内容有：在宪法序言第七自然段增加"邓小平理论"的内容；增加规定"中华人民共和国实行依法治国，建设社会主义法治国家"；增加规定"国家在社会主义初级阶段，坚持公有制为主体、多种所有制经济共同发展的基本经济制度，坚持按劳分配为主体、多种分配方式并存的分配制度"等。

④2004年宪法修正案的主要内容有：确认"三个代表"重要思想在国家社会生活中的指导地位；明确"推动物质文明、政治文明和精神文明协调发展"；将"社会主义事业的建设者"列为爱国统一战线的组成部分；在国家机构设置方面，规定国家主席可进行国事活动；将乡、民族乡、镇的人民代表大会的任期延长为5年；将《义勇军进行曲》明确规定为中华人民共和国国歌等。

⑤2018年宪法修正案的主要内容有：确立科学发展观、习近平新时代中国特色社会主义思想在国家政治和社会生活中的指导地位；增加倡导社会主义核心价值观的内容；修改国家主席任职方面的有关规定。将《宪法》中规定国家主席任期的"连续任职不得超过两届"删去；增加有关监察委员会的各项规定，为成立监察委员会提供宪法依据等。

(2)1988年、1993年、1999年、2004年和2018年对1982年宪法的5次修改，根据社会新形势，进一步协调了宪法与社会生活的关系，推动了改革开放事业的发展。尤其是2018年宪法修正案，修改确立了科学发展观、习近平新时代中国特色社会主义思想在国家政治和社会生活以及全党的指导地位，调整充实了中国特色社会主义事业总体布局和第二个百年奋斗目标，对党和国家事业发展具有重大指导和引领意义，是党和人民智慧的结晶，是反映新时代中国改革开放、适应社会发展需要的社会主义新宪法。

2. 试述我国现行宪法几次修改的主要内容及意义。[中山大学2007年研]

相关试题：

(1)简要分析2018年宪法修改。[简答题，湘潭大学2023年研]

(2)论述2018年我国宪法修改的主要内容。[2020年法硕(法学)真题]

(3)试论2018年宪法修正案的重大历史意义。[长沙理工2020年研]

(4)简述2004年我国《宪法》修改的主要内容。[简答题，对外经贸2008年研；中南财大2006年研；南开大学2005年研]

答：我国现行1982年宪法自颁布以来，共进行了5次修改。

(1)1988年宪法修正案的主要内容和意义：

①1988年宪法修正案的主要内容：

1988年4月12日第七届全国人民代表大会第一次会议通过了两条宪法修正案：

a. 确认了私营经济的宪法地位。第1条修正案增加规定允许私营经济的合法存在，对私营经济的性质、地位和采取的措施也作了规定。即"国家允许私营经济在法律规定的范围内存在和发展。私营经济是社会主义公有制经济的补充。国家保护私营经济的合法的权利和利益，对私营经济实行引导、监督和管理。"

b. 修改了土地政策。第2条修正案修改了宪法第10条第4款，规定："土地的使用权可以依照法律的规定转让。"

②1988年宪法修正案的意义：

a. 宪法修正案第1条对宪法第11条的增加从立法上明确了私营经济的法律地位和国

家对私营经济的政策，有利于促进私营经济的发展。

b. 宪法修正案第2条对宪法第10条第4款的修改，有利于促使人们节约土地资源和合理利用土地，有利于建立和完善包括房地产市场在内的社会主义市场经济体系，有利于更好地吸引外资和扩大对外开放，并为国家、集体筹措建设资金开辟了新的财源。

(2)1993年宪法修正案的主要内容和意义：

①1993年宪法修正案的主要内容：

1993年3月29日第八届全国人民代表大会第一次会议通过了第3条到第11条宪法修正案：

a. 明确中国正处在社会主义初级阶段，国家的根本任务是根据建设有中国特色的社会主义理论，集中力量进行社会主义现代化建设。序言第七段增加“我国正处于社会主义初级阶段”“根据建设有中国特色社会主义的理论”和“坚持改革开放”等内容，并将原来的“高度文明、高度民主”改为“富强、民主、文明”。

b. 序言第十段末尾增加“中国共产党领导的多党合作和政治协商制度将长期存在和发展”。

c. 将“国营经济”改为“国有经济”“国营企业”改为“国有企业”。

d. 将“农村人民公社、农业生产合作社”改为“农村中的家庭联产承包为主的责任制”。

e. 把原来规定的计划经济改为“社会主义市场经济”，将原来规定的“国家通过经济计划的综合平衡和市场调节的辅助作用，保证国民经济按比例地协调发展”改为“国家加强经济立法，完善宏观调控”。

f. 将县、不设区的市、市辖区的人民代表大会每届任期由原来的三年改为五年。

②1993年宪法修正案的意义：

a. 确认了建设有中国特色社会主义理论在国家生活中的指导地位；增加了“坚持改革开放”，使党在社会主义初级阶段的基本路线的表述更加完整；将建设“高度文明、高度民主的社会主义国家”，修改为建设“富强、民主、文明的社会主义国家”，使国家的奋斗目标更为科学和实事求是。

b. 确认“中国共产党领导的多党合作和政治协商制度将长期存在和发展”，有利于巩固和发展爱国统一战线。

c. 否定了传统的计划经济体制，确定了建设社会主义市场经济的目标，有利于健康地发展经济。

d. 取消了“农村人民公社”，确认“家庭联产承包为主的责任制”的法律地位，有助于调动农民生产的积极性，提高农业生产效率。

e. 将县级人民代表大会每届的任期，由3年改为5年，以利于发挥县级政权在社会主义现代化建设中的职能作用。

(3)1999年宪法修正案的主要内容和意义：

①1999年宪法修正案的主要内容：

1999年3月15日第九届全国人民代表大会第二次会议通过了第12条到第17条宪法修正案：

a. 在宪法序言第七自然段增加“邓小平理论”的内容，确立了邓小平理论在我国社会主义现代化建设中的指导地位。相应地将“根据建设有中国特色社会主义的理论”修改为“沿着建设有中国特色社会主义的道路”，并将“我国正处于社会主义初级阶段”修改为“我国将长期处于社会主义初级阶段”，增加“发展社会主义市场经济”的内容。

b. 宪法第5条增加规定：“中华人民共和国实行依法治国，建设社会主义法治国家。”

c. 宪法第6条增加规定：“国家在社会主义初级阶段，坚持公有制为主体、多种所有制经济共同发展的基本经济制度，坚持按劳分配为主体、多种分配方式并存的分配制度。”

d. 宪法第8条第1款增加规定：“农村集体经济组织实行家庭承包经营为基础、统分结合的双层经营体制。”相应地删去“家庭联产承包为主的责任制”的提法。

e. 宪法第11条增加规定：“在法律规定范围内的个体经济、私营经济等非公有制经济，是社会主义市场经济的重要组成部分。”相应地删去个体经济、私营经济“是社会主义公有制经济的补充”的提法，同时将本条的其他文字修改为：“国家保护个体经济、私营经济的合法的权利和利益。国家对个体经济、私营经济实行引导、监督和管理。”

f. 将宪法第28条中的“反革命的活动”修改为“危害国家安全的犯罪活动”。

②1999年宪法修正案的意义：

a. 将邓小平理论与马克思列宁主义、毛泽东思想并列写入宪法，确认邓小平理论在我国社会主义现代化建设中的指导地位。

b. 确认社会主义初级阶段的长期性和“依法治国”的基本治国方略。

c. 确认了我国现阶段“坚持以公有制为主体、多种所有制经济共同发展的基本经济制度”和“坚持按劳分配为主体、多种分配方式并存的分配制度”。

d. 取消了对个体经济、私营经济是社会主义公有制经济的“补充”规定，确认“个体经济、私营经济是社会主义市场经济的重要组成部分”，肯定了非公有制经济的重要地位和作用。

e. 删去了“家庭联产承包为主的责任制”的提法，规定“农村集体经济组织实行家庭承包经营为基础、统分结合的双层经营体制”，有利于农业的发展和农村的稳定。

f. 将宪法第28条中的“反革命活动”改为“危害国家安全的犯罪活动”，使宪法的表述更为科学，并使部门法的有关表述与之相一致。

(4)2004年宪法修正案的主要内容和意义：

①2004年3月14日第十届全国人民代表大会第二次会议通过了第18条到第31条宪法修正案：

a. 确认“三个代表”重要思想在国家社会生活中的指导地位；明确“推动物质文明、政治文明和精神文明协调发展”；将“社会主义事业的建设者”列为爱国统一战线的组成部分。

b. 修改土地征用制度，规定“国家为了公共利益的需要，可以依照法律规定对土地实行征收或者征用并给予补偿”；明确国家鼓励、支持和引导非公有制经济的发展；保护公民合法的私有财产不受侵犯。

c. 在公民权利保障方面，规定“国家建立健全同经济发展水平相适应的社会保障制度”；“国家尊重和保护人权”。

d. 在国家机构设置方面，规定国家主席可进行国事活动；将乡、民族乡、镇的人民代表大会的任期延长为5年。

e. 将宪法有关涉及戒严的规定修改为紧急状态的相关规定。

f. 将《义勇军进行曲》明确规定为中华人民共和国国歌。

②2004 年宪法修正案的意义：

2004 年修宪是历届修改条数最多、涉及内容最广泛的一次。第四次修宪主要涉及党的指导思想、人权入宪、私有财产保护入宪等多方面内容，使宪法更适应现时期中国的发展。

总之，通过对宪法进行四次局部的修改和补充，及时地把在经济建设和改革开放中所取得的成果固定下来，有利于保障经济建设和改革开放的顺利进行，有利于建立并完善社会主义市场经济体制，并为各项立法提供宪法依据。

(5)2018 年宪法修正案的主要内容和意义：

①在《宪法》序言部分，增加了“科学发展观，习近平新时代中国特色社会主义”的内容，宪法确立其在国家政治和社会生活中的指导地位，反映了全国各族人民的愿望，体现了党的主张和人民意志的统一，具有重大的现实意义和深远的历史意义。创新、协调、绿色、开放、共享的新发展理念是十八大以来以习近平同志为核心的党中央推动我国经济发展实践的理论结晶，《宪法》序言中明确写入“贯彻新发展理念”，“推动物质文明、政治文明、精神文明、社会文明、生态文明协调发展，把我国建设成为富强民主文明和谐美丽的社会主义现代化强国，实现中华民族的伟大复兴。”统一战线的范围扩大到包括“致力于中华民族伟大复兴的爱国者”。在民族关系上，“平等团结互助和谐的社会主义民族关系已经确立，并将继续加强。”充实和平外交政策的内容，增加了“坚持和平发展道路，坚持互利共赢开放战略”，“展现中国对世界各国的责任”，提出了“构建人类命运共同体”的构想。完善依法治国和宪法实施举措，将《宪法》序言中“健全社会主义法制”修改为“健全社会主义法治”。

②充实和加强中国共产党的全面领导的内容，在《宪法》正文第 1 条增加规定，“中国共产党领导是中国特色社会主义最本质的特征”。宪法从社会主义制度的本质属性角度对坚持和加强党的全面领导进行规定，有利于在全国人民中强化党的领导意识，有效地把党的领导落实到国家工作全过程和各方面，确保党和国家事业始终沿着正确方向前进。增加倡导社会主义核心价值观的内容，《宪法》第 24 条第 2 款中“国家提倡爱祖国、爱人民、爱劳动、爱科学、爱社会主义的公德”修改为“国家倡导社会主义核心价值观，提倡爱祖国、爱人民、爱劳动、爱科学、爱社会主义的公德”。

③为推进国家治理体系和治理能力的现代化，在国家机构方面进行了以下修改：推进合宪性审查工作，将全国人大“法律委员会”更名为“宪法和法律委员会”；“国家主席任期、副主席任期同全国人大每届任期相同，连续任职不得超过两届”，修改为“国家主席任期、副主席任期同全国人大每届任期相同”；增加设区的市制定地方性法规的规定。在《宪法》第 100 条增加 1 款，作为第 2 款，“设区的市的人民代表大会和它们的常务委员会，在不同宪法、法律、行政法规和本省、自治区的地方性法规相抵触的前提下，可以依照法律规定制定地方性法规，报本省、自治区人民代表大会常务委员会批准后施行。”为实现反腐败对公职人员的全覆盖，在国家机构中设立“监察委员会”。在 2018 年通过的 21 条宪法修正案中，有 11 条和监察委员会有关。这些规定，体现了中国特色社会主义政治发展道路和法治发展道路的一致性，为监察委员会履职尽责提供了依据和遵循，是国家治理体系的重大完

善，也是国家治理能力现代化的重大进步。

总之，本次修改确立了科学发展观、习近平新时代中国特色社会主义思想在国家政治和社会生活以及全党的指导地位，调整充实了中国特色社会主义事业总体布局和第二个百年奋斗目标，对党和国家事业发展具有重大指导和引领意义。

3. 宪法的发展趋势。［广东财大2016年研］

相关试题：

(1)简述宪法的发展趋势。［简答题，2016年法硕(法学)真题；四川师大2013年研］

(2)我国宪法的发展趋势。［简答题，河北大学2011年研］

(3)近代以来宪法形式上的发展趋势主要有哪些表现？［简答题，武汉理工2009年研］

答：我国宪法的发展趋势具体如下：

(1)国家权力配置日趋平衡、科学。国家权力在立法、行政、司法三个方面都受到限制：

①立法保障机制的确立。由于立法权的行使也可能违反宪法，侵害公民权利，因而依据宪法控制立法权也是我国宪法未来的发展趋势。

②中国宪法对行政权的控制将更加科学。这种控制来自各个方面：

a. 宪法限制。宪法对行政权给予了明确规定，这是行政权必须遵守的底线。

b. 立法限制。拥有立法权的各级国家权力机关通过制定法律的方式对行政权的界限加以规定。

c. 司法限制。行政诉讼制度为司法权制约行政权提供了制度途径，在行政权侵害行政相对人权益的情况下，相对人可将行政机关诉至法院。

d. 行政自律。行政机关可通过内部措施对行政权进行自我约束，减少行政违法现象的发生。

e. 社会监督。随着公民权利的日渐完善，公民可以通过各种方式(包括媒体监督、参与决策、听证等)对行政权加以监督。与此相应，立法权也应当受到一定程度的限制。在我国，这主要表现为完善的宪法保障机制的确立。

③以人民法院审判权为核心的司法权将得到扩大与加强。司法权的强化可表现为两个方面：

a. 原本由行政机关行使的部分职权将转移到司法机关。

b. 强化司法权对行政权的监督。

(2)公民基本权利将得到重大发展。公民基本权利的发展，将主要呈现在以下几个方面：

①迁徙自由在条件成熟时，将会成为公民一项基本的人身自由权。

②政治权利将进一步得到认同，并将更加现实地为公民所实际享有。

③平等权得到进一步保障。

(3)中国共产党领导的多党合作与政治协商制度在宪政实践中将得到进一步加强和发展。这一制度的确立具有深远的意义：

①使我国多党合作的政党关系有了明确的宪法调整，预示着中国共产党与各民主党派、各民主党派相互之间将在中国共产党领导下，在国家政治、经济、文化等方面更广泛深入

的合作。

②中国共产党的领导是多党合作的前提，在多党合作的政党制度下，中国共产党对国家和各民主党派的领导将会进一步加强。

③中国共产党对民主党派的领导，将通过对统一战线的领导和在政协中的强有力作用而得到加强。

④民主党派的参政议政将会朝着进一步制度化的方向发展。

(4)宪法监督制度将进一步完善。现行宪法规定了较前几部宪法更为健全的宪法监督制度，但从宪法监督的实际看，我国宪法监督制度仍有待进一步完善。市场经济从某种意义上看是法治经济，而法治必须以宪法的全面有效实施为根本出发点。而宪法全面有效地实施，则有赖于健全的宪法监督制度。健全宪法监督制度必然是我国宪政建设中极为重要的一环，完善宪法监督制度是我国宪法发展的一个必然趋势。

第三章　宪法的指导思想和基本原则

3.1　复习指南

【知识框架(庖丁解牛)】

- 宪法的指导思想和基本原则
  - 宪法指导思想
    - 概述
    - 我国宪法的指导思想、重要作用
  - 宪法基本原则
    - 概念、特征、作用
    - 基本原则
      - 坚持中国共产党的领导原则
      - 人民主权原则
      - 社会主义法治原则
      - 尊重和保障人权原则
      - 权力监督与制约原则
      - 民主集中制原则

【通关提要(提纲挈领)】

本章主要介绍宪法的指导思想和基本原则，比较基础且重要。学习时，要重点掌握宪法的各项基本原则，特别是人民主权原则、尊重和保障人权原则和权力监督与制约原则等；要熟悉宪法的指导思想。本章主要考查简答题和论述题，要能结合案例具体分析。

3.2　考研真题与典型题详解

一、单项选择题

1. 下列关于我国宪法中人民主权原则的理解，正确的是(　　)。[2021 年法硕(法学、非法学)真题]

A. 人民行使国家权力的机关是人民代表大会和政治协商会议

B. 人民主权原则意味着人民通过各种途径对国家进行直接管理

C. “一切权力属于人民”体现了人民主权原则

D. 人民主权原则要求国家机构实行集体领导体制

【解析】A 项，人民行使国家权力的机关是全国人民代表大会和地方各级人民代表大会。B 项，我国人口众多，地域辽阔，人民通过选举代表组成人民代表大会来间接管理国

1C

家事务，而不是通过各种途径直接管理国家。

D 项，我国国家机构并非全部实行集体领导体制。人大及其常委会实行集体领导体制，而行政机关和军事机关实行首长负责制。

2. 马克思主义关于“人民主权”的论述是社会主义法治理念的理论渊源之一。下列哪一宪法原则准确体现了人民主权思想？（　　）［2011 年法考真题］

A. 国家尊重和保障人权

B. 中华人民共和国的一切权力属于人民

C. 中华人民共和国公民在法律面前一律平等

D. 中华人民共和国实行依法治国，建设社会主义法治国家

【解析】人民主权是指主权归属的主体只能是人民。人民主权意味着国家的一切权力来源于人民的授予，国家权力尊重和保障公民的权利与自由，人民能自主、平等地参与国家权力的运转和公共政策的形成，人民能够共享经济改革和社会发展的文明成果，人民能对国家权力进行有效的监督和控制，人民是一切国家权力的最终拥有者，国家权力为人民服务，依照人民意志行使，接受人民的监督。

A 项，人权不同于人民主权，国家尊重和保障人权体现的是人权思想。

B 项，我国宪法明确规定，中华人民共和国的一切权力属于人民，体现的是人民主权思想。

C 项，法律面前一律平等强调的是公民在适用法律中的地位平等，体现的是平等思想。

D 项，依法治国强调的是国家通过法律的手段来治理国家，强调的是国家的治理手段，而人民主权解决的是权力的归属问题，二者没有直接联系。

二、多项选择题

1. 我国宪法规定，国家尊重和保障人权。下列关于该条款的表述，正确的有（　　）。［2016 年法硕（非法学）真题］

A. 该条款在八二宪法制定时予以明确规定

B. 该条款对于理解基本权利具有指导作用

C. 该条款为未列举基本权利提供了规范基础

D. 该条款为国家设定了尊重、保障和实现人权的义务

【解析】A 项，1982 年宪法在制定时尚未规定人权保障条款，2004 年《宪法修正案》在《宪法》中增加了“国家尊重和保障人权”，确立了基本人权的原则。人权条款对于理解宪法基本权利提供了指引。

2. 关于如何根据社会主义法治理念完善我国宪法的权力制约原则，下列哪些选项是正确的？（　　）［2012 年法考真题］

A. 从法律上构建起权力制约监督体系与机制

B. 从制度上为各种监督的实施提供条件和保障

C. 完善权力配置，恰当地建构各种权力关系

2B　┃　1BCD　2ABC

D. 限制和缩小国家权力范围，扩大公民权利

【解析】权力制约原则是指国家权力的各部分之间相互监督、彼此牵制，从而保障公民权利。它既包括公民权利对国家权力的制约，也包括国家权力相互之间的制约。

A项，只有从法律上建立起“以权力制约权力，以权利制约权力”的权力制约监督机制，才能保障执政党的权力和立法、执法、司法等各种权力设置和行使始终不偏离我国民主政治的正确轨道。因此，必须从法律上规范各种监督行为，提高监督的科学性、合理性、建设性和实效性。

B项，要统筹发挥国家权力机关的监督、政协的民主监督、人民检察院的法律监督、人民法院对于行政机关行政行为的监督、专门监督机关的监督以及行政机关自我约束与监督的作用，从制度上为各种监督的实施提供条件和保障。

C项，围绕权力运行的总体目标，进一步完善各种权力的配置，科学地界定各种权力的范围，恰当地构建各种权力关系，是国家权力机关之间相互制约的需要。

D项，完善权力制约原则要通过扩大公民对国家和社会事务管理的有序参与，强化人民群众对各级国家机关及其工作人员的广泛监督。但是，强化公民对权力监督的参与并不等于扩大公民的权利，更不意味着要限制和缩小国家权力的范围。

3. 权力制约是依法治国的关键环节。下列哪些选项体现了我国宪法规定的权力制约原则？(　　)[2011年法考真题]

A. 全国人大和地方各级人大由民主选举产生，对人民负责，受人民监督

B. 法院、检察院和公安机关办理刑事案件，应当分工负责，互相配合，互相制约

C. 地方各级人大及其常委会依法对“一府两院”监督

D. 法院对法律合宪性审查

【解析】A项，《宪法》第3条第2款规定，全国人民代表大会和地方各级人民代表大会都由民主选举产生，对人民负责，受人民监督。全国人大和地方各级人大是我国的国家权力机关，该内容体现了公民权利对国家权力的制约。

B项，《宪法》第135条规定，人民法院、人民检察院和公安机关办理刑事案件，应当分工负责，互相配合，互相制约，以保证准确有效地执行法律。该内容体现了国家侦查权、起诉权、审判权之间相互制约。

C项，《宪法》第3条第3款规定，国家行政机关、审判机关、检察机关都由人民代表大会产生，对它负责，受它监督。该内容体现了人民代表大会代表人民对国家行使行政权、审判权、检察权和监督权。

D项，涉及违宪审查权的问题。世界上大多数国家都已经先后建立起了违宪审查制，我国在新修订的《行政诉讼法》中增加了法院有权对作为具体行政行为依据的规章以下的规范性法律文件的合法性进行附带性审查的规定。这是我国违宪审查制度建立过程中迈出的重要一步，但尚不能说我国法院有权对法律的合宪性进行审查。

三、不定项选择题

我国宪法规定了“一切权力属于人民”的原则。关于这一规定的理解，下列选项正确的

3ABC　|　ACD

是(　　)。[2016 年法考真题]

A. 国家的一切权力来自并且属于人民

B. “一切权力属于人民”仅体现在直接选举制度之中

C. 我国的人民代表大会制度以“一切权力属于人民”为前提

D. “一切权力属于人民”贯穿于我国国家和社会生活的各领域

【解析】A 项，这一规定意味着国家一切权力来自人民，一切权力属于人民。

BD 两项，该原则贯穿于我国国家和社会生活的各领域，而不是仅体现在直接选举中。

C 项，人民代表大会制度以“一切权力属于人民”为前提，人民行使国家权力的机关是全国人大和地方各级人大。

四、概念题

1. 宪法指导思想[扬州大学 2024 年研；西南政法 2022 年研；沈工大 2022 年研]

答：宪法指导思想是指体现统治阶级意识形态及其价值观，指导宪法制定、修改和实施的思想原则和理论体系。它是统治阶级最高意志、根本利益和核心价值观的集中体现，是宪法的核心和灵魂。它贯穿宪法文本和实施全过程，是全国各族人民团结奋斗的共同思想基础，是党的主张和人民意志的有机统一，是宪法制定、修改和实施的根本依据。

2. 宪法基本原则[扬州大学 2021 年研；河北大学 2014 年研]

答：宪法基本原则是指在制定和实施宪法过程中必须遵循的最基本的准则，是贯穿立宪和行宪的基本精神，是对一国当时的政治指导思想、社会经济条件和历史文化传统的集中反映。其基本特征为：①普遍性，即任何立宪国家在立宪和行宪中都必须遵循。②特殊性，即必须符合宪法独特的调整对象。③最高性，即其是宪法所调整的社会关系中某个领域的最高准则。④抽象性，即其是宪政实践的概括。⑤稳定性，即在宪法发展和宪政实践中具有较强的稳定性。其基本内容包括：①坚持中国共产党的领导原则；②一切权力属于人民原则；③尊重和保障人权原则；④民主集中制原则；⑤权力监督与制约原则；⑥法治原则。

3. 人民主权原则[浙大 2020 年研]、**人民主权**[沈工大 2018 年研]

答：参见本章简答题第 1 题答案。

4. 法治原则[武大 2015 年研]

答：法治原则是法治国家最主要的原则之一，它强调法的统治，而不是将法仅仅作为一种工具，它体现的是法律至上的思想。其中，法治又称“法的统治”，是指统治阶级按照民主原则把国家事务法律化、制度化，并严格依法进行管理的一种治国理论、制度体系和运行状态。其核心内容是：依法治理国家，法律面前人人平等，反对任何组织和个人享有法律之外的特权。法治作为治国的理论、原则和方法，必然应该被作为国家根本法的宪法确认为基本原则，并在宪法的具体内容中予以充分体现。

5. 尊重和保障人权原则[武大 2013 年研]

答：尊重和保障人权原则是指尊重和保障人作为一个“人”所应该享有的权利。尊重和保障人权已成为当今国际社会的普遍追求，是我国发展社会主义民主政治、建设社会主义政治文明的内在要求。但应该注意的是人权本身又是一个历史范畴，是具体的、相对的，而不是抽象的、绝对的，它与一个国家的政治状况、经济发展、历史传统、文化结构和整个社会的发展水平有很大关系。

6. 权力监督与制约原则[四川大学2023年研；武大2015年研；中南财大2012年研；北邮2010年研]

相关试题：分权制衡[山东大学2017年研；中南财大2005年研]

答：参见本章简答题第2题答案。

7. 民主集中制原则[中南财大2023年研]、**民主集中制**[扬州大学2020年研]

答：民主集中制原则是指民主基础上的集中和集中指导下的民主相结合，是我们党的根本组织原则和领导制度。《宪法》第3条第1款明确规定："中华人民共和国的国家机构实行民主集中制的原则。"民主集中制原则的基本含义是：

(1)民主基础上的集中。我国的民主集中制离不开广泛的人民民主，这是民主集中制原则运行的前提。在国家政治生活中，必须坚持一切权力属于人民，人民依法管理国家事务，管理经济和文化事业，管理社会事务。

(2)集中指导下的民主。社会主义民主离不开集中，民主集中制的集中不是少数人的独断，而是用民主方式集中广大人民群众的智慧，为广大人民群众的根本利益服务。

(3)民主基础上的集中和集中指导下的民主有机结合、辩证统一。民主和集中二者相辅相成，缺一不可，不可偏废。

五、简答题

1. 如何理解我国宪法的人民主权原则？[武工大2024年研]

相关试题：

(1)结合实际分析我国宪法人民主权原则及其发展。[论述题，湖南师大2023年研]

(2)简述人民主权原则在我国宪法上的体现。[中财2018年研；南开大学2008年研]

(3)人民主权原则在我国宪法文本中的体现。[厦门大学2015年研]

(4)简述人民主权原则。[四川师大2014年研]

答：人民主权原则，是指在社会主义制度下，人民是国家和社会的主人，国家的一切权力来自人民并且属于人民。国家权力必须服从人民的意志，服务人民的利益；国家权力的行使和运用，必须符合宪法。现行《宪法》第2条第1款规定："中华人民共和国的一切权力属于人民。"这一规定既是我国国家制度的核心内容和根本准则，也是一切权力属于人民原则的根本依据。

人民主权原则主要通过宪法规定得以实现。具体内容包括：

(1)确认人民民主专政的国家性质，保障一切权力属于人民。

(2)规定社会主义经济制度，奠定一切权力属于人民原则的社会主义经济基础。

(3)规定社会主义政治制度，保障广大人民通过全国人民代表大会和地方各级人民代表大会，实现对国家权力的行使。

(4)规定中华人民共和国武装力量属于人民，捍卫国家主权，防止国内外敌对势力颠覆，保障一切权力属于人民宪法原则的实现。

(5)根据宪法和法律的规定，人民通过各种民主途径和形式管理国家事务，管理经济和文化事业，管理社会事务，如民族区域自治、基层群众自治、职工代表大会等。

(6)规定广泛的公民基本权利及其保障措施，切实尊重和保障人权，保障一切权力属于人民原则得以实现。

2. 简述我国权力监督与制约原则的主要内容。［扬州大学 2020 年研］

相关试题：

(1)简述权力的监督与制约原则。［西南政法 2024 年研；华南理工 2023 年研］

(2)权力制约原则在各国宪法中的体现。［四川师大 2017 年研］

(3)论权力制约原则在资本主义国家宪法中的体现。［论述题，河北大学 2016 年研；武大 2006 年研］

(4)权力制约原则是一项基本的宪法原则。简述宪法是如何制约政府权力的。［对外经贸 2015 年研］

(5)简述资本主义宪法的分权原则。［中南财大 2010 年研］

答：权力监督与制约原则是为确保人民当家作主、保障人民的权利、避免国家机构权力滥用而设计各种制度和方法以规范和控制国家权力范围及其行使方式的原则。在西方国家，权力监督与制约原则一般被称为“分权原则”“三权分立原则”。我国则更注重权力分工与集中相统一基础上的权力的相互监督，既包括公民权利对国家权力的制约，也包括国家权力之间的相互制约。

根据宪法的相关规定，权力监督与制约原则主要体现在三个方面：

(1)人民对国家权力的监督：

其理论依据在于一切权力属于人民。《宪法》除了第 2 条“一切权力属于人民”等一般性规定外，还就人大代表接受原选举单位和选民的监督作了具体规定。如《宪法》第 77 条规定：“全国人民代表大会代表受原选举单位的监督。原选举单位有权依照法律规定的程序罢免本单位选出的代表。”

(2)公民对国家机关和国家工作人员的监督：

《宪法》规定，公民对于任何国家机关和国家工作人员，有提出批评和建议的权利；对于任何国家机关和国家工作人员的违法失职行为，有向有关国家机关提出申诉、控告或者检举的权利。同时《宪法》也规定，由于国家机关和国家工作人员侵犯公民权利而受到损失的人，有依照法律规定取得赔偿的权利，明确了公民行使监督权和国家赔偿权的宪法依据。此外，《宪法》第 35 条对公民“言论、出版、集会、结社、游行、示威的自由”的规定以及其他对公民所享有的一系列基本权利和自由的规定，也为实现公民对国家机关和国家工作人员的监督提供了宪法保障。

(3)国家机关之间的监督：

由于国家机构的性质和层级不同，国家机关之间的监督主要表现为不同的监督关系：

①不同工作性质和职能的国家机关之间的监督关系，即人民代表大会在国家机构中处于核心地位，国家行政机关、审判机关、检察机关都由人民代表大会产生，对它负责，受

它监督。

②同一性质不同层级国家机关之间的监督关系，如《宪法》第108条规定，县级以上的地方各级人民政府领导所属各工作部门和下级人民政府的工作，有权改变或者撤销所属各工作部门和下级人民政府的不适当的决定；第132条规定，上级人民法院监督下级人民法院的工作；第137条规定，上级人民检察院领导下级人民检察院的工作。

③处理某一类型事务时国家机关之间的监督关系，如《宪法》第140条规定，人民法院、人民检察院和公安机关办理刑事案件，应当分工负责，互相配合，互相制约，以保证准确有效地执行法律。

3. 简述我国宪法第三条规定的“民主集中制”原则所包含的内容。[厦门大学2025年研]

相关试题：

(1)简述民主集中制原则的主要内容。[扬州大学2019年研]

(2)我国宪法规定：“中华人民共和国的国家机构实行民主集中制的原则。”请对这一原则进行论述。[论述题，中山大学2017年研]

答：根据《宪法》规定，民主集中制原则的主要内容有：

(1)在国家机构和人民关系方面，国家权力源于人民。《宪法》第3条第2款规定：“全国人民代表大会和地方各级人民代表大会都由民主选举产生，对人民负责，受人民监督。”

(2)在国家权力机关与其他机关关系方面，国家权力机关处于核心地位。《宪法》第3条第3款规定：“国家行政机关、监察机关、审判机关、检察机关都由人民代表大会产生，对它负责，受它监督。”这种分工能防止权力过度集中，保障工作协调开展。

(3)在中央和地方国家机关关系方面，《宪法》第3条第4款规定：“中央和地方的国家机构职权的划分，遵循在中央的统一领导下，充分发挥地方的主动性、积极性的原则。”

(4)在国家权力机关运行方面，要高度重视民主机制。国家权力机关制定法律和决策时广泛讨论，实行少数服从多数原则，体现人民意志和利益。且全国和地方各级人大及其常委会实行集体领导体制，集体行使职权、决定问题。

六、论述题

1. 试述我国宪法的基本原则。[沈工大2023年研；广东财大2019年研；中山大学2018年研；扬州大学2018年研]

相关试题：

(1)简述宪法的基本原则。[简答题，广东财大2023年研]

(2)简述我国宪法的基本原则。[简答题，广西民大2021年研]

(3)请简要分析宪法的基本原则。[对外经贸2020年研]

(4)论宪法的基本原则。[浙商大2020年研；昆明理工2018年研；常州大学2018研]

(5)结合我国法治现状，论述宪法基本原则。[北理2013年研]

答：宪法基本原则是指宪法在调整社会关系时所采取的基本立场和准则。

(1)我国宪法的基本原则：

①坚持中国共产党的领导原则。从根本上来说，这是由宪法确立的我国的国体所决定的。我国的国体是工人阶级领导的、以工农联盟为基础的人民民主专政的社会主义国家。

而中国工人阶级要实现自己的领导，就要通过其先锋队即中国共产党才能达到。

②人民主权原则。在社会主义制度下，人民是国家和社会的主人，国家的一切权力来自人民并且属于人民。

③尊重和保障人权原则。人权通常是指人作为一个“人”所应该享有的权利。尊重和保障人权已成为当今国际社会的普遍追求。但人权本身又是一个历史范畴，是具体的、相对的，不是抽象的、绝对的，它与一个国家的政治状况、经济发展、历史传统、文化结构和整个社会的发展水平有很大关系。

④民主集中制原则。它主要体现在国家机关的组织与活动中。《宪法》第3条第1款明确规定，中华人民共和国的国家机构实行民主集中制的原则。

⑤权力监督与制约原则。这是为确保人民的权利属于人民、避免国家机构权力滥用而设计各种制度和方法以规范和控制国家权力范围及其行使方式的原则。

⑥法治原则。法治是相对于人治而言的，是指由宪法和法律规定的治国理政的价值、原则和方式。它以公平正义为价值取向，以民主政治为基础，以宪法法律至上为前提，以严格依法办事为核心，以确保权力正当运行为重点，以执法为民为本质要求，以服务大局为重要使命，是人类政治文明进步的重要标志。

(2)宪法基本原则的作用：

①在宪法制定和修改中，宪法基本原则具有衔接宪法指导思想和宪法规范、构建宪法规则体系的作用。

②在宪法实施中，宪法基本原则是遵守宪法和适用宪法的重要依据。

③宪法基本原则在维护宪法稳定与社会发展关系方面发挥重要作用。

(3)深刻领会和贯彻我国宪法的基本原则，必须坚持中国共产党的领导、人民当家作主和依法治国的有机统一。坚持党的领导、人民当家作主和依法治国的有机统一集中体现了中国特色社会主义民主政治的根本特点，体现了我国宪法的基本精神。在我国，中国共产党是中国特色社会主义事业的领导核心，是人民当家作主和依法治国的根本保证。人民当家作主是社会主义民主政治的本质要求。依法治国是党领导人民治理国家的基本方略。

党的领导、人民当家作主和依法治国相互依存、彼此作用，是一个内在统一的有机整体。坚持三者有机统一，才能确保宪法全面正确地贯彻实施，更好地实现中国特色社会主义政治制度的自我完善和发展。

2. 结合宪法学知识，谈谈对中国共产党领导制度体系的认识。[西南政法2020年研]

答：宪法是国家根本法，是阶级斗争中取得胜利的阶级领导制定的，集中体现统治阶级的意志和利益。我国宪法是党领导人民制定的，中国共产党在宪法中有着重要的地位。

(1)坚持中国共产党的领导是宪法的基本原则。

坚持中国共产党的领导，是历史和人民的选择，在以毛泽东主席为领袖的中国共产党领导下，中国各族人民经过长期的武装斗争和其他斗争，取得了一系列重大成果。我国宪法立足历史逻辑，通过记载近代以来党领导人民取得伟大胜利的历史事实，确认了历史和人民选择中国共产党领导的政治成果。

坚持中国共产党的领导作为宪法的基本原则，是由宪法确立的我国国体所决定的。我国是工人阶级领导的，以工农联盟为基础的人民民主专政的社会主义国家，中国工人阶级要实现自己的领导就必须通过其先锋队中国共产党才能达到。中国共产党的领导是中国人民当家作主的根本保证。中国共产党执政就是党领导、支持、保证人民当家作主，最广泛地动员和组织人民群众依法管理国家和社会事务，管理经济和文化事务，维护和实现最广大人民群众的根本利益。

坚持中国共产党的领导，是由中华民族伟大复兴崇高目标和国家根本任务决定的。我国宪法着眼于“两个一百年”奋斗目标，确认中国各族人民将继续在中国共产党领导下，不断完善社会主义的各项制度，发展社会主义市场经济，发展社会主义民主，健全社会主义法治，努力把我国建设成为社会主义现代化国家。我国宪法集中体现了新时代党的主张和人民意志的高度统一。

党的领导作为宪法的基本原则，意味着宪法的各项具体制度、宪法的修改和解释、宪法实施和宪法监督的各个环节都要坚持党的领导，贯彻党的意志和主张。

(2) 中国共产党的领导在宪法文本中的体现：

①宪法序言明确了中国共产党的领导地位。

我国宪法序言中明确指出，中国新民主主义革命的胜利和社会主义事业的成就是在中国共产党领导下取得的。宪法序言对党领导人民进行革命、建设和改革的历史经验和成果进行了肯定，也确认了我国的国体和社会主义制度。中国近代的历史发展已经表明中国共产党的领导地位是历史的选择、人民的选择，宪法序言中确认中国共产党领导地位和执政地位也是人民意志的体现。

党的领导首先体现为思想上的领导，宪法序言中规定的国家建设的指导思想就是党在思想上领导的体现。在思想的指导之下，党的领导体现在对国家建设和民族复兴的道路选择与目标设定上，即在中国共产党的领导下，坚持中国特色社会主义道路，建设富强民主文明和谐美丽的社会主义现代化强国，实现中华民族伟大复兴。

②2018 年修改后的宪法，明确规定“中国共产党的领导是中国特色社会主义最本质的特征”。

中国共产党领导是中国特色社会主义最本质的特征，是中国特色社会主义制度的最大优势，党是最高政治领导力量。坚持和完善党的领导制度体系，是坚持和完善中国特色社会主义制度、推进国家治理体系和治理能力现代化的前提和保证。

社会主义制度是我国的根本制度，坚持党的领导保证了中国特色社会主义制度的政治优势，从而引领和推进改革，推动社会主义市场经济体制不断完善。改革开放以来，中国共产党的领导是中国特色社会主义得以构建的最根本的决定性因素，中国特色社会主义制度的最大优势就是中国共产党的领导。因此，2018 年修改后的宪法，以条文的形式确定了党的领导地位，也确定了党的领导是中国特色社会主义最本质的特征。

3. 论尊重和保障人权原则。

相关试题：

(1) 简析宪法的基本人权原则。[简答题，吉林大学 2004 年研]

(2) 基本人权原则在世界各国宪法中的体现主要有哪些形式？[简答题，武大 2013 年研；武汉理工 2008 年研]

(3) 论基本人权原则。[黑龙江大学 2014 年研；武大 2009 年研]

答：(1)尊重和保障人权原则的含义：

人权通常是指人作为一个“人”所应该享有的权利。尊重和保障人权已成为当今国际社会的普遍追求。但人权本身又是一个历史范畴，是具体的、相对的，不是抽象的、绝对的，它与一个国家的政治状况、经济发展、历史传统、文化结构和整个社会的发展水平有很大关系。

(2)尊重和保障人权原则载入宪法的意义：

2004 年宪法修正案第 24 条明确规定“国家尊重和保障人权”。这是我国第一次将尊重和保障人权的原则载入宪法。其重要意义体现在以下方面：

①它以根本法的形式确认国家尊重和保障人权，在新中国宪法史上具有里程碑意义。

②它是中国共产党领导人民对人权长期进行探索的理论结晶和实践总结，是中国特色社会主义人权观及其基本立场的宪法化。

③它是中国共产党立党为公、执政为民和以人为本的执政理念在宪法中的体现，为各级国家机关践行科学发展观提供了宪法准则。

④它为我国人权事业发展指明了方向，奠定了完善人权保障制度的基础，为普及人权理念提供了保障。

(3)我国宪法尊重和保障人权原则，集中体现了中国特色社会主义人权观，这一原则的特点主要表现在：

①宪法一方面规定国家尊重和保障人权，另一方面也通过法律具体列举了公民的基本权利和义务，体现了人权的普遍性和中国具体国情的结合，使国家尊重和保障人权的宪法原则具有真实性、可操作性。

②宪法规定了公民广泛的基本权利，不仅包括狭义的公民权利和政治权利，而且包括公民的经济、社会和文化权利；不仅包括个人人权，而且包括集体人权，充分体现了我国宪法规定的尊重和保障人权的广泛性。

③从宪法规定的权利内容和保障措施看，尊重和保障人权的宪法原则突出了生存权和发展权的重要性，体现了我国人权观以生存权和发展权为首要人权的立场。

④宪法不仅规定公民的基本权利，而且规定公民的基本义务，体现了人权是权利与义务相统一的基本观念。

⑤尊重和保障人权的宪法原则注重人权在社会主义中国实现的基本条件，强调稳定是实现人权的前提，发展是实现人权的关键，法治是实现人权的保障。此外，尊重和保障人权的宪法原则，首先是强调人权是一个国家主权范围内的问题，坚决反对以人权为借口干涉他国内政；其次是强调国家在尊重和保障人权时所要承担的义务和责任，体现了国家主权在实现和保护人权方面的重要作用；最后也强调国际社会应在平等和相互尊重的基础上进行合作，共同推进世界人权事业发展。

七、法条评析

分析《宪法》第 2 条(条文省略)。[复旦大学 2009 年研]

答：我国《宪法》第 2 条规定：“中华人民共和国的一切权力属于人民。人民行使国家权力的机关是全国人民代表大会和地方各级人民代表大会。人民依照法律规定，通过各种途径和形式，管理国家事务，管理经济和文化事业，管理社会事务。”该法条是人民主权原则在我国宪法中的具体体现，表明了我国国家的政权组织形式是人民代表大会制度。

(1)人民主权原则概述：

人民主权原则，又称“主权在民”原则、国民主权原则，其在理论上所要解决的是国家权力即主权的归属问题。人民主权源于资产阶级启蒙思想家率先倡导的“主权在民”学说，认为国家是由人民根据自由意志缔结契约的产物，所以国家的最高权力应属于人民，而不属于君主。马克思批判吸收了人民主权的理论，并以唯物史观为基础充分论述人民是历史的创造者这一原理，阐明了民主即人民当家作主的科学含义。

(2)人民代表大会制度体现了国家一切权力属于人民的本质要求：

人民代表大会制度是指国家的一切权力属于人民，人民在普选的基础上选派代表，按民主集中制原则组成全国人民代表大会和地方各级人民代表大会，行使国家权力，其他国家机关由人民代表大会产生，对它负责并受它监督，人民代表大会对人民负责，最终实现人民当家作主的一项基本政治制度。人民代表大会制度体现了国家一切权力属于人民的本质要求。

①从性质上看，我国是以工人阶级领导，以工农联盟为基础的人民民主专政的国家。在人民代表大会制度下，国家权力机关是民意的代表机关，在理论上掌握全部国家权力，便于人民统一行使权力，有效进行国家管理。相对于其他政治制度而言，人民代表大会制度直接、全面地体现了国家一切权力属于人民。

②从实践上看，人民代表大会由人民选举产生的人民代表组成。其中工人、农民、知识分子在历届人民代表大会中均占绝对优势，体现了人民民主专政的阶级基础。在此基础上我国的人民代表大会还具有广泛的代表性，有效地解决了少数民族、民主党派、无党派爱国人士的参政问题，以防止“多数人的暴政”。

③从机构的设置上，我国的国家政权机关(包括人民代表大会、行政机关、司法机关)均是按行政区域进行设置，既便于人民群众参加国家管理，又便于人民对人民代表和其他国家机关进行监督。

(3)评析。我国《宪法》第2条既规定了人民主权的原则，又落实了相关制度。该条第1款规定了“中华人民共和国的一切权力属于人民”，说明国家权力属于人民而非属于某一个人或团体。该条第2、3款进一步规定了人民实现当家作主权力的途径，即：“人民行使国家权力的机关是全国人民代表大会和地方各级人民代表大会。人民依照法律规定，通过各种途径和形式，管理国家事务，管理经济和文化事业，管理社会事务。”这样通过宪法条文将人民主权原则落到实处，既便于人民群众参加国家管理，又便于人民对人民代表和其他国家机关进行监督。

第四章　国家性质和国家形式

4.1　复习指南

【知识框架(庖丁解牛)】

- 国家性质和国家形式
  - 国家性质[国体]
    - 概念、宪法与国家性质
    - 我国的国家性质：人民民主专政[实质：无产阶级专政]
    - 人民民主专政的主要内容
      - 工人阶级领导
      - 阶级基础：工农联盟
      - 最本质特征：中国共产党领导
      - 新型民主与新型专政的结合
      - 爱国统一战线
  - 国家形式
    - 政权组织形式[政体]
      - 概念、分类
      - 与国家性质的关系
      - 我国政权组织形式及其特点
    - 国家结构形式
      - 概念
      - 分类：单一制、联邦制
      - 我国的国家结构形式：统一、多民族的单一制国家
      - 行政区划：概念、原则、区划、变更原则和程序
    - 国家标志：国旗、国歌、国徽和首都等

【通关提要(提纲挈领)】

本章主要介绍国家性质与国家形式，难度中等。学习时，要掌握国家性质、政权组织形式和国家结构形式三者的概念和区别；重点掌握人民民主专政的主要内容，各种国家结构形式如单一制、联邦制的特点等。本章主要考查概念题、简答题和论述题，要注意区分相近概念，以免混淆。

4.2　考研真题与典型题详解

一、单项选择题

1．根据《宪法》的规定，关于国家结构形式，下列哪一选项是正确的？(　　)[2013 年法考真题]

A. 从中央与地方的关系上看，我国有民族区域自治和特别行政区两种地方制度

B. 县、市、市辖区部分行政区域界线的变更由省、自治区、直辖市政府审批

C. 经济特区是我国一种新的地方制度

D. 行政区划纠纷或争议的解决是行政区划制度内容的组成部分

【解析】D项，根据《宪法》的规定，我国实行单一制的国家结构形式，在处理中央与地方的关系上，我国坚持在中央统一领导下，充分发挥地方积极性、主动性的原则。依据这一原则，我国在地方进行行政区域划分，实行行政区域划分制度。从内容上看，行政区域划分制度包括行政区域划分的机关、原则、程序以及行政区域边界争议的处理等内容。

AC两项，按不同区域所实行的不同地方制度，可将我国的行政区划分为：①普通行政区划；②民族自治地方区划；③特别行政区划。民族区域自治制度、特别行政区制度是我国的两种地方制度，但经济特区不是一种新的地方制度。

B项，根据《宪法》的规定，县、市、市辖区部分行政区域界线的变更，由国务院授权省、自治区、直辖市人民政府审批，而并非直接由省、自治区、直辖市政府审批。

2. 我国人民民主专政的最高原则是(　　)。[2009年法硕(非法学)真题]

A. 工人阶级的领导　　B. 工农联盟

C. 民主主体的广泛性　　D. 统一战线

【解析】我国现行《宪法》第1条第1款规定，中华人民共和国是工人阶级领导的、以工农联盟为基础的人民民主专政的社会主义国家。列宁认为，社会主义革命中最根本最重大的问题，是工人阶级同农民的关系问题，工人阶级同农民的联盟问题。一方面，无产阶级进行革命，只有同广大农民结成巩固的联盟，才能完成推翻反动阶级的统治、消灭剥削制度和剥削阶级，最终解放全人类的历史使命；另一方面，农民也只有在工人阶级领导下，同工人阶级结成牢固的联盟，才能战胜共同的敌人，坚持社会主义方向，从而获得彻底解放。因此，列宁说，工农联盟是无产阶级专政的最高原则。

3. 根据《宪法》和法律法规的规定，关于我国行政区划变更的法律程序，下列哪一选项是正确的？(　　)[2015年法考真题]

A. 甲县欲更名，须报该县所属的省级政府审批

B. 乙省行政区域界线的变更，应由全国人大审议决定

C. 丙镇与邻近的一个镇合并，须报两镇所属的县级政府审批

D. 丁市部分行政区域界线的变更，由国务院授权丁市所属的省级政府审批

【解析】行政区域的变更包括行政区域的设立、调整、撤销和更名，都必须根据一定的法律程序进行。根据我国现行宪法的规定，其法律程序包括：①省、自治区、直辖市的设立、撤销、更名，特别行政区的成立，应由全国人大审议决定；②省、自治区、直辖市行政区域界线的变更，自治州、县、自治县、市、市辖区的设立、撤销、更名或者隶属关系的变更，自治州、自治县的行政区域界线的变更，县、市的行政区域界线的重大变更，都须经国务院审批；③县、市、市辖区部分行政区域界线的变更，由国务院授权省、自治区、

2B　3D

直辖市人民政府审批；④乡、民族乡、镇的设立、撤销、更名或者变更行政区域的界线，由省、自治区、直辖市人民政府审批。

A 项，甲县更名须经国务院审批，而不是报所属的省级政府审批。

B 项，乙省行政区域界线的变更，须经国务院审批，无须由全国人大审议决定。

C 项，丙镇与邻镇合并，由两镇所属的省级政府（不是由县级政府）审批。

D 项，丁市的部分行政区域界限的变更，确属国务院授权的省级政府审批。

4. 十二届全国人大常委会，第二十九次会议通过了《国歌法》并于 2017 年 10 月 1 日起施行。根据《宪法》和《国歌法》，关于国歌，下列哪项不正确？（　　）[2018 年法考真题]

A. 国歌是国家的象征和标志　　B. 宪法宣誓仪式上应奏唱国歌

C. 国歌应加入中小学教育　　D. 国歌是历部宪法中不可缺少的内容

【解析】将《义勇军进行曲》正式确定为国歌，是 2004 年修宪的结果，在此之前《义勇军进行曲》一直为我国的代国歌。

二、多项选择题

根据现行宪法，下列关于我国行政区域划分的表述，正确的有（　　）。[2016 年法硕（非法学）真题]

A. 全国分为省、自治区、直辖市、经济特区

B. 省、自治区、直辖市分为自治州、县、自治县、市

C. 民族自治地方包括自治区、自治州和自治县

D. 县、自治县分为乡、民族乡、镇

【解析】《宪法》第 30 条规定，中华人民共和国的行政区域划分如下：①全国分为省、自治区、直辖市；②省、自治区分为自治州、县、自治县、市；③县、自治县分为乡、民族乡、镇。直辖市和较大的市分为区、县。自治州分为县、自治县、市。自治区、自治州、自治县都是民族自治地方。

三、不定项选择题

关于我国的国家结构形式，下列选项正确的是（　　）。[2012 年法考真题]

A. 我国实行单一制国家结构形式

B. 维护宪法权威和法制统一是国家的基本国策

C. 在全国范围内实行统一的政治、经济、社会制度

D. 中华人民共和国是一个统一的国际法主体

【解析】A 项，《宪法》序言中规定，中华人民共和国是全国各族人民共同缔造的统一的多民族国家，我国实行单一制国家结构形式。

B 项，《宪法》第 5 条第 1、2 款规定，中华人民共和国实行依法治国，建设社会主义法治国家。国家维护社会主义法制的统一和尊严。

C 项，《宪法》第 31 条规定，国家在必要时得设立特别行政区。在特别行政区内实行的

4D ▎ CD ▎ ABD

制度按照具体情况由全国人民代表大会以法律规定。根据我国的“一国两制”方针，我国在大陆地区和港澳地区施行不同的政治、经济、社会制度。

D项，中华人民共和国是一个统一的国际法主体，在对外关系方面，中央人民政府是唯一合法的代表。

四、概念题

1. 我国的国体[华农2017年研]

相关试题：

(1)国体[广西民大2022年研；北航2020年研；中山大学2017年研]

(2)国家性质[广东财大2023年研；沈工大2021年研；江西师大2014年研]

答：我国的国体是指工人阶级领导的、以工农联盟为基础的人民民主专政的社会主义国家。其中，国体是指国家的性质，又称国家的阶级本质。人民民主专政实质上是无产阶级专政。我国人民民主专政的国家政权，就其阶级构成来说，是以工人阶级为领导力量，以工农联盟为基础。民主与专政的结合是人民民主专政的核心，对人民实行民主和对敌人实行专政是人民民主专政的主要要求。其中，民主是专政的前提，专政是民主的保障。

2. 爱国统一战线[广西民大2023年研；中南财大2020年研；安徽师大2020年研]

答：(1)爱国统一战线是现阶段我国的统一战线，是由中国共产党领导的，有各民主党派和各人民团体参加的，包括全体社会主义劳动者、社会主义事业的建设者、拥护社会主义的爱国者、拥护祖国统一和致力于中华民族伟大复兴的爱国者的政治联盟。统一战线是我国新民主主义革命和社会主义革命时期，中国共产党为取得革命和建设的胜利，而与各阶级组成的政治联盟，它是我国人民民主专政的又一主要特色。

(2)爱国统一战线的特点有：①以中国共产党的领导为最高原则；②以政治协商为主要工作方式；③以爱国主义为政治基础和界限范围；④以“三大任务”为奋斗目标；⑤以中国人民政治协商会议为组织形式。

(3)我国爱国统一战线的任务：高举爱国主义的旗帜，团结一切可以团结的力量，调动一切积极因素，为社会主义现代化建设服务，为实现祖国的统一大业服务，为保卫世界和平服务。我国目前的爱国统一战线组织形式是中国人民政治协商会议。

3. 国家形式[安徽师大2015年研；江西师大2014年研；武汉理工2009年研]、**国家结构形式和政权组织形式**[西南政法2020年研；中南财大2008年研]

相关试题：

(1)政权组织形式[扬州大学2023年研；浙商大2020年研；浙江财大2018年研；河北大学2017年研；中山大学2010年研]、**政体**[安徽师大2019年研；河北大学2016年研；华农2014年研；南开大学2011年研]

(2)国家结构形式[扬州大学2022年研；沈工大2022年研；复旦大学2020年研；河北大学2018年研；广东财大2015年研；华农2013年研]

答：国家形式是指国家政权的整体构成方式，包括国家政权组织形式和国家结构形式。

(1)政权组织形式，又称“政体”，是指统治阶级采取何种形式去组织反对敌人、保护自己的政权机关，如君主立宪制、民主共和制。我国的政权组织形式是人民代表大会制。就本质而言，国家政权组织形式是试图在不同国家机关之间建立分权制衡关系，以约束公共权力及公共官员，保证国家一切权力属于人民的国家性质得以实现。

(2)国家结构形式，是指国家的整体与部分之间、中央与地方之间的相互关系。国家的本质必定通过一定的形式表现出来，而适当的国家形式能够更充分地体现和维护国家本质。我国的结构形式是统一、多民族的单一制国家。不同国家结构形式根据其发展会有不同，一般来说，单一制和联邦制是国家结构形式的两大类型。

(3)二者的联系：都是实现国家统治权力的途径。

(4)二者的区别：在不同的方面体现着国家权力关系，即职权划分关系。国家结构形式是对政权体系进行的纵向划分，在国家同领土相适应的上下层之间体现国家权力关系；而政权组织形式则是着重从政权体系的横向划分方面，通过国家的权力机关(即立法机关)和行政机关、司法机关以及其他国家机关之间、国家权力机关和同人民群众之间的关系来体现国家权力关系。

4. 国体与政体[广西民大 2019 年研]、**政体与国体**[华农 2016 年研；武大 2011 年研]

答：参见本章论述题答案。

5. 单一制和复合制[上海大学 2004 年研]

相关试题：

(1)单一制[扬州大学 2023 年研；武工大 2023 年研；浙商大 2021 年研；广东财大 2020 年研；山东大学 2015 年研]

(2)联邦制[西南科大 2022 年研；浙江财大 2019 年研；安徽师大 2018 年研；黑龙江大学 2014 年研]

(3)联邦和邦联[上海大学 2005 年研]

(4)邦联制与联邦制[武大 2004 年研]

(5)单一制、联邦制与邦联[上海大学 2004 年研]

(6)单一制和复合制[中南财大 2006 年研]

答：(1)单一制是指由若干不具有独立性的行政单位或自治单位组成，各组成单位都是国家不可分割的组成部分的一种国家结构形式。单一制国家是统一和完整的政治体，形式上相对于复合制而言比较简单。当今世界多数国家实行单一制。单一制的特征有：

①在国家的法律体系方面，国家只有一部宪法，法律都是由国家最高立法机关根据宪法制定的。

②在国家机构的组成方面，国家机构是由一个最高立法机关、一个中央政府以及一套完整的司法体系组成。

③在中央与地方的权力划分方面，中央统一领导地方，根据宪法授予地方权力，并且地方行政区域和自治区域没有自己独立的权力。

④在对外关系方面，单一制国家对外是一个独立的主体，国家的全部公民只有一个统一的国籍。

(2)复合制，与单一制相对，是指由两个或两个以上政治实体组成的国家联盟的制度。

近代复合制国家主要有邦联和联邦两种形式。

①联邦制是指由两个或多个政治实体(州、邦、成员国)组成复合制国家的国家结构形式。联邦制国家在形式上较单一制国家更复杂，其主要特征是：

a. 在国家的法律体系方面，除有联邦的宪法外，各成员还有各自的宪法。

b. 在国家机构的组成方面，除设有联邦立法、行政和司法体系外，各成员还设有各自的立法、行政和司法体系。

c. 在联邦与各成员的职权划分方面，其职权划分由联邦宪法作出具体规定，但对所谓剩余权力的归属问题，有的规定归于联邦，如加拿大，有的规定归于各州，如美国。无论哪一种归属，都是在保证联邦行使国家的立法、外交、军事和财政等主要国家权力的同时，又给予各成员较大范围的自治权。

d. 在对外关系方面，有些国家还允许其成员享有一定的外交权，联邦国家的公民既有联邦的国籍，又有成员国的国籍。

印度、瑞士、俄罗斯、巴西等国也都实行联邦制。

②邦联是指若干主权独立国家为实现某种共同目的(如军事、贸易等)而结成的松散的国家联盟。邦联不是一个主权国家，没有统一的宪法、国家机关、军队、赋税、预算、国籍等，各成员国均保留自己独立的国家主权。

(3)单一制与复合制的区别如下：

①在单一制国家，地方政府是由中央政府设立的；在复合制国家，联邦或邦联政府是由各成员单位协议建立的，各成员单位往往先于联邦或邦联政府而存在。

②在单一制国家，地方政府的权力是中央政府授予的，中央政府可以单方面规定地方政府的权限，地方政府必须服从中央政府所代表的最高国家权力；在复合制国家，联邦或邦联政府与成员政府的权力划分由联邦宪法作了明确的规定。双方都不能单方面任意变更，对宪法的修改必须经过双方的同意和批准。

③在单一制国家，中央政府可以变更地方政府的疆界；在复合制国家，联邦或邦联政府不能任意改变各成员单位的疆界。

6. 国家结构形式与行政区域的划分[中南财大2005年研]

相关试题：

(1)国家结构形式[湖南师大2022年研；沈工大2022年研；中山大学2021年研]

(2)行政区划[湖南师大2024年研；中南财大2022年研；浙商大2020年研]

答：(1)国家结构形式是指国家的整体与部分之间，中央与地方之间的相互关系，国家的本质必定通过一定的形式表现出来，而适当的国家形式能够更充分地体现和维护国家本质。不同国家的国家结构形式根据其发展会有不同，一般来说，单一制和联邦制是国家结构形式的两大类型。我国的结构形式是单一制。国家结构形式的内容主要包括：①国家区域构成单位的划分与确认及各层级区域单位的法律地位和权限划分；②全国性政权机关与地方(或成员单位)之间的权力划分的原则及各级政权机关之间争议的解决机制。

(2)行政区域划分，简称行政区划，是指国家为了进行管理，将国家的领土依据政治、经济、民族状况和地理历史条件的不同，划分为若干大小不同、层次不同的区域的一种制度。我国的行政区划遵循以下基本原则：①有利于民族团结，考虑各民族的要求、利益及特点，保证民族区域自治的实施；②有利于社会主义经济建设，既要照顾地理环境，又要照顾自然资源和经济发展状况，使行政区划与经济区划、国土规划尽可能地协调统一；③兼顾行政管理效率和地方自主权的实现；④参照历史状况。

（3）二者的关系：行政区域划分形式上仅仅是“一个国家的领土结构而不是国家的管理形式”，但实质上行政区域划分和中央与地方的权力配置关系紧密相连，从而成为国家结构形式的重要内容。

五、简答题

1. 简述人民民主专政与无产阶级专政的关系。［常州大学2020年研］

答：（1）人民民主专政是对人民实行民主和对敌人实行专政两方面的结合。即承认全体人民是国家的主人，使人民参与管理国家和社会事务，享有各项民主权利，同时对极少数严重的犯罪分子实行专政。

（2）人民民主专政实质上即无产阶级专政：

人民民主专政实质上是无产阶级专政。人民民主专政是无产阶级专政的一种形式。现行宪法序言明确提出“工人阶级领导的、以工农联盟为基础的人民民主专政，实质上即无产阶级专政”。由此表明，人民民主专政是无产阶级专政在我国特定历史条件下的一种具体模式。人民民主专政实质上即无产阶级专政的原因在于以下几个方面：

①从国家政权角度，二者都表示工人阶级领导的、以工农联盟为基础的国家政权。

②从国家内部的阶级关系角度，二者都反映出一种新型的，即工人阶级和广大劳动人民是国家的主人，只对少数敌对分子实行专政的阶级关系。

③从历史使命的角度，二者都担负着消灭剥削阶级和剥削制度，实现社会主义，进而为过渡到共产主义社会准备条件的使命。马克思主义认为不同国家的无产阶级专政具有不同的特点，表现为各种不同的模式。我国人民民主专政就是无产阶级专政的一种具体模式。但是，不管各国的具体模式如何各具特色，无产阶级专政的基本内容是相同的。

2. 简述决定国家结构形式的主要因素。［安徽师大2018年研］

答：国家结构形式是指国家的整体与部分之间、中央与地方之间的相互关系，国家结构形式能够体现国家的本质。现代国家的国家结构形式主要有单一制和联邦制两种。由于各国历史传统、民族状况和政治、经济、文化等发展情况不同以及国内阶级力量对比关系与国际环境的影响，资本主义国家和社会主义国家中都有采用单一制和联邦制的国家。因此，国家结构形式与国家性质并没有必然的联系。一个国家采用何种国家结构形式，主要有四方面的因素：

（1）民族因素。一般而言，单一民族国家由于不存在民族关系问题，通常实行单一制，如日本、朝鲜等。而在多民族国家，如果各民族之间的关系融洽，同时各民族之间形成杂居、聚居的区域，在地域上没有能够达到成为一个国家的范围，通常建立的也是单一制国家。如果在多民族国家，聚居的各民族地域范围差距不大，类同于一个国家，又没有形成一个起主导作用的民族，在这种情形下，通常建立联邦制。

（2）经济因素。如果一国不同区域之间，经济发展水平存在较大的不平衡，或者经济产业之间存在较大差异，使相互之间在经济上既缺乏互补性，也缺乏密不可分的联系，那么在这样的国家，通常建立联邦制，其典型的实例为巴西联邦；反之，则实行单一制。

(3) 地理因素。由于地理的关系，一个国家被自然地分割为若干部分，或者一个国家之内，不同地区的地理条件存在较大差异的，都有可能使不同地区、部分之间只形成某种较为松散的联系。在这样的国家，通常建立联邦制，其典型的实例为马来西亚、墨西哥；反之，则实行单一制。

(4) 历史因素，包括历史传统、特定的历史事实及其他的历史遗留问题等。就历史传统而言，一个国家在其建立以后的历史中，中央集权与地方分权政治体制存续的时间，对建立单一制还是联邦制有着很大的影响。

3. 比较单一制与联邦制两种国家结构形式的区别。[中南财大 2010 年研]

相关试题：简述单一制与联邦制的区别。[武大 2005 年研]

答：单一制是指由若干不具有独立性的行政单位或自治单位组成，各组成单位都是国家不可分割的组成部分的一种国家结构形式。联邦制是指由两个或多个政治实体(州、邦、成员国)组成复合制国家的国家结构形式。二者的区别有：

(1) 从法律制度上看，单一制国家只有一部宪法，有关国家权力的配置和国家机关的设置及相互关系均由该宪法予以规定。联邦制国家有多部宪法，除联邦宪法外，还有成员国或加盟国的宪法。

(2) 从政权组织形式上看，单一制国家除有个别特别地方外，中央和地方均采用相同的政府体制，且一般只有一套政府体制。联邦制国家有多套政府体制。在联邦制国家，除联邦中央政府体制外，各成员国或加盟国还都有具有自己特色的政府体制。在联邦制国家，一般不要求成员国或加盟国与联邦政府体制相一致。

(3) 从权力配置上看，单一制国家的地方权力来源于中央的授予，国家权力的重心在中央。在联邦制国家，联邦权力来源于成员国或加盟国的让与，一般由联邦宪法以列举的方式规定，剩余权力属于成员国或加盟国。

(4) 从国际关系上看，单一制国家只有一个国际法主体，其地方一般不能作为国际法的主体参与国际关系。有些联邦国家在法律上允许成员国或加盟国作为完全的国际法主体参与国际关系。

(5) 从国民国籍上看，单一制国家的公民具有统一的国籍。联邦制国家，公民有双重国籍，即公民既是联邦的公民(一般在国际法上使用联邦公民资格)，又是成员国或加盟国的公民。

(6) 从行政区划上看，在单一制国家中地方作为国家的行政区域单位，不具有独立性，没有从国家分离出去的权力。在联邦制中有些联邦制国家，成员国或加盟国在法律上拥有脱离联邦的权力。

4. 简述联邦制与邦联。[中山大学 2009 年研]

答：(1) 联邦制是指由两个或多个政治实体(州、邦、成员国)组成复合制国家的国家结构形式。邦联是指若干主权独立国家为实现某种共同目的(如军事、贸易等)而结成的松散的国家联盟。

(2) 联邦制与邦联的相同点：

联邦制和邦联制都属于国家结构组织的类型，都属于复合制的国家结构形式。

(3)联邦制与邦联的区别：

①性质不同。联邦制适用于一个主权国家，联邦和其成员国分别有自己的宪法和法律，以及各自的国家机关体系(包括立法、行政和司法机关)；邦联不是一个主权国家，没有统一的宪法、国家机关、军队、赋税、预算等，各成员国均保留自己独立的国家主权。

②公民所具有的国籍不同。联邦制的公民具有双重国籍，既是成员国的公民，又是联邦的公民；而邦联制下的公民只有其成员国本国的国籍。

③产生的基础不同。联邦的权力包括立法权、行政权和司法权，来自各成员国的授予，联邦制下通过宪法划分联邦与成员国之间的权力，凡未授予联邦的权力则由各成员国保留；邦联产生是以条约为基础。

④主要机关的组成不同。联邦的最高立法机关通常采用两院制，其中一院由联邦成员国选派代表组成；邦联的主要机关由各成员国派遣代表组成或者是定期由成员国国家元首、政府首脑参加的会议，但邦联的决议必须经各成员国批准才能生效。

5. 简述联邦制国家结构形式的主要特征。[中山大学2016年研]

答：联邦制是指由两个或多个政治实体(州、邦、成员国)组成复合制国家的国家结构形式。联邦制国家一般由州、邦、共和国、自治领域等构成。联邦制国家结构形式的主要特征有：

(1)从权力划分关系看，联邦中央和成员单位的权限划分是依据宪法的明确规定。宪法关于权限划分的内容，往往是基于中央和成员单位的合意，不单独取决于联邦中央的意志，权力模式一经宪法确定具有较强稳定性，任何一方不得单方随意加以更改。

(2)从形式上看，在联邦制国家既有联邦宪法，也可能有成员国宪法，存在联邦中央和成员单位两套立法、行政、司法系统，上下级政权机关之间不存在绝对的从属关系。

(3)从对外关系上看，公民既有统一的联邦国籍，也可能有成员国国籍，联邦国家虽是统一的国际法主体，但有的联邦制国家允许成员国有一定的外交权。如前苏联的部分加盟共和国甚至还在联合国拥有合法席位。

6. 中国的国家结构形式。[中山大学2004年研]

相关试题：为什么我国是单一制国家？[广东财大2023年研]

答：我国的国家结构形式为统一、多民族的单一制国家。根据我国历史发展和民族关系的基本国情，同时也为了促进我国社会主义事业的更好发展，我国确立了这样的国家结构形式。

(1)单一制国家结构形式形成的原因：

①我国历来的传统理念强调“统一”的原则。

②我国各民族之间和睦友好，强调求同存异、和谐共处。

③建立单一制国家，有助于维护国家统一和民族团结。

④建立单一制国家，有助于实现各民族共同繁荣发展。

(2)单一制国家结构形式的特点，参见本章概念题第5题答案。

7. 简述行政区划的原则。［西南政法2023年研］

相关试题：

(1)我国行政区划的内容和原则。［中南财大2024年研］

(2)简述我国行政区划的原则。［中南财大2020年研；宁波大学2017年研］

(3)行政区划的原则有哪些？［杭州师大2020年研］

答：行政区划的原则有：

(1)便于人民群众行使国家权力，参与国家管理，促使国家机关密切联系人民群众。因此，要坚持中央的统一领导，充分发挥地方的积极性和主动性。

(2)有利于各民族团结。我国是多民族国家，根据少数民族的居住状况和其他特点进行划分，使之有利于各民族的发展，巩固各民族的团结。

(3)有利于经济社会发展和巩固国防。我国幅员辽阔、地大物博，但各地区经济社会发展很不平衡。划分行政区域要根据不同地区的经济特点进行划分，使之有利于发展社会生产力。

(4)综合考虑自然条件和历史传统。我国是一个大国，各地自然条件相差甚大。同时，我国又是一个具有悠久历史的国家，有许多地方的地域划分、区划名称已经延续了数百年甚至上千年，这些地区早已形成了比较固定的行政区域范围。在划分区域时，不能不考虑这些情况，否则，必将产生不良后果。

8. 简述我国行政区划变更的法律程序。［山东大学2008年研］

答：行政区划的变更，包括行政区的设立、撤销、更名、行政区行政中心驻地迁移。这些都必须按照一定的法律程序进行。根据我国宪法的规定，行政区划的变更应遵循下列程序：

(1)省、自治区、直辖市的设立、撤销、更名，报全国人民代表大会批准。

(2)下列行政区划的变更由国务院审批：

①省、自治区、直辖市的行政区域界线的变更，人民政府驻地的迁移，简称、排列顺序的变更。

②自治州、县、自治县、市、市辖区的设立、撤销、更名和隶属关系的变更以及自治州、自治县、设区的市人民政府驻地的迁移。

③自治州、自治县的行政区域界线的变更，县、市、市辖区的行政区域界线的重大变更。

④涉及海岸线、海岛、边疆要地、湖泊、重要资源地区及特殊情况地区的隶属关系或行政区域界线的变更。

(3)县、市、市辖区的部分行政区域界线的变更，县、不设区的市、市辖区人民政府驻地的迁移，国务院授权省、自治区、直辖市人民政府审批；批准变更时，同时报送国务院备案。乡、民族乡、镇的设立、撤销、更名，行政区域界线的变更，人民政府驻地的迁移，由省、自治区、直辖市人民政府审批。

(4)依照法律、国家有关规定设立的地方人民政府的派出机关的撤销、更名、驻地迁移、管辖范围的确定和变更，由批准设立该派出机关的人民政府审批。

六、论述题

试述国家性质与政权组织形式的关系。［吉林大学 2004 年研］

相关试题：

(1) 简述政权组织形式与国家性质的关系。［简答题，广西民大 2024 年研］

(2) 简述国家形式与国家性质的联系。［简答题，常州大学 2021 年研］

(3) 试述国体与政体的相互关系。［简答题，上海大学 2005 年研］

答：(1) 国家性质和政权组织形式的概念：

①国家性质即国家阶级本质，又称“国体”，它是由社会各阶级、阶层在国家中的地位所反映出来的国家的根本属性。它包括两个方面：

a. 各阶级、各阶层在国家中所处的统治与被统治地位。

b. 各阶级、阶层在统治集团内部所处的领导与被领导地位。

②政权组织形式，又称“政体”，即统治阶级采取什么样的方式来组织自己的政权机关，主要是指统治阶级实现国家主权的一种宏观体制。其是对政权组织形式的抽象和概况，是宏观上的国家政权构架，是一般意义上的、概括意义上的政权构架。政权组织形式主要表现在两个方面：

a. 政权组织形式是国家最重要的外在表现形态。

b. 政权组织形式是国家政权机关组织和活动的系统体制。

(2) 国家性质与政权组织形式的关系：

二者是内容和形式的关系。国体决定政体，政体反映国体。任何国家都要建立相应的政体以维护和巩固阶级统治。同一国体的国家可有不同的政体。国家性质与政权组织形式具有不可分割的联系，具体表现在以下两个方面：

①国家性质决定着政权组织形式。根据国家性质、统治阶级和统治目的的不同，政权组织形式也会相应发生改变。与“经济基础决定上层建筑”的道理类似，国家性质是决定政权组织形式的基础和主要因素。有什么性质的国家，就要求什么样的政权组织形式与之相匹配。

②政权组织形式对国家性质具有一定的反作用。当一个国家的政权组织形式符合国家性质时，这个国家的政治就会稳定，经济就会繁荣，社会也会和谐。反之，当政权组织形式不符合国家性质时，国家就容易发生动荡，政治、经济、社会多方面都会出现问题，甚至发生政权更迭或改变国家性质。

第五章　国家基本制度

5.1　复习指南

【知识框架(庖丁解牛)】

- 国家基本制度
  - 经济制度
    - 社会主义公有制[基础]
      - 全民所有制
      - 劳动群众集体所有制
    - 所有制结构：公有制的主体地位、多种所有制共同发展
    - 分配制度：按劳分配为主体、多种分配方式并存
    - 社会主义市场经济体制
  - 政治制度
    - 人民代表大会制度
      - 基本内容、历史发展
      - 实质
      - 优越性
    - 选举制度
      - 概念及其历史发展
      - 基本原则：普遍性、平等性、直接与间接选举并用、无记名投票
      - 组织和程序
    - 中国共产党领导的多党合作和政治协商制度
      - 含义、特征、重要作用
      - 中国人民政治协商会议[政协]
      - 选举民主与协商民主
    - 民族区域自治制度：概念、建立原则与类型、意义
    - 基层群众自治制度
      - 概念、特点
      - 内容：基层群众性自治组织及其与基层政权的关系
  - 文化制度：含义、内容、发展与完善
  - 社会制度：含义、内容、发展与完善
  - 生态文明制度：含义、内容、发展与完善

【通关提要(提纲挈领)】

本章主要介绍国家基本制度，主要包括经济制度、政治制度、文化制度、社会制度及生态文明制度的相关知识。学习时，要熟悉各种制度的含义和内容；重点掌握经济制度中的所有制结构，政治制度中的人民代表大会制度、选举制度、民族区域自治制度、基层群众自治制度等相关内容。本章考查频次较高，应结合相应的《宪法》条文充分理解重点内容。本章各种题型都有可能考查，特别是简答题和论述题，内容比较专且杂，要理解记忆。

5.2　考研真题与典型题详解

一、单项选择题

1. 社会主义公有制是我国经济制度的基础。根据现行《宪法》的规定，关于基本经济制度的表述，下列哪一选项是正确的？(　　)［2016 年法考真题］

A. 国家财产主要由国有企业组成

B. 城市的土地属于国家所有

C. 农村和城市郊区的土地都属于集体所有

D. 国营经济是社会主义全民所有制经济，是国民经济中的主导力量

【解析】A 项，在我国，国有企业和国有自然资源是国家财产的主要部分。此外，国家机关、事业单位、部队等全民单位的财产也是国有财产的重要组成部分。

BC 两项，《宪法》第 10 条第 1、2 款规定，城市的土地属于国家所有。农村和城市郊区的土地，除由法律规定属于国家所有的以外，属于集体所有；宅基地和自留地、自留山，也属于集体所有。

D 项，1993 年以前，社会主义全民所有制经济一般被称为国营经济。1993 年 3 月 29 日，第八届全国人大一次会议通过的宪法修正案将“国营经济”修改为“国有经济”。《宪法》第 7 条规定：“国有经济，即社会主义全民所有制经济，是国民经济中的主导力量。国家保障国有经济的巩固和发展。”

2. 下列关于我国社会主义公有制的表述，正确的是(　　)。［2019 年法硕(法学)真题］

A. 国有经济是国民经济的重要组成部分

B. 集体所有制经济是公有制经济的主导力量

C. 农村实行集体所有制，城镇实行全民所有制

D. 社会主义公有制包括全民所有制和劳动群众集体所有制

【解析】D 项，《宪法》第 6 条规定，中华人民共和国的社会主义经济制度的基础是生产资料的社会主义公有制，即全民所有制和劳动群众集体所有制。公有制经济在成分上不仅包括全民所有制经济、劳动群众集体所有制经济，还包括混合所有制经济中的国有成分和集体成分。公有制经济实现的方式应该是多样的，应该根据现阶段生产力的发展状况来确定。

AB 两项，国有经济，即社会主义全民所有制经济，是国民经济中的主导力量。国家保障国有经济的巩固和发展。在法律规定范围内的个体经济、私营经济等非公有制经济，是社会主义市场经济的重要组成部分。国家保护个体经济、私营经济等非公有制经济的合法的权利和利益。国家鼓励、支持和引导非公有制经济的发展，并对非公有制经济依法实行监督和管理。

C 项，《宪法》第 8 条规定，农村集体经济组织实行家庭承包经营为基础、统分结合的双层经营体制。农村中的生产、供销、信用、消费等各种形式的合作经济，是社会主义劳动群众集体所有制经济。城镇中的手工业、工业、建筑业、运输业、商业、服务业等行业

1B　2D

的各种形式的合作经济，都是社会主义劳动群众集体所有制经济。故农村的土地实行集体所有制，城镇也有集体所有制经济。

3. 根据我国宪法，下列关于自然资源制度的表述，正确的是(　　)。[2021年法硕(法学、非法学)真题]

A. 山岭、草原、荒地和滩涂，可以属于集体所有

B. 为了保护生物多样性，国家禁止自然资源的开发利用

C. 森林专属集体所有

D. 土地、矿藏、水流专属国家所有

【解析】《宪法》第9条规定："矿藏、水流、森林、山岭、草原、荒地、滩涂等自然资源，都属于国家所有，即全民所有；由法律规定属于集体所有的森林和山岭、草原、荒地、滩涂除外。国家保障自然资源的合理利用，保护珍贵的动物和植物。禁止任何组织或者个人用任何手段侵占或者破坏自然资源。"

4. 下列有关我国土地制度的表述，正确的是(　　)。[2020年法硕(法学)真题]

A. 荒地属于国家所有

B. 宅基地和自留地、自留山属于集体所有

C. 为提高土地利用效率，土地所有权可以转让

D. 城市郊区的土地除由法律规定属于集体所有的以外，属于国家所有

【解析】A项，《宪法》第9条第1款规定，矿藏、水流、森林、山岭、草原、荒地、滩涂等自然资源，都属于国家所有，即全民所有；由法律规定属于集体所有的森林和山岭、草原、荒地、滩涂除外。

BD两项，《宪法》第10条第1、2款规定，城市的土地属于国家所有。农村和城市郊区的土地，除由法律规定属于国家所有的以外，属于集体所有；宅基地和自留地、自留山，也属于集体所有。D项，国家所有的城郊土地由法律明文规定，法律并未明确规定国家所有的城郊土地属于集体所有。

C项，我国土地所有权为国家所有或集体所有，土地所有权不可以转让，转让的是土地使用权。

5. 关于经济制度与宪法关系，下列哪一选项是错误的？(　　)[2009年法考真题]

A. 自德国魏玛宪法以来，经济制度便成为现代宪法的重要内容之一

B. 宪法对经济关系特别是生产关系的确认与调整构成一国的基本经济制度

C. 我国宪法修正案第十六条规定，法律范围内的非公有制经济是社会主义市场经济的重要组成部分

D. 私有财产神圣不可侵犯是我国宪法的一项基本原则

【解析】D项，《宪法》第13条第1款规定，公民的合法的私有财产不受侵犯。第12条第1款规定，社会主义的公共财产神圣不可侵犯。"私有财产神圣不可侵犯"的说法是对上述法条的混淆。

3A　4B　5D

A 项，魏玛宪法是现代宪法的“始祖”，在世界宪法历史上占据举足轻重的地位。魏玛宪法中对于经济制度的重视为后世所效仿。

B 项，经济制度是指一国通过宪法和法律调整以生产资料所有制形式为核心的各种基本经济关系的规则、原则和政策的总称。宪法是国家根本法，在确认经济关系的诸多法律、法规和政策中，宪法是最基本的形式。即宪法对经济关系特别是生产关系的确认与调整构成一国的基本经济制度。

C 项，1999 年《宪法修正案》第 16 条规定，在法律范围内的个体经济、私营经济等非公有制经济，是社会主义市场经济的重要组成部分。

6. 关于中国人民政治协商会议的说法，下列正确的是(　　)。[2018 年法硕(法学)真题]

A. 中国人民政治协商会议由选民选举产生，对选民负责

B. 中国人民政治协商会议与全国人民代表大会共同行使国家立法权

C. 现行宪法在“国家机构”一章中规定了中国人民政治协商会议参政议政的职能

D. 1949 年中国人民政治协商会议通过了《共同纲领》，行使了一定范围的制宪权

【解析】A 项，政协委员的产生程序是参加各单位政协的提名推荐，中共党委有关部门对推荐的名单进行综合评定，并同各推荐单位协商，形成建议名单，再将建议名单报到政协常务委员会进行协商，经全部常务委员过半数同意通过。

B 项，全国人民代表大会和全国人民代表大会常务委员会行使国家立法权。中国人民政治协商会议的职能是政治协商、民主监督、参政议政，没有立法权。

C 项，现行宪法仅在序言中规定了“中国人民政治协商会议是有广泛代表性的统一战线组织”。

D 项，《共同纲领》起临时宪法的作用，中国人民政治协商会议行使了一定范围的制宪权。

7. 下列有关我国人民代表大会制度的表述，正确的是(　　)。[2020 年法硕(法学)真题]

A. 人民代表大会制度是我国的国体

B. 全国人民代表大会行使一切国家权力

C. 各级人民代表大会是人民行使国家权力的机关

D. 人民代表大会制度确立了立法机关、行政机关和司法机关的相互监督关系

【解析】A 项，人民代表大会制度是我国的政权组织形式，是中国的根本政治制度，即政体。国体，又称国家性质，是指各个阶级在国家中的地位，人民民主专政的社会主义国家是我国的国体。

BC 两项，《宪法》第 2 条规定，中华人民共和国的一切权力属于人民。但这并不表示全国人民代表大会行使一切权力，如行政权由各级政府行使，司法权由人民法院、人民检察院行使。人民行使国家权力的机关是全国人民代表大会和地方各级人民代表大会。

D 项，人民代表大会制度，是指人民通过选举的方式，选举代表组成各级国家权力机关，由各级国家权力机关产生其他的国家机关，其他国家机关对权力机关负责，权力机关

6D　7C

对人民负责的一种制度。我国采用的不是三权分立制度，全国人大不受其他国家机关的监督，受人民监督。

8. 关于县人大代表的选举，下列说法正确的是(　　)。[2019年法考真题]

A. 县人大代表的选举由县人大主席团主持

B. 10个选民联名有权提出县人大代表候选人

C. 县人大代表选举时，候选人的人数比应选代表人数至少应多出1/5，至多多出1/2倍

D. 县人大代表的选举与罢免，均要求全体选民过半同意

【解析】A项，乡级和县级人大代表由选民直接选举，主持组织为选举委员会。

B项，直接选举时，10个选民联名有权提候选人，政党和人民团体可以单独提，也可以联合提名候选人。

C项，直接选举时，候选人比应选人至少多出1/3倍，至多多出1倍。间接选举时，候选人比应选人至少多出1/5倍，至多多出1/2倍。

D项，直接选举的选举，要求"双过半"，即全体选民过半投票，获得过半选票即可当选。直接选举的罢免则要求"全过半"，即全体选民过半同意。

9. 根据《宪法》和法律规定，关于人民代表大会制度，下列哪一选项是不正确的？(　　)[2011年法考真题]

A. 人民代表大会制度体现了一切权力属于人民的原则

B. 地方各级人民代表大会是地方各级国家权力机关

C. 全国人民代表大会是最高国家权力机关

D. 地方各级国家权力机关对最高国家权力机关负责，并接受其监督

【解析】D项，全国人大与地方各级人大之间以及地方各级人大之间并没有隶属关系，上级人大只是有权依照宪法和法律监督、指导下级人大的工作。地方各级人大是本地方人民行使国家权力的机关，依照法律规定的权限决定本行政区域内的重大事项。所以，地方各级国家权力机关并不需要对最高国家权力机关负责。

A项，《宪法》第2条第1、2款规定，中华人民共和国的一切权力属于人民。人民行使国家权力的机关是全国人民代表大会和地方各级人民代表大会。"一切权力属于人民"的原则是人民代表大会制度的核心原则。

BC两项，《宪法》第57条规定，中华人民共和国全国人民代表大会是最高国家权力机关。第96条规定，地方各级人民代表大会是地方国家权力机关。

10. 下列关于人大代表直接选举的表述，正确的是(　　)。[2024年法硕(非法学)真题]

A. 设区的市人大代表由选民直接选举产生

B. 选区均按照居住状况进行划分

C. 代表候选人可由各选区选民和各政党、各人民团体推荐

D. 当选代表名单由人民代表大会主席团予以公布

8B　9D　10C

【解析】A 项，《选举法》第 3 条规定：“全国人民代表大会的代表，省、自治区、直辖市、设区的市、自治州的人民代表大会的代表，由下一级人民代表大会选举。不设区的市、市辖区、县、自治县、乡、民族乡、镇的人民代表大会的代表，由选民直接选举。”即设区的市人大代表由下一级人民代表大会选举，属于间接选举。

B 项，根据《选举法》第 25 条第 1 款规定，选区既可以按照居住状况划分，也可以按照生产单位、事业单位、工作单位划分。

C 项，根据《选举法》第 30 条规定，全国和地方各级人民代表大会的代表候选人，按选区或选举单位提名产生。各政党、各人民团体，可以联合或者单独推荐代表候选人。选民或者代表，十人以上联名，也可以推荐代表候选人。

D 项，选举结果由选举委员会或人大主席团根据《选举法》确定是否有效，并予以宣布。当选代表名单由县级以上的各级人民代表大会常务委员会或者乡、民族乡、镇的人民代表大会主席团在每届人民代表大会第一次会议前公布。

11. 根据《选举法》，下列关于直接选举的表述，正确的是（　　）。[2019 年法硕（法学）真题]

A. 县级人大代表的选举由县级人大常委会主持

B. 当选人数少于应选代表名额的，应重新投票

C. 选举所投的票数多于投票人数的，该次选举无效

D. 代表候选人获得全体选民过半数的选票，始得当选

【解析】按照《宪法》和《选举法》的规定，我国在县级以及县级以下实行直接选举，县级以上实行间接选举。直接选举是指由选民直接投票选举人民代表大会代表的一种选举。间接选举是指由下一级人民代表大会代表选举上一级人民代表大会代表的一种选举。

A 项，按照法律规定，我国主持选举工作的机构有两种：①在实行间接选举的地方，由本级人大常委会主持选举；②在实行直接选举的地方，设立选举委员会主持本级人大的选举。县级人大代表的选举属于直接选举，应当由设立的选举委员会主持。

B 项，《选举法》第 45 条第 3 款规定，获得过半数选票的当选代表的人数少于应选代表的名额时，不足的名额另行选举。另行选举时，根据在第一次投票时得票多少的顺序，按照本法第 30 条规定的差额比例，确定候选人名单。如果只选 1 人，候选人应为 2 人。

C 项，《选举法》第 44 条规定，每次选举所投的票数，多于投票人数的无效，等于或者少于投票人数的有效。

D 项，《选举法》第 45 条第 1 款规定，在选民直接选举人民代表大会代表时，选区全体选民的过半数参加投票，选举有效。代表候选人获得参加投票的选民过半数的选票时，始得当选。这里不要求获得全体选民过半数。

12. 张某长期在外打工，返乡时恰逢乡人大换届选举。根据选举法，张某可以向法院起诉的情形是（　　）。[2017 年法硕（非法学）真题]

A. 选举委员会宣布张某当选无效

11C　12B

B. 选举委员会未将张某列入选民名单

C. 张某和其他选民联名提出代表候选人被拒绝

D. 选举委员会不同意张某委托其他选民代为投票

【解析】《选举法》第11条规定，选举委员会履行下列职责：①划分选举本级人民代表大会代表的选区，分配各选区应选代表的名额；②进行选民登记，审查选民资格，公布选民名单；受理对于选民名单不同意见的申诉，并作出决定；③确定选举日期；④了解核实并组织介绍代表候选人的情况；根据较多数选民的意见，确定和公布正式代表候选人名单；⑤主持投票选举；⑥确定选举结果是否有效，公布当选代表名单；⑦法律规定的其他职责。选举委员会应当及时公布选举信息。第29条规定，对于公布的选民名单有不同意见的，可以在选民名单公布之日起5日内向选举委员会提出申诉。选举委员会对申诉意见，应在3日内作出处理决定。申诉人如果对处理决定不服，可以在选举日的5日以前向人民法院起诉，人民法院应在选举日以前作出判决。人民法院的判决为最后决定。

A项，根据《选举法》第46条规定，选举结果由选举委员会或者人民代表大会主席团根据本法确定是否有效，并予以宣布。

B项，如果选举委员会未将张某列入选民名单，张某可以向选举委员会提出申诉，选举委员会应在3日内作出处理决定。张某对该决定不服的可以向人民法院提起诉讼。

C项，根据《选举法》第32条规定，选举委员会有权确定正式代表候选人的名单。张某和其他选民联名提出的代表候选人不一定必然被列入正式代表候选人名单。

D项，根据《选举法》第42条规定，委托其他选民代为投票，必须经选举委员会同意。选举委员会不同意的，不得代为投票。

13. 2014年春节期间，县人大代表刘某因酒后交通肇事逃逸，涉嫌犯罪，县公安局拟对其实施逮捕。对此，下列做法中正确的是(　　)。[2015年法硕(非法学)真题]

A. 公安局可自行决定并实施逮捕

B. 公安局经县人民法院决定后可实施逮捕

C. 公安局经县人民检察院批准后可实施逮捕

D. 非经县人大常委会许可，公安局不得实施逮捕

【解析】《地方组织法》第35条规定，县级以上的地方各级人民代表大会代表，非经本级人民代表大会主席团许可，在大会闭会期间，非经本级人民代表大会常务委员会许可，不受逮捕或者刑事审判。如果因为是现行犯被拘留，执行拘留的公安机关应当立即向该级人民代表大会主席团或者常务委员会报告。本题中，刘某为县人大代表，在人大闭会期间，非经县人大常委会许可，公安局不得实施逮捕。

14. 根据我国民族区域自治制度，关于民族自治县，下列哪一选项是错误的？(　　)[2017年法考真题]

A. 自治机关保障本地方各民族都有保持或改革自己风俗习惯的自由

B. 经国务院批准，可开辟对外贸易口岸

13D　14D

C. 县人大常委会中应有实行区域自治的民族的公民担任主任或者副主任

D. 县人大可自行变通或者停止执行上级国家机关的决议、决定、命令和指示

【解析】A 项，《民族区域自治法》第 10 条规定，民族自治地方的自治机关保障本地方各民族都有使用和发展自己的语言文字的自由，都有保持或者改革自己的风俗习惯的自由。

B 项，《民族区域自治法》第 31 条第 1 款规定，民族自治地方依照国家规定，可以开展对外经济贸易活动，经国务院批准，可以开辟对外贸易口岸。

C 项，《民族区域自治法》第 16 条第 3 款规定，民族自治地方的人民代表大会常务委员会中应当有实行区域自治的民族的公民担任主任或者副主任。

D 项，《民族区域自治法》第 20 条规定，上级国家机关的决议、决定、命令和指示，如有不适合民族自治地方实际情况的，自治机关可以报经该上级国家机关批准，变通执行或者停止执行；该上级国家机关应当在收到报告之日起 60 日内给予答复。可知，自治地方变通执行或停止执行权须上级国家机关批准，并不能自行变通或停止执行。

15. 关于各少数民族人大代表的选举，下列哪一选项是不正确的？（　　）[2012 年法考真题]

A. 有少数民族聚居的地方，每一聚居的少数民族都应有代表参加当地的人民代表大会

B. 散居少数民族应选代表，每一代表所代表的人口数可少于当地人民代表大会每一代表所代表的人口数

C. 聚居境内同一少数民族的总人口占境内总人口数 30% 以上的，每一代表所代表的人口数应相当于当地人民代表大会每一代表所代表的人口数

D. 实行区域自治人口特少的自治县，每一代表所代表的人口数可以少于当地人民代表大会每一代表所代表的人口数的 1/2

【解析】D 项，《选举法》第 19 条第 3 款规定，聚居境内同一少数民族的总人口数不足境内总人口数 15% 的，每一代表所代表的人口数可以适当少于当地人民代表大会每一代表所代表的人口数，但不得少于 1/2；实行区域自治的民族人口特少的自治县，经省、自治区的人民代表大会常务委员会决定，可以少于 1/2。人口特少的其他聚居民族，至少应有代表 1 人。

AC 两项，《选举法》第 19 条第 1、2 款规定，有少数民族聚居的地方，每一聚居的少数民族都应有代表参加当地的人民代表大会。聚居境内同一少数民族的总人口数占境内总人口数 30% 以上的，每一代表所代表的人口数应相当于当地人民代表大会每一代表所代表的人口数。

B 项，《选举法》第 21 条第 1 款规定，散居的少数民族应选当地人民代表大会的代表，每一代表所代表的人口数可以少于当地人民代表大会每一代表所代表的人口数。

16. 根据《村民委员会组织法》的规定，下列选项正确的是（　　）。[2019 年法考真题]

A. 村民委员会每届任期 5 年，村民委员会成员连续任职不得超过 2 届

B. 村委会有权审议村民会议的工作报告，评议村民

15D　16D

C. 村委会协助乡、民族乡、镇人民政府开展工作，乡、民族乡、镇人民政府领导、支持、帮助村委会的事务，但不得干预自治事项

D. 村民委员会成员丧失行为能力的，其职务自行终止

【解析】A项，《村民委员会组织法》第11条规定，村民委员会主任、副主任和委员，由村民直接选举产生。任何组织或者个人不得指定、委派或者撤换村民委员会成员。村民委员会每届任期五年，届满应当及时举行换届选举。村民委员会成员可以连选连任。

B项，《村民委员会组织法》第23条第1款规定，村民会议审议村民委员会的年度工作报告，评议村民委员会成员的工作；有权撤销或者变更村民委员会不适当的决定；有权撤销或者变更村民代表会议不适当的决定。

C项，《村民委员会组织法》第5条规定，乡、民族乡、镇的人民政府对村民委员会的工作给予指导、支持和帮助，但是不得干预依法属于村民自治范围内的事项。村民委员会协助乡、民族乡、镇的人民政府开展工作。

D项，《村民委员会组织法》第18条规定，村民委员会成员丧失行为能力或者被判处刑罚的，其职务自行终止。

17. 某乡政府为有效指导、支持和帮助村民委员会的工作，根据相关法律法规，结合本乡实际作出了下列规定，其中哪一规定是合法的？(　　)[2016年法考真题]

A. 村委会的年度工作报告由乡政府审议

B. 村民会议制定和修改的村民自治章程和村规民约，报乡政府备案

C. 对登记参加选举的村民名单有异议并提出申诉的，由乡政府作出处理并公布处理结果

D. 村委会组成人员违法犯罪不能继续任职的，由乡政府任命新的成员暂时代理至本届村委会任期届满

【解析】A项，《村民委员会组织法》第2条第3款规定，村民委员会向村民会议、村民代表会议负责并报告工作。第23条规定，村民会议审议村民委员会的年度工作报告，评议村民委员会成员的工作；有权撤销或者变更村民委员会不适当的决定；有权撤销或者变更村民代表会议不适当的决定。村民会议可以授权村民代表会议审议村民委员会的年度工作报告，评议村民委员会成员的工作，撤销或者变更村民委员会不适当的决定。可见，村委会的年度工作报告由村民会议或村民代表会议审议。

B项，《村民委员会组织法》第27条第1款规定，村民会议可以制定和修改村民自治章程、村规民约，并报乡、民族乡、镇的人民政府备案。

C项，《村民委员会组织法》第14条第2款规定，对登记参加选举的村民名单有异议的，应当自名单公布之日起5日内向村民选举委员会申诉，村民选举委员会应当自收到申诉之日起3日内作出处理决定，并公布处理结果。可见，对登记参加选举的村民名单的申诉，村民选举委员会是处理机构。

D项，《村民委员会组织法》第18条规定，村民委员会成员丧失行为能力或者被判处刑罚的，其职务自行终止。第19条规定，村民委员会成员出缺，可以由村民会议或者村民代

17B

表会议进行补选。补选程序参照本法第 15 条的规定办理。补选的村民委员会成员的任期到本届村民委员会任期届满时止。

18. 下列关于我国居民委员会的表述，正确的是(　　)。[2020 年法硕(法学)真题]

A. 居民委员会是一级政权机关

B. 居民委员会每届任期五年，其成员不可连选连任

C. 居民委员会须接受基层人民政府的领导

D. 居民委员会中从事管理的人员受监察机关的监察

【解析】D 项，居民委员会、村民委员会等村基层组织人员协助人民政府从事部分行政管理工作，属于国家工作人员履行职务的行为，受监察机关的监察。

A 项，居民委员会属于基层群众性自治组织，具有基层性、群众性、自治性的特点。在性质上，基层群众性自治组织不是一级政权机关。

B 项，居民委员会每届任期 5 年，其成员可以连选连任。

C 项，居民委员会协助人民政府或它的派出机关做好与居民利益有关的工作，它不受基层人民政府的领导，政府只能进行指导。

19. 根据村民委员会组织法，下列关于村务监督机构的表述，正确的是(　　)。[2019 年法硕(法学)真题]

A. 村务监督机构有权撤销村委会的决定

B. 村务监督机构成员在村民代表中推选产生

C. 村务监督机构负责村民民主理财和村务公开工作

D. 村务监督机构成员向村民会议和村民代表会议负责

【解析】A 项，《村民委员会组织法》第 23 条规定，村民会议审议村民委员会的年度工作报告，评议村民委员会成员的工作；有权撤销或者变更村民委员会不适当的决定；有权撤销或者变更村民代表会议不适当的决定。村民会议可以授权村民代表会议审议村民委员会的年度工作报告，评议村民委员会成员的工作，撤销或者变更村民委员会不适当的决定。

BC 两项，《村民委员会组织法》第 32 条规定，村应当建立村务监督委员会或者其他形式的村务监督机构，负责村民民主理财，监督村务公开等制度的落实，其成员由村民会议或者村民代表会议在村民中推选产生。其中应有具备财会、管理知识的人员。

D 项，村务监督机构成员向村民会议和村民代表会议负责，可以列席村民委员会会议。

20. 关于宪法与文化制度的关系，下列哪一选项是不正确的？(　　)[2012 年法考真题]

A. 宪法规定的文化制度是基本文化制度

B.《魏玛宪法》第一次比较全面系统规定了文化制度

C. 宪法规定的公民文化教育权利是文化制度的重要内容

D. 保护知识产权是我国宪法规定的基本文化权利

【解析】D 项，知识产权属于财产权范畴，财产权是我国宪法所确认的基本权利，但知识产权不属于宪法所确立的文化制度范畴。

18D　19D　20D

A项，宪法是国家的根本法，宪法具有最高法律效力。在内容上，宪法规定一个国家最根本、最核心的问题。诸如国家的性质、国家的政权组织形式、国家的结构形式、国家的基本制度、公民的基本权利和义务等，因此，宪法规定的文化制度是基本文化制度。

B项，1919年德国魏玛宪法不仅详尽地规定公民的文化权利，而且还明确地规定了国家的基本文化政策。这部宪法第一次比较全面系统地规定了文化制度，为许多资本主义国家宪法所效仿。

C项，《宪法》第19条第1、2款规定，国家发展社会主义的教育事业，提高全国人民的科学文化水平。国家举办各种学校，普及初等义务教育，发展中等教育、职业教育和高等教育，并且发展学前教育。据此，公民文化教育权利是文化制度的重要内容。

21. 近代意义宪法产生以来，文化制度便是宪法的内容。关于两者的关系，下列哪一选项是不正确的？(　　)［2013年法考真题］

A. 1787年美国宪法规定了公民广泛的文化权利和国家的文化政策

B. 1919年德国魏玛宪法规定了公民的文化权利

C. 我国现行宪法对文化制度的原则、内容等做了比较全面的规定

D. 公民的文化教育权、国家机关的文化教育管理职权和文化政策，是宪法文化制度的主要内容

【解析】A项，美国1787年宪法的主要内容包括宪法至上原则、人人平等原则、三权分立原则以及联邦体制，几乎没有对于文化权利和国家的文化政策的规定。

B项，公民的文化权利最早体现在德国1919年的《魏玛宪法》中。该宪法第118条规定，德国人民，在法律限制的范围内，有用语言、文字、印刷、图书或其他方法，自由发表其意见之权，并不得因劳动或雇佣关系，剥夺此种权利。

CD两项，文化制度包括公民的文化教育权、国家机关的文化教育管理职权和文化政策等内容。我国现行宪法对文化制度的原则、内容等作了比较全面和系统的规定。《宪法》第19条第1款规定，国家发展社会主义的教育事业，提高全国人民的科学文化水平。第46条第1款规定，中华人民共和国公民有受教育的权利和义务。

22. 国家的基本社会制度是国家制度体系中的重要内容。根据我国宪法规定，关于国家基本社会制度，下列哪一表述是正确的？(　　)［2015年法考真题］

A. 国家基本社会制度包括发展社会科学事业的内容

B. 社会人才培养制度是我国的基本社会制度之一

C. 关于社会弱势群体和特殊群体的社会保障的规定是对平等原则的突破

D. 社会保障制度的建立健全同我国政治、经济、文化和生态建设水平相适应

【解析】B项，我国现行宪法对基本社会制度的规定主要包括以下内容：社会保障制度、医疗卫生事业、劳动保障制度、社会人才培养制度、计划生育制度、社会秩序及安全维护制度。

A项，发展社会科学事业是国家基本文化制度的内容。

21A　22B

C 项，关于社会弱势群体和特殊群体的社会保障的规定是社会实质平等原则的体现，是平等权在特定领域中的体现，是以禁止差别为义务的权利形态或法律原则。

D 项，社会保障制度是基本社会制度的核心内容。《宪法》第 14 条第 4 款规定，国家建立健全同经济发展水平相适应的社会保障制度。

二、多项选择题

1. 根据《宪法》的规定，下列哪些选项是正确的？（　　）［2012 年法考真题］

A. 社会主义的公共财产神圣不可侵犯

B. 社会主义的公共财产包括国家的和集体的财产

C. 国家可以对公民的私有财产实行无偿征收或征用

D. 土地的使用权可以依照法律的规定转让

【解析】A 项，《宪法》第 12 条第 1 款规定，社会主义的公共财产神圣不可侵犯。

B 项，《宪法》第 12 条第 2 款规定，国家保护社会主义的公共财产。禁止任何组织或者个人用任何手段侵占或者破坏国家的和集体的财产。据此，社会主义的公共财产包括国家和集体的财产。

C 项，《宪法》第 13 条第 3 款规定，国家为了公共利益的需要，可以依照法律规定对公民的私有财产实行征收或者征用并给予补偿。即对私有财产征收或征用，需要依法给予补偿。

D 项，《宪法》第 10 条第 4 款规定，任何组织或者个人不得侵占、买卖或者以其他形式非法转让土地。土地的使用权可以依照法律的规定转让。

2. 根据《选举法》的规定，关于选举制度，下列哪些选项是正确的？（　　）［2014 年法考真题］

A. 全国人大和地方人大的选举经费，列入财政预算，由中央财政统一开支

B. 全国人大常委会主持香港特别行政区全国人大代表选举会议第一次会议，选举主席团，之后由主席团主持选举

C. 县级以上地方各级人民代表大会举行会议的时候，三分之一以上代表联名，可以提出对由该级人民代表大会选出的上一级人大代表的罢免案

D. 选民或者代表 10 人以上联名，可以推荐代表候选人

【解析】A 项，《选举法》第 8 条规定，全国人民代表大会和地方各级人民代表大会的选举经费，列入财政预算，由国库开支。即全国人民代表大会和地方各级人民代表大会因选举而发生的各项费用，均由国库开支，而非中央财政开支。

B 项，香港特别行政区全国人大代表的选举与一般省级地方人大的选举不同，采用选举会议的方式进行。香港特别行政区全国人大代表选举会议第一次会议由全国人民代表大会常务委员会召集，根据全国人民代表大会常务委员会委员长会议的提名，推选选举会议成员组成主席团。主席团从其成员中推选常务主席一人。主席团主持选举会议。主席团常务主席主持主席团会议。

1ABD　2BD

C项，《选举法》第51条第1款规定，县级以上的地方各级人民代表大会举行会议的时候，主席团或者1/10以上代表联名，可以提出对由该级人民代表大会选出的上一级人民代表大会代表的罢免案。据此，对由该级人民代表大会选出的上一级人民代表大会代表的罢免案仅需1/10以上代表联名即可提出。

D项，《选举法》第30条第2款规定，各政党、各人民团体，可以联合或者单独推荐代表候选人。选民或者代表，10人以上联名，也可以推荐代表候选人。

3. 根据《宪法》，关于中国人民政治协商会议，下列哪些选项是正确的？(　　)[2013年法考真题]

A. 中国人民政治协商会议是具有广泛代表性的统一战线组织

B. 中国人民政治协商会议是重要的国家机关

C. 中国共产党领导的多党合作和政治协商制度将长期存在和发展

D. 中国共产党领导的爱国统一战线将继续巩固和发展

【解析】中国人民政治协商会议是中国人民爱国统一战线的组织，是中国共产党领导的多党合作和政治协商的重要机构，是各党派、民主团体参政、议政的机关，并非国家机关。

4. 根据我国宪法的规定，下列哪些选项是正确的？(　　)[2007年法考真题]

A. 中国人民政治协商会议是我国统一战线的组织形式

B. 中国人民政治协商会议是我国国家机构体系的重要组成部分

C. 1993年我国通过的宪法修正案将"中国共产党领导的多党合作和政治协商将长期存在和发展"写进了宪法

D. 中国人民政治协商会议有权审议政府工作报告

【解析】A项，《宪法》序言规定，中国人民政治协商会议是有广泛代表性的统一战线组织，过去发挥了重要的历史作用，今后在国家政治生活、社会生活和对外友好活动中，在进行社会主义现代化建设、维护国家的统一和团结的斗争中，将进一步发挥它的重要作用。

B项，国家机关是指行使国家权力，进行国家管理的机关。包括国家元首、权力机关、行政机关、审判机关、检察机关和军队。中国人民政治协商会议作为我国爱国统一战线组织，是各政党、各民主团体参政、议政，发扬社会主义民主和实现各党派之间相互监督的重要形式，但它不是国家机关。

C项，1993年《宪法修正案》第4条规定，中国共产党领导的多党合作和政治协商制度将长期存在和发展。

D项，中国人民政治协商会议的重要职能是参政议政，中国人民政治协商会议全国委员会的委员有权列席全国人民代表大会会议，听取政府工作报告，但是无权审议政府工作报告。

5. 根据《宪法》和法律的规定，关于民族区域自治制度，下列哪些选项是正确的？(　　)[2014年法考真题]

A. 民族自治地方法院的审判工作，受最高法院和上级法院监督

3ACD　4AC　5AB

B. 民族自治地方的政府首长由实行区域自治的民族的公民担任，实行首长负责制

C. 民族自治区的自治条例和单行条例报全国人大批准后生效

D. 民族自治地方自主决定本地区人口政策，不实行计划生育

【解析】A项，《民族区域自治法》第46条第2款规定，民族自治地方人民法院的审判工作，受最高人民法院和上级人民法院监督。

B项，《宪法》第114条规定，自治区主席、自治州州长、自治县县长由实行区域自治的民族的公民担任。我国各级行政机关均实行行政首长负责制，包括民族自治地方政府，也包括地方各级人民政府。

C项，《宪法》第116条规定，自治区的自治条例和单行条例，报全国人民代表大会常务委员会批准后生效。

D项，《民族区域自治法》第44条规定，民族自治地方实行计划生育和优生优育，提高各民族人口素质。民族自治地方的自治机关根据法律规定，结合本地方的实际情况，制定实行计划生育的办法。据此，民族自治地方不能自主决定本地区的人口政策，仍然要实行计划生育政策，但其可以制定符合本地区实际情况的计划生育办法。

6. 关于四川省某自治州和上级国家机关的关系，下列表述正确的有（　　）。[2020年法硕(法学)真题]

A. 该自治州州长由四川省人民政府任命

B. 四川省人大有权为该自治州制定自治条例

C. 该自治州单行条例由四川省人大常委会批准后生效

D. 该自治州单行条例可以对四川省人大制定的地方性法规作出变通规定

【解析】A项，地方各级人民政府的领导人员即正职和副职，县级以上地方各级人民法院院长和人民检察院检察长均由本级人大选举产生。本题中，自治州州长由本级人大选举产生。

BC两项，根据《宪法》和《民族区域自治法》的规定，民族自治地方的人民代表大会有权根据当地民族的政治、经济和文化的特点，制定自治条例和单行条例。自治区人民代表大会制定的自治条例和单行条例，报全国人民代表大会常务委员会批准后生效；自治州、县人民代表大会制定的自治条例和单行条例，报省、自治区、直辖市人民代表大会常务委员会批准后生效。

D项，单行条例，是指由民族自治地方的人大在自治权的范围内根据当地民族政治、经济、文化等各方面的特点，针对某一方面的具体问题而制定的，在本区域内实施的规范性文件。民族自治地方的人大有权依照当地的政治、经济、文化的特点，对地方性法规作出变通规定。

7. 某村村委会未经村民会议讨论，制定了土地承包经营方案，侵害了村民的合法权益，引发了村民的强烈不满。根据《村民委员会组织法》的规定，下列哪些做法是正确的？（　　）[2015年法考真题]

6CD　7ABCD

A. 村民会议有权撤销该方案

B. 由该村所在地的乡镇级政府责令改正

C. 受侵害的村民可以申请法院予以撤销

D. 村民代表可以就此联名提出罢免村委会成员的要求

【解析】A项,《村民委员会组织法》第23条第1款规定,村民会议审议村民委员会的年度工作报告,评议村民委员会成员的工作;有权撤销或者变更村民委员会不适当的决定;有权撤销或者变更村民代表会议不适当的决定。

BC两项,《村民委员会组织法》第36条规定,村民委员会或者村民委员会成员作出的决定侵害村民合法权益的,受侵害的村民可以申请人民法院予以撤销,责任人依法承担法律责任。村民委员会不依照法律、法规的规定履行法定义务的,由乡、民族乡、镇的人民政府责令改正。乡、民族乡、镇的人民政府干预依法属于村民自治范围事项的,由上一级人民政府责令改正。

D项,《村民委员会组织法》第16条第1款规定,本村1/5以上有选举权的村民或者1/3以上的村民代表联名,可以提出罢免村民委员会成员的要求,并说明要求罢免的理由。被提出罢免的村民委员会成员有权提出申辩意见。

8. 关于村庄治理,下列有关说法正确的是(　　)。[2018年法考真题]

A. 村民代表应当向其推选户或者村民小组负责,接受村民监督

B. 村务监督机构成员向村民委员会负责,可以列席村民委员会会议

C. 村民委员会工作移交由村民选举委员会主持,由乡、民族乡、镇的人民政府监督

D. 村民会议有权撤销或者变更村民委员会不适当的决定;有权撤销或者变更村民代表会议不适当的决定

【解析】A项,村民代表由村民推选产生,自然要对推选户或村民小组负责,并受其监督。

B项,《村民委员会组织法》第32条规定,村务监督机构成员向村民会议和村民代表会议负责,可以列席村民委员会会议。第25条规定,人数较多或者居住分散的村,可以设立村民代表会议,讨论决定村民会议授权的事项。可见,村民代表会议受村民会议的领导,村民会议有权撤销或变更其不适当的决定。

C项,村委会成员由村民直接选举产生,具体工作由选举委员会负责。

D项,村民会议和村委会之间属于领导关系,对村委会的决定既可以改变,也可以撤销。

9. 关于国家文化制度,下列哪些表述是正确的?(　　)[2015年法考真题]

A. 我国宪法所规定的文化制度包含了爱国统一战线的内容

B. 国家鼓励自学成才,鼓励社会力量依照法律规定举办各种教育事业

C. 是否较为系统地规定文化制度,是社会主义宪法区别于资本主义宪法的重要标志之一

8ACD　9BD

D. 公民道德教育的目的在于培养有理想、有道德、有文化、有纪律的社会主义公民

【解析】A 项，我国宪法所规定的文化制度包括发展教育事业、发展科学事业、发展文学艺术及其他文化事业、开展公民道德教育。爱国统一战线是我国人民民主专政的主要特色，不属于文化制度的内容。

B 项，《宪法》第 19 条第 3、4 款规定，国家发展各种教育设施，扫除文盲，对工人、农民、国家工作人员和其他劳动者进行政治、文化、科学、技术、业务的教育，鼓励自学成才。国家鼓励集体经济组织、国家企业事业组织和其他社会力量依照法律规定举办各种教育事业。

C 项，近代意义的宪法产生以来，文化制度便成为宪法不可缺少的重要内容。第二次世界大战后，资本主义的文化制度与社会主义的文化制度一方面在指导思想和基本原则上存在明显差异，另一方面在各自发展过程中也相互借鉴了有益的文化形式。因此文化制度并不能作为二者区分的标志，两种宪法区分的本质应当在于国家类型和阶级本质。

D 项，《宪法》第 24 条第 1 款规定，国家通过普及理想教育、道德教育、文化教育、纪律和法制教育，通过在城乡不同范围的群众中制定和执行各种守则、公约，加强社会主义精神文明建设。这一规定旨在培养有理想、有道德、有文化、有纪律的社会主义公民。

10. 我国的基本社会制度是基于经济、政治、文化、社会、生态文明五位一体的社会主义建设的需要，在社会领域所建构的制度体系。关于国家的基本社会制度，下列哪些选项是正确的？（　　）［2016 年法考真题］

A. 我国的基本社会制度是国家的根本制度

B. 社会保障制度是我国基本社会制度的核心内容

C. 职工的工作时间和休假制度是我国基本社会制度的重要内容

D. 加强社会法的实施是发展与完善我国基本社会制度的重要途径

【解析】A 项，《宪法》第 1 条第 2 款规定，社会主义制度是中华人民共和国的根本制度。

B 项，我国现行宪法对基本社会制度的规定主要包括社会保障制度、医疗卫生事业、劳动保障制度、人才培养制度、计划生育制度、社会秩序及安全维护制度等方面。社会保障制度是基本社会制度的核心内容。

C 项，《宪法》第 43 条第 2 款规定，国家发展劳动者休息和休养的设施，规定职工的工作时间和休假制度。职工的工作时间和休假制度是我国基本社会制度中劳动保障制度的重要内容。

D 项，完善我国基本社会制度的途径有很多种，但是加强社会法的实施和发展有助于其他途径的实施，为基本社会制度的巩固和发展提供法律支撑，创建稳定的社会环境。

三、不定项选择题

1. 根据我国《宪法》的规定，下列说法不正确的是（　　）。［2018 年法考真题］

A. 城市的土地属于国家所有，农村和城市郊区的土地，除有法律规定属于国家所有的以外，属于集体所有

10BCD ▎ 1D

B. 宅基地、自留地、自留山属于集体所有

C. 国家为了公共利益的需要，可以对土地实行征收或征用并给予补偿

D. 土地的所有权可以依照法律的规定转让

【解析】《宪法》第10条规定，城市的土地属于国家所有。农村和城市郊区的土地，除由法律规定属于国家所有的以外，属于集体所有；宅基地和自留地、自留山，也属于集体所有。国家为了公共利益的需要，可以依照法律规定对土地实行征收或者征用并给予补偿。任何组织或者个人不得侵占、买卖或者以其他形式非法转让土地。土地的使用权可以依照法律的规定转让。一切使用土地的组织和个人必须合理地利用土地。

2. 根据《宪法》规定，关于我国基本经济制度的说法，下列选项正确的是(　　)。[2014年法考真题]

A. 国家实行社会主义市场经济

B. 国有企业在法律规定范围内和政府统一安排下，开展管理经营

C. 集体经济组织实行家庭承包经营为基础、统分结合的双层经营体制

D. 土地的使用权可以依照法律的规定转让

【解析】A项，《宪法》第15条第1款规定，国家实行社会主义市场经济。

D项，《宪法》第10条第4款规定，任何组织或者个人不得侵占、买卖或者以其他形式非法转让土地。土地的使用权可以依照法律的规定转让。

B项，《宪法》第16条第1款规定，国有企业在法律规定的范围内有权自主经营。据此，国有企业在法律规定的范围内自主开展经营活动，政府不能干预国有企业的经营管理。

C项，集体经济包括农村集体经济和城镇集体经济。《宪法》第8条规定，农村集体经济组织实行家庭承包经营为基础、统分结合的双层经营体制。城镇中的手工业、工业、建筑业、交通运输业、商业、服务业等行业的各种形式的合作经济，都是社会主义劳动群众集体所有制经济。国家保护城乡集体经济组织的合法的权利和利益，鼓励、指导和帮助集体经济的发展。据此，只有农村集体经济实行双层经营体制，而城镇集体经济采取各种形式的合作经营方式。

3. 人民代表大会制度是我国的根本政治制度。关于人民代表大会制度，下列表述正确的是(　　)。[2017年法考真题]

A. 国家的一切权力属于人民，这是人民代表大会制度的核心内容和根本准则

B. 各级人大都由民主选举产生，对人民负责，受人民监督

C. “一府两院”都由人大产生，对它负责，受它监督

D. 人民代表大会制度是实现社会主义民主的唯一形式

【解析】A项，《宪法》第2条第1、2款规定，中华人民共和国的一切权力属于人民。人民行使国家权力的机关是全国人民代表大会和地方各级人民代表大会。由此可知，人民代表大会制度的核心内容是国家的一切权力属于人民。

B项，《宪法》第3条第2款规定，全国人民代表大会和地方各级人民代表大会都由民

2AD　3ABC

主选举产生，对人民负责，受人民监督。

C 项，《宪法》第 3 条第 3 款规定，国家行政机关、监察机关、审判机关、检察机关都由人民代表大会产生，对它负责，受它监督。

D 项，人民代表大会制度是我国人民行使当家作主权利、实现社会主义民主的一种形式。在各种实现社会主义民主的形式中，人民代表大会制度居于最重要的地位，但不唯一。

4. 我国宪法序言规定："中国共产党领导的多党合作和政治协商制度将长期存在和发展。"关于中国人民政治协商会议，下列选项正确的是（　　）。[2017 年法考真题]

A. 由党派团体和界别代表组成，政协委员由选举产生

B. 全国政协委员列席全国人大的各种会议

C. 是中国共产党领导的多党合作和政治协商制度的重要机构

D. 中国人民政治协商会议全国委员会和各地方委员会是国家权力机关

【解析】A 项，中国人民政治协商会议是由中国共产党领导的，有各民主党派和各人民团体参加的政治联盟。《中国人民政治协商会议组织法》第 2 条规定，凡赞成本组织法第 1 条之规定的民主党派及人民团体，经中国人民政协全国委员会协商同意，得参加中国人民政协；个人经中国人民政协全国委员会协议邀请者，亦得参加中国人民政协的全体会议，并得被选为全国委员会委员。则个人也可成为政协委员，且政协委员不由选举产生。

B 项，全国人民代表大会召开会议的时候，中国人民政治协商会议全国委员会的委员列席，听取政府工作报告或参加对某项问题的讨论，但并不是全国人大的各种会议全国政协委员都要列席。

C 项，《中国人民政治协商会议章程》总纲规定，中国人民政治协商会议是中国人民爱国统一战线的组织，是中国共产党领导的多党合作和政治协商的重要机构。

D 项，从本质上讲，政协不是国家机关，更不是国家权力机关。《宪法》第 2 条第 2 款规定，人民行使国家权力的机关是全国人民代表大会和地方各级人民代表大会。

5. 杨某与户籍在甲村的村民王某登记结婚后，与甲村村委会签订了"不享受本村村民待遇"的"入户协议"。此后，杨某将户籍迁入甲村，但与王某长期在外务工。甲村村委会任期届满进行换届选举，杨某和王某要求参加选举。对此，下列说法正确的是（　　）。[2017 年法考真题]

A. 王某因未在甲村居住，故不得被列入参加选举的村民名单

B. 杨某因与甲村村委会签订了"入户协议"，故不享有村委会选举的被选举权

C. 杨某经甲村村民会议或村民代表会议同意之后方可参加选举

D. 选举前应当对杨某进行登记，将其列入参加选举的村民名单

【解析】《村民委员会组织法》第 13 条规定，年满 18 周岁的村民，不分民族、种族、性别、职业、家庭出身、宗教信仰、教育程度、财产状况、居住期限，都有选举权和被选举权；但是，依照法律被剥夺政治权利的人除外。村民委员会选举前，应当对下列人员进行登记，列入参加选举的村民名单：①户籍在本村并且在本村居住的村民；②户籍在本村，

4C　5D

不在本村居住，本人表示参加选举的村民；③户籍不在本村，在本村居住一年以上，本人申请参加选举，并且经村民会议或者村民代表会议同意参加选举的公民。已在户籍所在村或者居住村登记参加选举的村民，不得再参加其他地方村民委员会的选举。可知，王某、杨某户籍在本村，且表示参加选举，应当列入选民名单，不因未在甲村居住或“入户协议”而受影响，也不需要村民会议或者村民代表会议同意。

四、概念题

1. 全民所有制[中南财大2025年研；温州大学2020年研]

答：全民所有制是指生产资料归全体人民所有，人民作为一个整体拥有生产资料，任何个人或者一部分人都不能充当所有者和拥有所有权的一种所有制形式。全民所有制是社会主义公有制的具体表现。国家所有制经济即国有经济是全民所有制的具体形式。我国宪法规定的社会主义全民所有制经济，有以下三方面含义：①国家对生产资料拥有最终所有权；②国有经济是国民经济的主导力量，主要体现在控制力上；③国有企业财产所有权与经营权分离。

2. 人民代表大会制[中国政法2025年研；中南财大2024年研；北航2018年研；常州大学2017年研；中山大学2016年研；黑龙江大学2014年研；河北大学2013年研；武大2009年研]

答：参见本章论述题第1题答案。

3. 选举制度[广东财大2021年研；河北大学2017年研；华农2014年研]

答：选举制度是指关于选举国家代议机关代表的方式、程序与具体方法的各项原则和规则的总称。现如今，选举制度作为近现代民主制度的重要组成部分，既是资产阶级学者提出的天赋人权学说、人民主权学说在资产阶级政治实践中的产物，也是资产阶级反对封建等级授职制的结果。在我国，选举制度支撑人民代表大会制度的运行，是政府合法性的来源；选举制度体现国家一切权力属于人民的宪法原则，是公民参与政治生活的基本形式；选举制度保障人民参与国家管理的民主权利，是公民自我治理的保障。

4. 直接选举和间接选举[电子科大2014年研、中南财大2006年研]

相关试题：直接选举[中山大学2011年研]、**间接选举**[中南财大2013年研]

答：(1)直接选举是指由选民直接投票选举代议机关代表或其他公职人员的选举。

(2)间接选举是指先由选民选出代表或选举人，再由代表或选举人选举出上一级代表机关大会代表或其他公职人员的选举。

(3)依据经济、政治和社会文化发展情况，我国采用直接选举和间接选举相结合的方式选举人大代表。《选举法》第3条规定，全国人民代表大会的代表，省、自治区、直辖区、设区的市、自治州的人民代表大会的代表，由下一级人民代表大会选举；不设区的市、市辖区、县、自治县、乡、民族乡、镇的人民代表大会的代表，由选民直接选举。

5. 无记名投票[中南财大2014年研]

答：无记名投票又称秘密投票，是指选民不署自己的姓名，亲自书写选票并将选票投入密封票箱的一种投票方法。无记名投票的优点在于保守秘密，保证选举人能够消除顾虑，打破情面，自由地表达自己的意志。《选举法》规定，各级人大代表的选举一律采用无记名投票的方法。对于因客观原因而不能书写选票的人，可以委托他人代写。

6. 政党制度[江西师大 2017 年研]

答：政党制度是指有关政党的地位和作用、组织和活动，特别是有关政党执掌、参与或影响国家政权的各种制度的统称。从历史发展的角度来看，政党制度与民主政治有着十分密切的联系。政党制度是民主政治发展的内在要求，促进了近现代民主政治的发展。以掌握权力的形式为标准，政党制度可以分为一党制、两党制、多党制和一党领导的多党合作制。中国共产党领导的多党合作与政治协商制度是我国的政党制度，是宪政制度中的重要组成部分。

7. 中国人民政治协商会议[中南财大 2025 年研；中山大学 2018 年研]

答：中国人民政治协商会议，简称“人民政协”或“政协”，由中国共产党和各民主党派、无党派民主人士、各人民团体、各界爱国人士共同组成。人民政治协商会议是中国人民爱国统一战线的组织，是中国共产党与各民主党派和各界人士长期合作的重要组织形式，也是实行中国共产党领导的多党合作和政治协商制度，发扬人民民主，联系人民群众的一种重要形式。

8. 协商民主[安徽师大 2020 年研；扬州大学 2019 年研]

答：协商民主是指中国共产党领导下，人民内部各方面围绕改革发展稳定重大问题和涉及群众利益的实际问题等重大决策，在决策前和决策实施中进行广泛且充分的协商，尽可能就共同性问题取得一致意见。

党的十八大报告明确提出“社会主义协商民主是我国人民民主的重要形式”，充分肯定了协商民主的重要性。实践证明，社会主义协商民主是中国社会主义民主政治独特优势，在扩大公民有序政治参与、更好实现人民当家作主的权利、促进科学民主决策、推进国家治理体系和治理能力现代化、化解矛盾冲突、保持党同人民群众的血肉联系、巩固和扩大党的执政基础等方面展现出独特优势，有力促进了中国经济健康发展、社会和谐稳定和人民生活改善。

9. 民族区域自治制度[南京大学 2022 年研；扬州大学 2021 年研；广东财大 2018 年研；浙商大 2018 年研；中南财大 2013 年研]

相关试题：民族区域自治[浙江财大 2017 年研；安徽师大 2017 年研；四川师大 2012 年研；武大 2009 年研]

答：民族区域自治制度是指在国家的统一领导下，以少数民族聚居区为基础，建立相应的自治地方，设立自治机关，行使自治权，使实行区域自治的民族的人民自主地管理本民族地方性事务的制度。民族区域自治制度是单一制下我国解决民族问题、保障少数民族自治权的基本制度，是中国特色的社会主义政治制度的重要组成部分。我国采取民族区域自治制度，既保证了国家团结统一，又实现了各民族共同当家作主。

10. 村民委员会[河南师大2018年研]

答：村民委员会是指村民实行自我管理、自我教育、自我服务的基层群众性自治组织。它在基层政权或其派出机关的指导下进行工作，其特点有：基层性、群众性和自治性。村民委员会由主任、副主任和委员3~7人组成。村民委员会主任、副主任和委员由村民直接选举产生。领导班子的产生依赖民主选举，每5年选举一次，可连选连任，任何组织或者个人不得指定、委派或者撤换村民委员会成员。

11. 基层群众自治制度[沈工大2024年研；南京大学2023年研；广西民大2021年研；扬州大学2020年研；河北大学2018年研]

答：基层群众自治制度是我国的一项基本政治制度，是指依照宪法和有关法律规定，由居民(村民)选举的成员组成居民(村民)委员会，实行自我管理、自我教育、自我服务、自我监督的制度。根据《宪法》第111条第1款规定，城市和农村按居民居住地区设立的居民委员会或者村民委员会是基层群众性自治组织。基层群众性自治组织的主要特点有群众性、自治性和基层性。

五、简答题

1. 简述我国宪法关于经济制度的主要规定。[浙商大2021年研]

相关试题：

(1)简述我国宪法中的社会主义市场经济体制。[西南政法2025年研]

(2)论述我国基本经济制度。[论述题，中山大学2023年研]

(3)简述社会主义初级阶段的基本经济制度。[扬州大学2021年研]

(4)简述社会主义市场经济体制的主要内容。[湖南师大2021年研]

答：经济制度是指一个国家通过宪法和法律调整而形成的、以生产资料所有制和各种基本经济关系为内容的规则和政策的总称。我国宪法关于经济制度的规定包括三个方面：

(1)公有制为主体、多种所有制经济共同发展：

将坚持公有制为主体，促进非公有制经济发展，统一于社会主义现代化建设的进程中，不能把这两者对立起来。各种所有制经济完全可以在市场竞争中发挥各自优势，相互促进，共同发展。

①公有制为主体，主要表现为：社会总资产当中公有资产是占优势地位的；控制国民经济的命脉的是国有经济，国有经济的发展在国家经济发展中起主导地位。国有经济在我国国民经济中占据优势地位，决定着我国国民经济的性质和发展水平，控制着我国国民经济的命脉，是我国实现社会主义现代化的基本物质力量。我国是社会主义国家，而生产资料公有制是社会主义赖以存在的客观基础，也是社会主义区别于其他社会形态的重要标志。

②多种所有制经济共同发展。《宪法》第11条第1款规定，在法律规定范围内的个体经济、私营经济等非公有制经济，是社会主义市场经济的重要组成部分。目前，我国的非公有制经济包括：

a. 个体经济，是城乡个体劳动者占有少量的生产资料，以自己从事生产劳动为基础的一种经济形式。

b. 私营经济，是指生产资料归私人所有，存在着雇佣劳动关系的一种经济形式。

c.“三资经济”，是指外国的企业、经济组织和个人依据我国的法律规定，在我国投资或与我国的企业、经济组织进行经济合作而形成的涉外经济形式。

(2)按劳分配为主体、多种分配方式并存：

①按劳分配为主体。按劳分配是指对于劳动者创造的社会总产品，在扣除生产过程中需要的部分和公共消费的部分之后，作为个人消费品，根据每个劳动者提供的劳动数量和质量进行分配，实行多劳多得，少劳少得的原则。实行按劳分配，有利于促进共同富裕，调动劳动者的积极性。

②多种分配方式并存。由于在公有制之外还有其他经济形式，因而也必然相应地存在着其他的分配方式，如利息收入、股息收入、私营经济和三资企业的利润等，这些都是按照生产要素的占有状况进行分配。

坚持按劳分配为主体、多种分配方式并存的分配制度是与生产资料社会主义公有制相适应，可以调动社会成员劳动积极性，对社会资源进行合理的配置和使用。

(3)社会主义市场经济体制：

社会主义市场经济体制是中国共产党改革实践的伟大创举。它是社会主义基本制度和市场经济相结合的体制，于1993年通过宪法修正案正式确立，其主要内容包括：

①社会主义属性。宪法规定以公有制为主体的所有制结构和按劳分配为主体的分配制度，体现其社会主义属性。这种体制能发挥社会主义制度优越性和市场配置资源的决定性作用。

②市场在资源配置中的决定性作用。宪法表明计划和市场只是经济手段，不是区分社会制度的标志。市场经济在社会化大生产和复杂经济关系下，对经济发展适应性更强、优势更显著、效率更高。

③完备的法制体系和健全的宏观调控。1993年宪法修正案规定国家加强经济立法、完善宏观调控，禁止扰乱经济秩序。这意味着社会主义市场经济需要完备法制体系，因为它是法治经济；同时需要健全宏观调控体系，因为市场不是万能的，会出现“市场失灵”，宏观调控能保持经济平衡等。

随着发展，宪法对此的规定也在不断完善，如2004年修正案规定公民合法私有财产不受侵犯、建立社会保障制度；2018年修正案写入“新发展理念”，发挥其对市场经济发展的指导作用。

(4)总结：

我国基本经济制度体现了社会主义制度的优越性，又同我国社会主义初级阶段社会生产力发展水平相适应。我国必须坚持社会主义基本经济制度，坚持公有制经济和非公有制经济共同发展；在体现社会主义的性质和方向的同时，有效地解放和发展生产力。

2. 简要分析人民代表大会制度是我国根本的政治制度。[中南财大2005年研]

答：人民代表大会制度是人民通过直接或间接选举的方式，选举出各级人大代表组成各级国家权力机关，由各级国家权力机关产生其他国家机关，其他国家机关对权力机关负责，权力机关对人民负责的一种制度。人民代表大会制度是我国的根本政治制度，是坚持党的领导、人民当家作主、依法治国的有机统一。其实质表现如下：

(1)人民代表大会制度能直接全面反映国家的本质。我国的国家性质是工人阶级领导的、以工农联盟为基础的人民民主专政的社会主义国家。人民代表大会制度中的人民代表大会的组成、人民代表大会与同级其他国家机关的关系和人民代表大会对国家权力的行使等都全面、直接、充分地反映了这一点。

(2)人民代表大会制度能从根本上保障人民当家作主的权利，使人民能够真正行使国家权力。人民主权是人民代表大会制度的最核心的基本原则，全国人民代表大会和地方各级人民代表大会是人民掌握和行使国家权力的组织形式，选民或者选举单位有权依法罢免自己选出的代表。这些都是人民行使国家权力的表现，体现了人民当家作主的地位。

(3)人民代表大会制度是其他制度赖以建立的基础，同时其他各种制度和社会生活的各个方面都由人民代表大会制度决定。在革命发展的过程中，人民代表大会制度不以其他的任何制度作为产生的依据，不依赖其他制度而产生。人民代表大会制度产生后，就成为其他制度形成的基础，在整个政治制度中居于主导地位。人民代表大会以其明确的立法权为依据，相继建立起立法、司法、行政制度等政治制度，形成了统一的政治制度体系。我们政治生活中的民主自由、权利的内容和方式都是由人民代表大会决定。

3. 简述我国人民代表大会制度的特点。[中南财大2006年研]

答：根据我国宪法的规定，人民代表大会制度具有以下特点：

(1)人民代表大会制度全面反映了人民同国家的关系，体现了主权在民原则。

我国《宪法》第2条第1、2款规定，中华人民共和国的一切权力属于人民。人民行使国家权力的机关是全国人民代表大会和地方各级人民代表大会。各级人民代表大会由人民依法选举产生，表明代表机关是代表人民行使国家权力的机关。

(2)人民代表大会制度突出了人民代表大会的权力机关地位。

人民代表大会的权力机关地位，首先表现为由人民代表大会统一行使国家权力。其次表现在权力机关与同级其他国家机关的关系中，权力机关处于支配和核心地位。

(3)人民代表大会制度决定了国家决策的民主化。

由于人民代表大会决定的事项都是关系全局和人民根本利益的问题，人民代表大会及其常委会实行合议制，集体行使职权，集体决定问题。人民代表大会的任何一位组成人员在决定问题上都只有一票，个人或少数人不能决定重大问题。人民代表大会的各种议事规则和程序，都是决策民主化原则的体现。

(4)人民代表大会制度规制着中央和地方国家机关的关系。

《宪法》第3条第4款规定，中央和地方的国家机构职权的划分，遵循在中央的统一领导下，充分发挥地方的主动性、积极性的原则。即在保证国家统一的基础上，实行中央和地方分权，发挥二者的积极性。由于国家机构的性质不同，处理相互关系的具体原则和方式也有差异。各级人大都对选举它的选民和选举单位负责，所以全国人大与地方人大不是领导关系，而是法律监督关系和工作指导关系。

4. 选举制度的基本功能。[武大2011年研；山东大学2011年研]

相关试题：

(1)简述选举制度的作用。[常州大学2021年研]

(2)简述我国选举制度的基本功能。[华农2017年研]

(3)论选举制度的功能。［论述题，山东大学 2016 年研］

(4)选举制度的作用。［论述题，广东财大 2016 年研］

(5)选举制度有哪些作用?［河北大学 2015 年研］

答：选举制度是一国统治阶级通过法律规定的关于选举国家代议机关代表与国家公职人员的原则、程序与方法等各项制度的总称，其基本功能包括：

(1)选举制度为选民选出自己信赖的代表组成国家机构，从而为实现国家权力的转移提供了制度保障。

近现代民主制国家最根本的原则是人民主权原则。但即使在最直接的民主制度中，也不可能使所有的人都直接成为统治者。国家权力的行使者只能是少数人。这样也就导致国家权力的所有者与行使者相互分离，形成少数领导者和绝大多数被领导者的相互矛盾。选举制度则是解决这种相互分离和相互矛盾状况的根本途径。选民通过选举这一权力委托方式使权力的行使者获得合法地位。

(2)选举制度为选民监督权力行使者并在一定条件下更换权力行使者提供了重要途径。

广大选民与国家权力行使者的这种委托关系，决定了权力行使者必须向广大选民负责。选民将根据权力行使者的具体表现，对其是否符合自己的意愿进行评判，并对其违反选民意愿的行为追究责任。选民可通过民主程序重新选举产生新的符合自己意愿的权力行使者。这就要求权力行使者必须坚持为选民服务，时刻牢记对选民负责的思想。

(3)选举制度是促进民意的形成、表达，并使选民民主意识得以提高的重要手段。

国家的统治、社会的管理都必须以民意为依归。选举是形成、表达民意的理想方式。选举一方面表达了选民对权力行使者必须具备的基本要求，另一方面则表达了对国家和社会管理应该贯彻何种政策的基本意见。而且选举过程中不同意见的交流、妥协，还会形成人们都能接受的意见。因此，选举制度在形成、表达民意中具有非常重要的作用。同时，选民通过选举活动的参与，还可增强民主意识。选民通过参与选举，不仅会对自己的地位和作用产生明确的认识，还能增强其分析和判断政治现象、政治问题的能力，从而积极地参政、议政。

(4)选举制度是缓和社会矛盾、解除社会危机、维持社会安定的重要措施。

经济萧条、通货膨胀、政局不稳等社会矛盾和社会危机是影响国家统治秩序和社会安定的重要因素。虽然解决矛盾或危机的方法很多，但在民主政治制度中，选举是最根本的民主途径。选举不仅可以使选民与选民、选民与代表更为紧密地联系在一起，还可以集思广益，对各种政策选择方案进行论证，从而为各种社会问题寻找合理的、为人们所接受的解决方法。

5. 简述我国选举制度的基本原则。［中国政法 2021 年研；浙江财大 2019 年研；安徽师大 2019 年研；宁波大学 2019 年研；常州大学 2017 年研；华农 2016 年研；西安交大 2008 年研；中南财大 2007 年研］

相关试题：

(1)我国选举制度的原则。［中南财大 2021 年研］

(2)简述选举制度的基本原则。［河南师大 2018 年研］

(3)论述选举制度的概念及其基本原则。［论述题，广东财大 2017 年研］

(4)我国选举法的基本原则。[山东大学2017年研]

(5)联系实际谈谈选举制度的基本原则。[四川师大2013年研]

(6)怎样理解选举权的普遍性原则?[北邮2010年研;复旦大学2009年研]

答:我国选举制度的基本原则主要有:

(1)选举权的普遍性原则:

选举权的普遍性原则是就享有选举权的主体范围而言的,是指具有一国国籍,达到一定年龄的公民享有选举权的广泛程度。《宪法》第34条规定,中华人民共和国年满18周岁的公民,不分民族、种族、性别、职业、家庭出身、宗教信仰、教育程度、财产状况、居住期限,都有选举权和被选举权;但是依照法律被剥夺政治权利的人除外。理解普遍性原则须注意的问题:

①精神病患者不能行使选举权利的,经选举委员会确认,不列入选民名单。

②因犯危害国家安全罪或者其他严重刑事犯罪案件被羁押、正在受侦查、起诉和审判的人,经人民检察院或人民法院决定,在羁押期间停止其行使选举权利。

③被判处有期徒刑、拘役、管制而没有附加剥夺政治权利的;被羁押,正在受侦查、起诉、审判,人民检察院或者人民法院没有决定停止行使选举权的;正在取保候审或者被监视居住的;正在受拘留处罚的参加选举,由选举委员会和执行监禁、羁押、拘留的机关共同决定,可以在流动投票箱投票,或者委托有选举权的亲属或其他选民代为投票。被判处拘役、受拘留处罚的人也可以在选举日回原选区参加选举。

④旅居国外的中华人民共和国公民在县级以下人民代表大会代表选举期间在国内的,可以参加原籍地或出国前居住地的选举。

⑤台湾同胞参加大陆选举问题,选举法未作单独规定,在实践中,他们享有参加大陆选举的权利。

(2)选举权的平等性原则:

①选举权的平等性原则是指选民在权利和地位上平等,每人在每次选举中只有一次投票权,并且每票的价值相等。选举权的平等性源于自由、平等、博爱和反特权思想,是代表机关民主性的前提,是法律面前人人平等原则的具体表现。

②选举权的平等性的内涵:

a. 每个年满18周岁并享有政治权利的公民都享有参加选举的权利。

b. 每个选民在每次选举中只有一个投票权。

c. 每个选民所投选票的效力是等同的。

d. 选举权与被选举权相统一,即享有选举权的人原则上享有被选举权。

③平等性原则的相对性:

a. 对少数民族给予特殊照顾。比如《宪法》明确规定,各少数民族都应当有适当名额的代表。

b. 军队代表情况特殊。军队代表不是按人口比例平等原则产生的。这种不平等是由军队在我国政治生活中的特殊地位决定的。

(3)直接选举与间接选举并用的原则:

①直接选举与间接选举的概念:

a. 直接选举，是指由选民直接投票选出国家代议机关代表和国家公职人员的选举。

b. 间接选举，是指由下一级国家代议机关，或由选民选出的代表(或选举人)选举上一级国家代议机关代表和国家公职人员的选举。

②按照《宪法》和《选举法》规定，我国在县级以及县级以下实行直接选举，县级以上实行间接选举。

(4)无记名投票原则：

①无记名投票原则，又称秘密投票原则，是指选民采用不公开的投票方法，不署自己的姓名，亲自书写选票并将选票投入密封票箱的一种投票方法。无记名投票不公开选举人的表示，保证选举人能够消除顾虑、自由抉择，他人无权干涉也无从干涉。

②我国选举法的规定：各级人大代表的选举一律采用无记名投票的方法。对于因客观原因而不能书写选票的人，可以委托他人代写。

(5)差额选举的原则：

差额选举原则，是指在选举中候选人的人数多于应选代表名额的选举。我国的差额选举制度于1979年选举法首次作出规定。

我国《选举法》第31条规定，全国和地方各级人民代表大会代表实行差额选举，代表候选人的人数应多于应选代表的名额。由选民直接选举人民代表大会代表的，代表候选人的人数应多于应选代表名额1/3至1倍；由县级以上的地方各级人民代表大会选举上一级人民代表大会代表的，代表候选人的人数应多于应选代表名额1/5至1/2。

(6)选举权利保障原则：

①选举权利保障原则的内容。全国人大和地方各级人大的选举经费列入财政预算，由国库开支。这一规定从物质上保障了选民根据自己的意愿投票，使候选人不因经济条件的差别而在选举时受到限制。

②我国选举权利保障的规定：我国《选举法》第11章规定了国家对破坏选举的制裁。这些规定是《选举法》对选民和代表行使选举权的具体和直接的保障。

6. 结合我国《选举法》的修改，简析选举权平等性原则。［南开大学2011年研；对外经贸2009年研］

相关试题：选举权的平等性在我国体现在哪些方面？［中南财大2010年研］

答：选举权的平等性是指在选举中，一切选民具有相同法律地位，其所投选票具有同等法律效力的一项选举原则。选举权的平等性源于自由、平等、博爱和反特权思想，是代表机关民主性的前提，是法律面前人人平等原则的具体表现。

(1)选举权的平等性主要体现在以下几个方面：

①除法律规定当选人应具备的条件外，选民平等地享有选举权和被选举权。

②在一次选举中选民平等地拥有相同的投票权，一般表现为只有一个投票权。

③每一代表所代表的选民数相同。

④一切代表在代议机关中具有平等的法律地位，也在一定程度上体现选举权的平等性。

⑤对在选举中处于弱势地位的选民给予特殊保护，也是选举权平等性原则的表现。我国选举法规定："每一选民在一次选举中只有一个投票权。"这表明了我国已经实行了一人一票的平等原则。

(2)由于我国地域广阔以及民族构成复杂等多方面的原因，我国选举权的平等性具有相对性，主要表现在：

①对少数民族给予特殊照顾。我国汉族人口占全国总人口数的91.96%，少数民族占总人口数的8.04%。如果全国人大和地方各级人大绝对按选举权平等原则分配名额，那么很多少数民族很难在各级人大代表中占有一席之地。所以国家在代表名额分配上对少数民族给予照顾。比如明确规定，人口特少的民族在全国人大也至少应有一名全国人大代表。

②军队代表情况特殊。我国军队代表不是按人口比例平等原则产生的。这种不平等是由军队在我国政治生活中的特殊地位决定的。邓小平在1953年制定选举法时曾解释道："在城市与农村间，在汉族与少数民族之间，都作了不同比例的规定，就某种方面来说，是不完全平等的，但是，只有这样规定，才能真正反映我国的现实生活，才能使我国各民族、各阶层在各级人民代表大会中有与其地位相当的代表。"

(3)修改后的《选举法》强调城乡平等、地区平等与民族平等：

2010年修改的《选举法》实现了我国公民选举权的城乡平等，促成宪法上平等原则的充分体现，保障人人平等。此外，其规定省、自治区、直辖市应选全国人大代表名额，由根据人口数计算确定的名额数、相同的地区基本名额数和其他应选名额数构成，人口数量特少的民族，至少应有代表一人等，从而进一步体现了地区平等和民族平等。

7．简述我国人大代表的罢免程序。[中南财大2014年研]

答：对人大代表的罢免既是行使选举权的重要方面，也是人民对人大代表进行监督最有力的措施。全国和地方各级人民代表大会的代表受选民和原选举单位的监督，选民或者选举单位都有权罢免自己选出的代表。其程序如下：

(1)对于直接选举的代表：

①对于县级的人民代表大会代表，原选区选民50人以上联名，对于乡级的人民代表大会代表，原选区选民30人以上联名，可以向县级的人民代表大会常务委员会书面提出罢免要求。罢免要求应当写明罢免理由。

②被提出罢免的代表有权在选民会议上提出申辩意见，也可以书面提出申辩意见。县级的人民代表大会常务委员会应当将罢免要求和被提出罢免的代表的书面申辩意见印发原选区选民。

③表决罢免要求，由县级的人民代表大会常务委员会派有关负责人员主持。罢免县级和乡级的人民代表大会代表，须经原选区过半数的选民通过。罢免代表采用无记名投票的表决方式。

(2)对于间接选举的代表：

①县级以上的地方各级人民代表大会举行会议的时候，主席团、常务委员会或者1/10以上代表联名，可以提出对由该级人民代表大会选出的上一级人民代表大会代表的罢免案。在人民代表大会闭会期间，县级以上的地方各级人民代表大会常务委员会主任会议或者常务委员会1/5以上组成人员联名，可以向常务委员会提出对由该级人民代表大会选出的上一级人民代表大会代表的罢免案。罢免案应当写明罢免理由。

②县级以上的地方各级人民代表大会举行会议的时候，被提出罢免的代表有权在主席团会议和大会全体会议上提出申辩意见，或者书面提出申辩意见，由主席团印发会议。罢

免案经会议审议后，由主席团提请全体会议表决。

③罢免案经会议审议后，分别由主席团提请大会全体会议或由主任会议提请常务委员会全体会议表决。罢免由县级以上的地方各级人民代表大会选出的代表，须经各级人民代表大会过半数的代表通过；在代表大会闭会期间，须经常务委员会组成人员的过半数通过。罢免的决议，须报送上一级人民代表大会常务委员会备案、公告。罢免代表采用无记名的表决方式。

(3)对于被罢免的代表的公告：

县级以上的各级人民代表大会常务委员会组成人员，全国人民代表大会和省、自治区、直辖市、设区的市、自治州的人民代表大会专门委员会成员的代表职务被罢免的，其常务委员会组成人员或者专门委员会成员的职务相应撤销，由主席团或者常务委员会予以公告。

乡、民族乡、镇的人民代表大会主席、副主席的代表职务被罢免的，其主席、副主席的职务相应撤销，由主席团予以公告。

8. 简述间接选举的程序。［安徽师大 2017 年研］

答：间接选举是指由下一级国家代议机关，或由选民选出的代表(或选举人)选举上一级国家代议机关代表和国家公职人员的选举。间接选举的程序较为简单，它既不需要进行选区划分和选民登记，选举的组织工作也较容易，而且有关提名候选人、介绍候选人以及投票程序与直接选举的有关程序也很相似。但它也有一些自己的特点，现分述如下：

(1)选举工作的主持机构：

省、自治区、直辖市、设区的市、自治州的人民代表大会常务委员会主持本级人民代表大会代表的间接选举。

(2)代表候选人的提名：

根据《选举法》第 29 条规定，全国和地方各级人民代表大会的代表候选人，按选区或者选举单位提名产生；也可以由各政党、各人民团体联合或者单独推荐代表候选人；选民或者代表，10 人以上联名，也可以推荐代表候选人。提名、酝酿代表候选人的时间不得少于 2 天。

(3)确定正式代表候选人：

酝酿提名候选人阶段结束后，大会主席团将所有提出的候选人进行汇总，经大会主席团批准后，把所有合法提出的候选人交全体代表酝酿讨论。如果所提候选人没有超过法定的差额比例，则将提出的候选人都作为正式候选人提交投票选举。如果所有提出的候选人超过法定的差额比例，则应将全部候选人提交代表进行预选，根据预选时的得票顺序，按照本级人民代表大会的选举办法根据选举法确定的具体差额比例，确定正式候选人名单，然后进行投票选举。

(4)确定当选：

选举大会由主席团主持，采用无记名投票方式，选举时应当设有秘密写票处，以代表候选人获得全体代表过半数的选票者当选。选举结果由大会主席团依据选举法确定是否有效，并予以宣布。选举法同时规定，公民不得同时担任两个以上无隶属关系的行政区域的人民代表大会代表。另外，经间接选举产生的人大代表选出以后，要经过全国人大常委会代表资格审查委员会的审查，并经人民代表大会常务委员会确认其代表资格是否有效。

9. 人民政协有哪三个方面的政治职能?［杭州师大2020年研］

答: 人民政协是中国共产党与各民主党派和各界人士长期合作的重要组织形式,也是实行中国共产党领导的多党合作和政治协商制度,发扬人民民主,联系人民群众的一种重要形式。在性质上人民政协是中国人民的爱国统一组织。宪法规定,人民政协的三个职能是政治协商、民主监督、参政议政。

(1)政治协商。通过各种形式参与有关国家事务和地方事务重要问题的讨论,在国家和地方的大政方针和地方的政治、经济等重要问题决策之前,进行协商。

(2)民主监督。民主监督是对国家法律、法规以及重大决策实施情况通过意见、批评、建议的方式进行监督。还包括组织政协委员进行视察、参观和调查活动,向有关机关或其他组织提出建议和批评。

(3)参政议政。参政议政是对人民普遍关注的文化、经济等重要问题进行调查研究,协商讨论。密切联系各方面人士,向党和国家机关反映各界人民群众的意见和要求,宣传和贯彻执行宪法和法律,协助党和政府贯彻各项政策,维护和巩固安定团结的政治局面。

10. 简述我国民族区域自治制度的特点。［南开大学2007年研］

相关试题:何谓民族区域自治地方?民族区域自治地方有哪些特点?［上海大学2003年研］

答: 民族区域自治制度是指在国家的统一领导下,以少数民族聚居区为基础,建立相应的自治地方,设立自治机关,行使自治权,使实行区域自治的民族的人民自主地管理本民族地方性事务的制度。我国民族区域自治制度具有下列特点:

(1)它必须以宪法和法律为依据,在中华人民共和国范围内,在中央政府的统一领导下。民族自治地方是中国范围内的一个行政区域;民族区域自治机关是中央政府统一领导的地方政权。民族自治机关的自治权是中央授予而非民族自治地方固有的,自治权中不含有脱离国家而独立的权利。因此,民族区域自治必须以国家统一、领土完整为前提。

(2)它必须以少数民族聚居区为基础,绝不能在散居民族区域设立。这种民族自治以聚居的民族区域为基础,是民族自治与区域自治的结合。它既不同于与少数民族聚居区域无关的"民族文化自治",也不同于与民族因素无关的"地方自治"。

(3)民族自治机关行使自治权。民族区域自治的目的,是为了让聚居的少数民族能够根据本民族政治、经济、文化等方面的特点,实行特殊政策,切实保障少数民族当家作主,享有管理本民族内部事务和本地区地方事务的权利。因此,自治权是少数民族聚居区实行民族区域自治的核心和标志。

(4)民族区域自治是民族内部事务、地方性事务的自治而不能就主权性、外交性事务进行自治。

11. 中国民族自治地方有几种类型?［山东大学2011年研］

相关试题:我国民族区域自治地方的构成及类型。［中南财大2004年研］

答: 根据宪法和法律规定的行政地位划分,民族自治地方分为自治区、自治州、自治县三级。划分依据是少数民族聚居区的人数多少和面积大小。自治区相当于省级行政区域;自治州相当于省级与县级之间的行政区域;自治县相当于县级行政区域。

以民族构成为依据，民族自治地方主要有以下四种类型：

(1)根据当地的民族关系、经济发展等条件并且考虑历史情况，以一个少数民族聚居区为基础。如西藏自治区、宁夏回族自治区等。

(2)依据当地的情况，以几个少数民族聚居区为基础进行建立自治地方。如青海省海西蒙古族藏族自治州、湖南省湘西土家族苗族自治州等。

(3)其他少数民族在一个民族自治地方范围内聚居的情况下，再建立相应的自治地方，同时，自治地方也可以包含汉族或者其他民族的区镇。如在新疆维吾尔自治区内建有伊犁哈萨克自治州、焉耆回族自治县等。

(4)在不同的地方，一个民族有规模不一样的聚居，可以建立相应的符合行政地位的自治地方。如回族在全国建立有宁夏回族自治区、在甘肃省还有临夏回族自治州、在河北省还有孟村回族自治县等多个不同行政地位的民族自治地方。

12. 试述基层群众性自治组织的概念与特征。[西安交大 2008 年研]

相关试题：

(1)基层群众性自治组织[概念题，中国政法 2023 年研；中南财大 2007 年研]

(2)谈谈我国基层群众自治组织的性质、特点和完善措施。[四川师大 2013 年研]

(3)简述基层群众性自治组织的主要特点。[华农 2013 年研]

(4)我国基层群众性自治组织有何特点？[中南财大 2008 年研]

答：(1)基层群众性自治组织的概念：

基层群众性自治组织是指依据法律规定，以城乡居民(村民)一定的居住地为基础设立，由居民(村民)选举的成员组成的，实行自我管理、自我教育、自我服务、自我监督的社会组织。在性质上，基层群众性自治组织不是一级政权机关。《宪法》第 111 条第 1 款规定，城市和农村按居民居住地区设立的居民委员会或者村民委员会是基层群众性自治组织。

(2)基层群众性自治组织的特征：

①群众性。基层群众性自治组织不同于国家政权组织和其他政治、经济等社会组织，是基于一定居住地范围内居民(村民)社会生活的共同需要而建立，目的是解决居住地范围内的公共事务和公益事业方面的社会问题，如社会治安、公共卫生等。

②自治性。基层群众性自治组织不是国家机关，也不是国家机关的下属或下级组织，也不从属于居住地范围内其他任何社会组织，具有自身组织上的独立性。

③基层性。从组织系统上看，居民委员会和村民委员会只存在于居住地区范围内的基层社区，没有上级组织，更没有全国性、地区性的统一组织。从自治内容上看，基层群众自治组织所从事的工作和任务，都是相应范围内的公共事务和公益事业。从组织构成上看，其是由个人这一社会最基本的单元组成，成员都平等地参加该自治组织。

13. 简述村民委员会的性质及与基层政权的关系。[浙商大 2018 年研]

答：(1)村民委员会的性质：

根据现行宪法和《村民委员会组织法》的规定以及我国城乡基层社会组织建设的实际情况，村民委员会是依照有关法律规定，以乡(镇)村民一定的居住地为纽带和范围设立，并由村民选举产生的成员组成的，实行自我管理、自我教育、自我服务的社会组织。村民委员会是一种社会自治，而非国家性质的自治。其性质有：

①基层性。主要表现在三个方面：

a. 从组织构成上看，村民委员会成员由社会最基本的单元——个人组成的，每个社会成员都平等地参加该自治组织。

b. 从组织系统上看，村民委员会只存在于居住地区范围的基层社区。它们都没有上级组织，更没有全国性、地区性的统一组织。

c. 从自治内容上看，村民委员会的任务及所从事的工作，都是村民居住范围内社区的公共事务和公益事业，不涉及其他地区。

②独立性。村民委员会在组织上具有独立性。它既不是国家机关的下级组织，也不隶属于任何社会团体和社会经济组织，它们之间不存在领导与被领导的关系，国家机关及其派出机构无权对它发布指示和命令。

③自治性。村民委员会在活动上具有自治性。它通过村民的自我管理、自我教育、自我服务开展工作，实行民主选举、民主决策、民主管理、民主监督。尽管不设区的市、市辖区的人民政府或者它的派出机关、乡、民族乡、镇的人民政府，对村民委员会的工作可给予指导、支持和帮助，但不得干预依法应属于村民自治范围的事项。

(2)村民委员会与基层政权的关系：

①二者不是领导关系。村委会是基层群众性自治组织，不是乡(镇)政府的下级，当然也就不存在领导关系。村委会只负有遵守和宣传国家法律、法规和政府的各项指示、命令的义务，没有具体执行的义务，因此不存在需要受政府领导的问题。而领导关系就意味着乡(镇)政府可以任命和撤换村委会干部，可以改变、撤销村委会作出的决定，可以命令村委会办理各种各样的政府工作，也可以将属于村民自治范围内的事项收到政府手里来办。如果照此办理，村民自治就无从谈起。

②乡(镇)政府对村委会的工作应当给予指导、支持和帮助。《村民委员会组织法》第5条第1款规定，乡、民族乡、镇的人民政府对村民委员会的工作给予指导、支持和帮助，但是不得干预依法属于村民自治范围内的事项。

③乡(镇)政府不得干预依法属于村民自治范围内的事项。村委会是基层群众性自治组织，凡依法属于自治范围内的事项，都应当由村民自己讨论决定，乡(镇)政府不得干预。不得干预，就是对依法属于村民自治范围的事项，乡(镇)政府既不能强迫也不能包办，但可以指导。《村民委员会组织法》第36条第3款规定，乡、民族乡、镇的人民政府干预依法属于村民自治范围事项的，由上一级人民政府责令改正。

④村委会应当协助乡(镇)政府开展工作。村委会协助乡(镇)政府开展工作，包括环境与资源保护、土地管理、公共卫生、治安保卫、计划生育、优抚救济等。

14. 简述我国村民委员会的任务。[江西师大2014年研]

答：根据现行宪法和《村民委员会组织法》的有关规定，村民委员会的任务有五个方面：

(1)村民委员会协助乡、民族乡、镇的人民政府开展工作。

(2)村民委员会应当支持和组织村民依法发展各种形式的合作经济和其他经济，承担本村生产的服务和协调工作，促进农村生产建设和经济发展。

村民委员会依照法律规定，管理本村属于村农民集体所有的土地和其他财产，引导村民合理利用自然资源，保护和改善生态环境。

村民委员会应当尊重并支持集体经济组织依法独立进行经济活动的自主权，维护以家庭承包经营为基础、统分结合的双层经营体制，保障集体经济组织和村民、承包经营户、联户或者合伙的合法财产权和其他合法权益。

(3) 村民委员会应当宣传宪法、法律、法规和国家的政策，教育和推动村民履行法律规定的义务，爱护公共财产，维护村民合法的权利和利益，发展文化教育，普及科技知识，促进男女平等，做好计划生育工作，促进村与村之间的团结、互助，开展多种形式的社会主义精神文明建设活动。

(4) 村民委员会应当支持服务性、公益性、互助性社会组织依法开展活动，推动农村社区建设。

(5) 多民族村民居住地，村民委员会应当教育和引导各民族村民增进民族团结、互相尊重、互相帮助。

六、论述题

1. 试述人民代表大会制度的基本内容。［广东财大 2019 年研］

相关试题：

(1) 简述我国人民代表大会制度的内涵。［简答题，中国政法 2022 年研］

(2) 论述我国人民代表大会制度的内容和特征。［中南财大 2022 年研］

(3) 简述我国人民代表大会制度优越性的具体体现。［简答题，广西民大 2020 年研］

(4) 简述我国人民代表大会制度的优越性。［简答题，安徽师大 2019 年研］

(5) 简答我国的人民代表大会制度。［简答题，中山大学 2019 年研］

(6) 论我国的人民代表大会制度。［江西师大 2017 年研］

(7) 试分析我国人民代表大会制的基本内容。［青岛大学 2015 年研］

答：(1) 人民代表大会制度的概念：

人民代表大会制度是指拥有国家权力的人民根据民主集中制原则，通过民主选举组成全国人民代表大会和地方各级人民代表大会，并以人民代表大会为基础，建立全部国家机构，对人民负责，受人民监督，以实现人民当家作主的政治制度。包括以下含义：

①国家的一切权力属于人民是人民代表大会制度的逻辑起点。国家的一切权力属于人民，既是人民代表大会制度与资产阶级议会制的根本区别，也是人民代表大会制度得以建立和运行的逻辑起点，因而是人民代表大会制度概念中最重要的环节。

②选民民主选举代表是人民代表大会制度的前提。尽管权力属于人民是我国国家政权的本质，但地域的广阔、人口的众多则决定了国家权力的所有者不可能直接地经常地行使属于自己的权力，而只能实行间接民主的人民代表制。因此，我国宪法规定，人民行使国家权力的机关是全国人民代表大会和地方各级人民代表大会。这样，由选民通过民主选举程序选举产生人大代表，由他们代表人民，组成各级人民代表大会，行使国家权力，也就构成了人民代表大会制度的前提和基础。

③以人民代表大会为基础建立全部国家机构是人民代表大会制度的核心。国家机构是国家为实现其职能而建立起来的国家机关的总和。虽然在理论上，我国的人民代表大会作

为国家权力机关，是全权性的国家机关，但国家全部职能的实现还有赖于人民代表大会以外的其他国家机关。但无论是在国家机构的建立还是运行过程中，我国的人民代表大会始终处于主导地位，各国家机关都受人民代表大会的监督，对其负责。也正是因为以人民代表大会为基础建立全部国家机构，才真正全面地保证了国家机构始终以实现人民的意志和利益为宗旨，始终以保障人民当家作主为目标。

④对人民负责、受人民监督是人民代表大会制度的关键。我国宪法规定，全国人民代表大会和地方各级人民代表大会都由选民选举产生，对人民负责，受人民监督。否则，人民代表大会就可能脱离人民，违背人民的意志和利益，从而导致人民代表大会制度改变性质。因此，对人民负责、受人民监督处于最为关键的环节。

(2)人民代表大会制度的基本内容：

①人民与国家权力的关系。《宪法》第2条第1、2款规定，中华人民共和国的一切权力属于人民。人民行使国家权力的机关是全国人民代表大会和地方各级人民代表大会。在这个意义上说，人民代表大会制度以主权在民为逻辑起点，而人民主权构成了人民代表大会制度的最核心的基本原则。我国国家机构的基本原则是民主集中制，民主集中制是以一切权力属于人民为基础的。所以，人民代表大会的运行原则是一切权力属于人民和民主集中制。

②人民与国家权力机关的关系。《宪法》第3条第2款规定，全国人民代表大会和地方各级人民代表大会都由民主选举产生，对人民负责，受人民监督。各级人大代表是代表人民的利益和意志，履行相应的职责，选民或原选举单位可以依法罢免自己选出的代表。

③国家权力机关与其他国家机关的关系。《宪法》第3条第3款规定，国家行政机关、监察机关、审判机关、检察机关都由人民代表大会产生，对它负责，受它监督。

④中央和地方的关系。《宪法》第3条第4款规定，中央和地方的国家机构职权的划分，遵循在中央的统一领导下，充分发挥地方的主动性、积极性的原则。一方面，地方必须执行中央的法律法规，受中央的监督，另一方面，地方有充分的自主权利，便于自己的管理。中央和地方进行适当的职权分工。在实现中央的统一领导的情况下，地方的主动性和积极性进行充分发挥。除此之外，民族区域自治制度使少数民族能管理好自己的事情，使中央和地方能统筹兼顾。

(3)人民代表大会制度的积极意义：

①社会主义民主就其本质来说就是人民当家作主，这种民主需要通过一定的形式才能实现。人民代表大会制度就是实现这种民主的形式。

②在各种实现社会主义民主的形式中，人民代表大会制度居于最重要的地位。

(4)人民代表大会制度的优越性：

①人民代表大会制度适合中国的国情，因而具有很强的生命力。

②人民代表大会制度便于人民参加国家管理，这就从制度上保证了我国人民行使当家作主、管理国家的权力。

③人民代表大会制度便于集中统一地行使国家权力。

④人民代表大会制度既能保证中央的集中统一领导，又能保证地方主动性和积极性的发挥。其有利于解决中央和地方的矛盾，妥善处理中央与地方之间的关系；有利于发挥中

央与地方双方的积极性，并保证中央与地方的一致性。

2. 如何完善我国的人民代表大会制度？

相关试题：

(1)论全面依法治国背景下如何坚持和完善人民代表大会制度。［广西民大2022年研］

(2)结合人大制度的运行实践，谈谈你对我国人民代表大会制的完善。［宁波大学2017年研］

答：人民代表大会制度是指拥有国家权力的人民根据民主集中制原则，通过民主选举组成全国人民代表大会和地方各级人民代表大会，并以人民代表大会为基础，建立全部国家机构，对人民负责，受人民监督，以实现人民当家作主的政治制度。人民代表大会制度是我国实现社会主义民主的基本形式，是我国极具优越性的根本政治制度。然而，各种主客观原因却使各级人民代表大会及其常务委员会往往权力不实、威信不高。从我国现阶段的实际状况来看，完善人民代表大会制度应从以下两方面进行：

(1)理顺各级人大及其常委会与其他机关、组织的关系：

①各级人大及其常委会与同级党组织的关系。各级人大及其常委会依法行使职权是坚持和实现党的领导的体现；同级党组织应是为人大及其常委会依法行使职权提供保障。

②各级人大及其常委会与同级国家行政机关的关系。根据宪法和法律的规定，国家行政机关是人大的执行机关，由人大产生，向人大负责并报告工作。因此，各级人大及其常委会与同级国家行政机关是决定与执行、监督与被监督的关系。

③各级人大及其常委会与同级人民法院、人民检察院的关系。人民法院、人民检察院都由人大选举产生，对它负责，受它监督。各级人大及其常委会与同级人民法院、人民检察院的关系问题主要是人大监督与司法独立的关系问题。因此要理顺它们之间的关系，既要明确人大及其常委会监督的范围和内容，又要有明确的监督程序和方式，从而既达到人大及其常委会的监督目的，又保证人民法院、人民检察院依法独立行使职权。

(2)加强人民代表大会制度的自身建设：

完善人民代表大会制度，不仅必须理顺各级人大及其常委会与其他机关组织的关系，而且还须解决内部问题，亦即必须从自身制度方面予以完善。从人民代表大会制度的实际运行看，在自身建设方面主要应该抓好以下工作：

①组织机构建设。根据各级人大及其常委会的现状，一方面使已有的工作机构充分、有效地运转起来，特别是各级人大常委会和各专门委员会应该发挥其应有作用；另一方面是在结合现实情况的基础上，根据客观需要加强机构建设和组织建设。具体包括：

a. 增设专门委员会，建立健全人大及其常委会辅助性的工作机关。

b. 加强地区、乡、镇人大的机构建设。对有关法律进行修改解释，明确地区设置人大的相应机构，进一步健全乡、镇人大的常设机关，以落实本级人大的决议，经常性地监督乡、镇人民政府的工作，加强与代表和选民的联系，及时听取和反映群众的意见和要求。

c. 加强各级人大及其常委会的组织建设。一方面应尽快实现代表结构的合理化，另一方面必须实现各级人大常委会委员的专职化。由于人大常委会是经常性的行使国家权力的机关，因此，实现其委员的专职化，是提高各级人大及其常委会行使职权能力的必要条件。

②制度建设。各级人大及其常委会依法行使职权，必然要采取一定的方式、方法，也

要遵循一定的工作程序。具体说来主要包括：

a. 会议制度。由于议事规则中的诸多内容尚很原则，因而必须制定其他有关条例。诸如“议案条例”“质询条例”“罢免条例”等都应起草制定，以建立系统、全面的议案制度、质询制度、罢免制度等。

b. 各级人大常委会与代表的联系制度。实践工作中的主任接见代表日制度，代表小组活动日制度，常委会组成人员和机关干部分片负责、深入基层走访代表制度等都是行之有效的，现在的问题是必须将其固定化、法律化。

c. 人大代表与选民的联系制度。这主要是指双向联系的制度化，监督、罢免的制度化。代表向选民收集情况，向选民汇报工作等应该形成制度，这应该是选民考察代表是否称职以及应否罢免的主要依据。

d. 人大代表的视察、调查制度。这既包括以法律的形式规定视察、调查的范围、程序等，也包括为进行视察、调查提供必要的条件，如交通工具、人员配备、有调阅有关案卷并询问有关人员的权利等。

e. 人大代表的学习制度。培养代表参政议政能力，应该也是人大工作的一部分，因此，这项工作同样应形成制度。

③成员素质的提高。具体包括：

a. 在选举过程中，尽可能选举出那些政治品德、政治思想好、参政议政能力强的成员。

b. 对当选代表通过学习、培训等各种形式予以提高，保证各级人大及其常委会有效地行使职权。

3. 结合我国选举法之规定，论述直接选举的内涵及我国直接选举的基本程序。[武大2007年研]

相关试题：

(1)简述直接选举人大代表制度中候选人的产生与确定。[简答题，中国政法2022年研]

(2)简述我国人大代表直接选举过程中的代表候选人的产生程序。[简答题，中南财大2010年研]

答：(1)直接选举的概念：

直接选举是指由选民直接投票选举人民代表大会代表的一种选举。直接选举的民主程度高，不仅有利于选民了解和监督代表和国家公职人员，也使代表和国家公职人员更加注重对选民负责。

(2)我国直接选举的基本程序：

①选举组织机构：

不设区的市、市辖区、县、自治县、乡、民族乡、镇设立选举委员会，主持本级人大代表的选举。不设区的市、市辖区、县、自治县的选举委员会受本级人大常委会的领导。乡、民族乡、镇的选举委员会受不设区的市、市辖区、县、自治县的人大常委会的领导。选举委员会的主要职权包括：a. 划分选举本级人大代表的选区，分配各选区应选代表的名额。b. 进行选民登记，审查选民资格，公布选民名单。c. 受理对于选民名单不同意见的申诉，并作出决定。d. 确定选举日期。e. 了解核实并组织介绍代表候选人的情况。f. 根据较多数选民的意见，确定和公布正式代表候选人名单。g. 主持投票选举。h. 确定选举结果是否有效，公布当选代表名单。i. 法律规定的其他职责。同时，选举委员会应及时公布选举信息。

②划分选区：

a. 选区是以一定的人口数为基础划分的进行直接选举的区域。

b. 不设区的市、市辖区、县、自治县、乡、民族乡、镇的人民代表大会的代表名额分配到选区，由选民按选区直接投票选举。

c. 选区可以按居住状况划分，也可以按生产单位、事业单位、工作单位划分。

d. 本行政区域内各选区每一代表所代表的人口数应大体相等。

③选民登记：

a. 凡年满18周岁没有被剥夺政治权利的公民都应列入选民名单。选民名单应在选举日的20天以前公布，并颁发选民证。

b. 对于公布的选民名单有不同意见的，可以在选民名单公布之日起5日内向选举委员会提出申诉。选举委员会对申诉意见，应在3日内作出处理决定。申诉人对处理决定不服时，可以在选举日5日以前向人民法院起诉，人民法院应在选举日以前作出判决，其判决为最后决定。

c. 经过登记确认的选民，资格长期有效。

④提名并确定代表候选人：

a. 在直接选举中，各政党、各人民团体，可以联合或者单独推荐代表候选人。选民10人以上联名，也可以推荐代表候选人。

b. 选举委员会汇总所推荐的代表候选人后，将代表候选人名单及代表候选人的基本情况在选举日的15日以前公布，并在该选区各选民小组讨论、协商，根据较多数选民的意见确定正式的代表候选人。正式代表候选人名单及代表候选人的基本情况应当在选举日的7日以前公布。

c. 如果所提代表候选人的人数超过法定的最高差额比例，由选举委员会交各该选区的选民小组讨论、协商，根据较多数选民的意见，确定正式代表候选人名单；对正式代表候选人不能形成较为一致意见的，进行预选，根据预选时得票多少的顺序，确定正式代表候选人名单。

⑤候选人的介绍：

a. 推荐代表候选人的政党、人民团体和选民、代表可以在选民小组会议上介绍所推荐的代表候选人的情况。

b. 接受推荐的代表候选人应当向选举委员会如实提供个人身份、简历等基本情况。

c. 选举委员会应当向选民介绍代表候选人的情况。选举委员会根据选民的要求，应当组织代表候选人与选民见面，由代表候选人介绍本人的情况，回答选民的问题。但是，在选举日必须停止代表候选人的介绍。

⑥组织投票：

a. 组织投票主要有两种形式：各选区设选举投票站和召开选举大会投票。

b. 投票要求：第一，必须在选举委员会主持下进行。第二，因患有疾病等原因行动不便或者居住分散并且交通不便的选民，可以在流动票箱投票。第三，选民如果选举期间外出，经选举委员会同意，可以书面委托其他选民代为投票，但每一选民接受的委托不得超过3人，并应当按照委托人的意愿代为投票。

⑦确定当选：

a. 在直接选举时，选区全体选民的过半数参加投票，选举有效。

b. 在直接选举中，选区全体选民的过半数参加投票选举有效，代表候选人获得参加选举投票的选民过半数的选票始得当选。另行选举县级和乡级的人民代表大会代表时，代表候选人以得票多的当选，但是得票数不得少于选票的1/3。

c. 选举结果由选举委员会根据选举法确定是否有效，并予以宣布。

d. 《选举法》第47条规定，代表资格审查委员会依法对当选代表是否符合宪法、法律规定的代表的基本条件，选举是否符合法律规定的程序，以及是否存在破坏选举和其他当选无效的违法行为进行审查，提出代表当选是否有效的意见，向本级人民代表大会常务委员会或者乡、民族乡、镇的人民代表大会主席团报告。县级以上的各级人民代表大会常务委员会或者乡、民族乡、镇的人民代表大会主席团根据代表资格审查委员会提出的报告，确认代表的资格或者确定代表的当选无效，在每届人民代表大会第一次会议前公布代表名单。

⑧补选：

a. 县、乡人大代表在任期内，因故出缺，由原选区或者原选举单位补选。

b. 在任期内调离或者迁出本行政区域的，其代表资格自行终止，缺额另行补选。补选出缺的代表时，代表候选人的名额可以多于应选代表的名额，也可以同应选代表的名额相等。

c. 对补选产生的代表，依照《选举法》第47条的规定进行代表资格审查。

4. 辽宁省人大代表集体贿选事件，说明了什么问题，如何从制度上防止贿选事件的发生？[北大2017年研]

答：(1)辽宁省人大代表集体贿选事件体现的问题：

①党员干部自身存在问题。一些党员干部思想觉悟不高、政治意识不强、思想观念出了问题，官本位、团伙主义和圈子思想严重。

②制度上存在漏洞。少数人提名，可能造成范围比较固定，贿选拉票比较容易的问题；关于提名主体、依据和透明度的规定不明，容易造成被钻空子、拉选票、带病提拔本身存在问题的被提名人等情况。拉票贿选的本质是违背宪法与选举法的违法行为。它是对人民代表大会制度的亵渎，对人民权利的侵犯，必须严肃认真地加以纠正和惩治。

辽宁贿选事件严重践踏了人民的选举权，是对我国人民代表大会制度的挑战，是对社会主义民主政治的挑战，是对国家法律和党的纪律的挑战，触碰了中国特色社会主义制度底线和中国共产党执政的底线。

(2)防止贿选事件发生的制度安排：

公民的选举权和被选举权与我国人民掌握和行使国家权力有着直接的联系。广大人民群众行使民主选举权利是我国人民民主专政的国家政权的基础，也是人民当家作主的体现和标志。我国《宪法》第34条规定："中华人民共和国年满18周岁的公民，不分民族、种族、性别、职业、家庭出身、宗教信仰、教育程度、财产状况、居住期限，都有选举权和被选举权；但是依照法律被剥夺政治权利的人除外。”选举权享有的普遍程度决定了一个国家的民主程度，一国公民享有普选权即平等的选举权，表明国家有较高的民主程度。所以，选举权是公民的一项基本的政治权利。吸取辽宁省人大代表集体贿选事件的教训，从制度上防止贿选事件的发生应当做到：

①加强干部制度和权力机制的改革创新。在干部队伍建设中把民主与科学有机结合起来，引导党内的正当竞争，树立党内的健康风气。真正落实用人制度的公开透明以给党员干部一个公平、公正、公开的竞争发展空间。务必要促进干部选拔任用工作的科学化、民主化、制度化，加强从源头上防治选人用人不正之风，选拔出让党放心、群众满意的好干部。

②遵纪守法是基本底线。全党同志和各级国家机关工作人员必须切实增强政治意识、大局意识、核心意识、看齐意识，自觉在思想上政治上行动上同以习近平同志为核心的党中央保持高度一致，大力推进党风廉政建设和反腐败斗争。必须坚持党的领导，充分发扬民主，严格依法办事，长期坚持、全面贯彻、不断发展好人民代表大会制度。

③用社会主义民主制度和法治建设规范权力的产生、运行和监督。岗位权力的公开透明必须要进一步落实，不只是权力行使的公开透明，还包括获得岗位的公开透明，以及官员家庭财产、子女情况等。在现有制度架构下，应该发挥各级人大制度性监督平台的作用，需要人大制度本身也要进行优化和完善，切实发挥其应有作用。

④全面推行领导班子功能结构模型管理。切实推进干部能上能下，严明干部人事纪律，强化干部选任工作监督检查和责任追究。要认真贯彻落实中央八项规定精神，未雨绸缪做好人大换届准备工作。

⑤提升选举的透明度，使之更加符合程序正义的要求。《选举法》第34条规定，候选人的情况必须公开化。第11条规定，在选举程序中，选举委员会应及时公布选举信息。第43条规定，代表候选人的近亲属不得担任监票人、计票人。这些规定都更加有效地保障了选举程序的公开性和公正性。

5. 你认为应如何完善我国的选举制度？［中南财大2003年研］

相关试题：我国的选举制度应从哪些方面进行完善？［简答题，中南财大2008年研］

答：完善我国的选举制度可以从以下几个方面入手：

(1)选举机构的完善：

从国外经验看，选举组织一般是固定的，人员也是专职的；选举组织一般要独立于各党派、各国家机关和各利益团体，以及形成对选举机构的监督。进一步完善选举组织机构，有以下两种方案：

①将选举组织权赋予民政部门。其理由主要有两个：

a. 人大常委会主持选举的做法实际上是一种自我选举认定。作为国家权力机关，选举其成员时不应该由本机关主持。

b. 由于民政部门如今负责组织基层群众性自治组织的选举，以前主持县级以下人大代表选举，已摸索出一些成功的经验，由民政部门主持选举比由人大常委会主持更为适宜。

②成立独立的全国选举委员会及其下属机构。应该将全国所有的选举事务包括人大代

表的选举、村民委员会和居民委员会的选举等，交由一个独立于党政部门、民主党派、人民团体及人大系统之外的组织系统管理，即建立全国选举委员会，并在省、市、县、乡各级设立相应的专门机构负责选举。为保证选举的公正性和客观性，还应该建立独立的法院、特别法庭或选举法庭，对所有选举进行监督，就选举争论和当选争讼作出仲裁，并对选举中的违法行为进行处理。

(2)选民登记的完善：

在实践中，选民登记制度存在以下问题：①由选举组织机构保证所有选民参加选举。这种做法有悖自由选举原则。②我国现有的选民登记方法在制度设计和操作技术上都相当不成熟。虽然规定"一次登记，长期有效"，但从历次选举情况看，大多数地方都会对选民全部重新登记，并颁发新的选民证。

针对选民登记中存在的问题，选举机构首先应当允许选民的消极权利即不进行登记的权利，而不能为了高票通过率自己去登记选民。而针对选民的消极态度，选举机构可以扩大宣传，让选民意识到自己行使权利的重要性，进而才能使选民主动登记、主动参与。其次，按照一次登记、长期有效的规则，尽量避免重复登记。

(3)确定正式候选人制度的完善：

①实行有较大竞争性的选举机制，将市场竞争机制引入选举制度。将竞争机制引入选举制度可分别从竞争候选人和竞争当选两方面着手制度化。在竞争候选人阶段，将其制度化包括：

a. 在选举法中明确规定选民或者代表联名推荐的代表候选人与各政党、各人民团体联合或单独推荐的代表候选人具有同等地位，以改变在选举中实际存在的不重视选民或代表联名推荐的代表候选人的做法。

b. 明确要求被推荐的代表候选人向选举委员会或者大会主席团作自我介绍，作为推荐者介绍候选人的补充。

c. 选举组织根据推荐者和被推荐的候选人介绍的情况，在与被推荐的候选人所在的工作单位和居住地居民委员会核实后，依法确定和公布候选人名单。

候选人名单公布后，进入竞争当选阶段。在这一阶段的制度化措施主要有：明确要求代表候选人在选区范围通过各种合法形式向选民或代表作介绍和宣传；由选举组织主持候选人辩论会，就各自的政见进行辩论；候选人应专门安排时间和地点就本选区事务接受选民或代表咨询并解答。

②从代表候选人的推荐、酝酿协商到确定所规定的期限看，时间过于仓促，使选民或选举人无暇作出合适的选举决定。因此，应相应地延长代表候选人的推荐、酝酿协商到确定的期限。

(4)选举权的救济制度的完善：

①我国的选举罢免制度：

a. 完善代表当选后的独立性。促使代表能够公正地从整个社会的公共利益而不是地区或集团的利益独立行使职权。

b. 罢免制度的操作。首先，对罢免程序从法律上进行严格的规定；其次，细化选民或代表要求罢免人大代表的法定事由；再次，在罢免程序上，保障被罢免代表的权利。

②我国的选举监察制度：

a. 我国法律应对选举监察予以专门规定。

b. 我国《选举法》对选举活动规定一些监督措施，比如对选民资格的监督；对选举人、候选人和选举工作人员行为的监督；在选举过程中对选举环节的检查，如清点参加选举的人数、选票发出与收回数、有效选票与无效选票的清点、候选人的得票数等。另外，《选举法》规定了承担选举监察职能的机构，即县级以上的各级人大常委会和各级选举委员会。当然这样的规定可能会受到质疑，因为从选举监察的视角看，各级选举机构在选举中应属于被监督对象。

③我国的选举诉讼制度。我国从民事诉讼和刑事诉讼的角度对选举中出现的问题进行保障，但这两种类型的诉讼无法完全解决层出不穷的选举纠纷问题。因此，应当扩大选举诉讼制度的范围，将有关选举无效之诉、当选无效之诉及与罢免案有关的诉讼，以及侵犯选民民主权利的行为，都纳入法院的受案范围。

6. 试述地方自治。［武大2011年研］

相关试题：论我国宪法中的自治制度。［中山大学2010年研］

答：(1)地方自治是指在一定的领土范围之内，全体居民组成地方自治团体，在宪法和法律规定的范围内和国家的监督下，按照自己的意志组织地方自治机关，利用本地区的财力，处理本区域内公共事务的一种地方政治制度。地方自治最早出现于古罗马时代。现代地方自治制度包括英美法系国家和大陆法系国家的地方自治制度。

①英美法系国家的地方自治制度以“人民自治”理论为基础。认为自治的权利是天赋的，是人民所固有的，先于国家而存在，国家不但不能干涉，而且应予保护。

②大陆法系国家的地方自治制度以“团体自治”理论为基础。认为地方自治的权利不是天赋的，不是地方人民所固有的，而是由主权国家所赋予的，国家可随时收回这种权利。

(2)我国宪法中的自治制度包括以下四个方面：

①普通地方的自治制度。《宪法》第三章第五节规定了普通地方的自治权限，这属于一般意义上的自治制度。具体包括以下几个方面：

a. 地方各级人大在本行政区域内，保证宪法、法律、行政法规的遵守和执行；依照法律规定的权限，制定地方性法规，通过和发布决议，审查和决定地方的经济建设、文化建设和公共事业建设的计划等。

b. 县级以上地方各级人民政府依照法律规定的权限，管理本行政区域内的经济、教育、科学、文化、卫生、体育事业、城乡建设事业和财政、民政、公安、民族事务、司法行政、监察、计划生育等行政工作，发布决定和命令，任免、培训、考核和奖惩行政工作人员。乡、民族乡、镇的人民政府执行本级人大的决议和上级国家行政机关的决定和命令，管理本行政区域内的行政工作。地方各级人民政府要接受国务院的统一领导，下级人民政府要接受上级政府的领导。

②基层群众自治制度。《宪法》第111条第1款规定：“城市和农村按居民居住地区设立的居民委员会或者村民委员会是基层群众性自治组织。”基层群众性自治组织是依照法律规定，由居(村)民选举产生的成员组成的，实行自我管理、自我服务、自我教育、自我服务监督的社会组织。基层群众性自治是非政权型的，即非国家性质的自治，而是一种社会自

治。其自治性主要表现在：

居民委员会和村民委员会在活动上具有自治性。基层群众性自治组织通过居(村)民自我管理、自我教育、自我服务开展工作，实行民主选举、民主决策、民主管理、民主监督。尽管乡、民族乡、镇的人民政府对居民委员会和村民委员会的工作可给予指导、支持和帮助，但不得干预依法应属于居(村)民自治范围的事项。

③民族区域自治制度。《宪法》第112条规定："民族自治地方的自治机关是自治区、自治州、自治县的人民代表大会和人民政府。"自治机关除行使宪法规定的一般地方国家机关的职权外，还行使宪法、民族区域自治法和有关法律授予的自治权，主要有：

a. 制定自治条例和单行条例。自治区制定的自治条例和单行条例须报全国人大常委会批准后生效；自治州、自治县制定的自治条例和单行条例，须报省、自治区、直辖市人大常委会批准后生效，并由批准机关报全国人大常委会和国务院备案，报送备案时应当说明对法律、行政法规、地方性法规作出变通的情形。

b. 根据当地民族的实际情况，贯彻执行国家的法律和政策。对于上级国家机关的决议、决定、命令和指示，如有不适合民族自治地方实际情况的，自治机关可以报经上级国家机关批准变通执行或停止执行。

c. 自主管理地方财政。凡是依照国家财政体制属于民族地方的财政收入，都应当由民族自治地方的自治机关自主地安排使用。在执行国家税法的时候，除应由国家统一审批的减免税收项目之外，对属于地方财政收入的某些需要从税收上加以照顾和鼓励的，可以实行减税或者免税。

d. 自主管理地方性经济建设。民族自治地方的自治机关可以根据宪法、法律和方针政策，根据本地方的特点和需要，制定经济建设的方针、政策和计划，自主地安排和管理地方性的经济建设事业。

e. 自主管理教育、科学、文化、卫生、体育事业。基于少数民族地区的特殊性，《宪法》第119条规定："民族自治地方的自治机关自主地管理本地方的教育、科学、文化、卫生、体育事业，保护和整理民族的文化遗产，发展和繁荣民族文化。"

f. 组织维护社会治安的公安部队。我国宪法规定，民族自治地方的自治机关依照国家军事制度和当地的实际需要，经国务院批准，可以组织维护社会治安的公安部队。

g. 使用本民族的语言文字。民族自治地方的自治机关在执行职务的时候，使用当地通用的一种或者几种语言文字，必要时，可以以实行区域自治的民族的语言文字为主。

④特别行政区的高度自治。目前我国特别行政区包括香港和澳门特别行政区。依据《宪法》第31条、第62条第13项规定，特别行政区享有高度自治权，主要体现在以下几个方面：a. 行政管理权；b. 立法权；c. 独立的司法权和终审权；d. 自行处理有关对外事务的权力；e. 其他方面。

(3)我国的地方自治制度不同于其他国家，尤其是英美法系国家的地方自治制度。

①我国地方政权的权力是中央依照宪法和法律规定授予的，而非地方固有的。

②地方政权及其国家机关一般必须接受中央统一和严格的领导，地方政府必须服从中央政府所代表的最高国家权力。

③我国的地方制度具有多样性和包容性，既有一般的地方国家政权，也有民族区域自

治制度，还有实行高度自治的特别行政区制度。

7．试论基层群众性自治组织同基层政权的关系。［上海大学2003年研］

答：基层群众性自治组织是指依照有关法律规定，以城乡居（村）民一定的居住地为纽带和范围设立，并由居（村）民选举产生的成员组成的，实行自我管理、自我教育、自我服务的社会组织。目前我国基层群众自治组织包括村民委员会和居民委员会。基层群众性自治组织与基层政权之间的关系主要体现在以下方面：

（1）村民委员会与基层政权之间的关系：

①《村民委员会自治法》第5条第1款将乡镇人民政府和村民委员会之间的关系规定为指导和被指导、支持和被支持、帮助和被帮助的关系，明文禁止基层人民政府干预依法属于村民自治范围内的事项，并且在第2款规定村民委员会协助基层人民政府开展工作。

②村民委员会和基层人民政府之间尽管存在密切的关系，但是它们仍然是相互独立的主体。一方面，基层人民政府必须尊重村民自治的权限，不得对其进行干预。另一方面，村民自治制度并不使得村民自治体对外隔绝。相反，村民委员会具有协助乡镇人民政府开展工作的义务。

（2）居民委员会与基层政权组织的关系：

①居民委员会与基层人民政府之间的关系为指导与被指导、支持和被支持、帮助和被帮助的关系。就此而言，居民委员会与基层人民政府之间的关系，和村民委员会与基层人民政府之间的关系相同。与此同时，居民委员会协助城市基层人民政府即不设区的市、市辖区的人民政府或其派出机关开展活动。

②居民委员会与基层政权组织的关系不同于村民委员会与基层政权之间的关系。乡镇人民政府不得干预属于村民自治范围内的事项，而城市基层人民政府并不被明文禁止干预城市居民自治。这并不意味着默许不设区的市、市辖区的人民政府或者它的派出机关干涉居民自治，而是针对现实中村民自治更容易被干预的情况而明文禁止对自治事项的干预。

8．我国基层群众性自治制度的完善。［中山大学2019年研］

答：通过多年实践，我国基层群众性自治组织建设取得了不少成绩，但也有一些不尽如人意之处。主要表现在：居民委员会和村民委员会自治职能错位；自治组织经济状况较差；人员素质较低；多数居民委员会和村民委员会的民主建设只注意抓换届选举，忽视、放松民主决策、民主管理和民主监督的落实等。因此，我国基层群众性自治组织的民主建设还必须完善和加强。完善我国基层群众性自治制度的措施有：

（1）各级人民政府及其派出机构应当尊重现行宪法和《居民委员会组织法》以及《村民委员会组织法》赋予居民委员会和村民委员会的自主权和法律地位，从思想上、体制上改变现实中将居民委员会和村民委员会视为街道办事处和乡（镇）政权机关派出机构的看法和做法。凡属各级人民政府职能部门的工作不应交给居民委员会和村民委员会办理，此外还应当减轻居民委员会和村民委员会的工作负担，保证居（村）民直接行使宪法规定的民主权利，依法决定和管理自己的事务。

（2）不断提高居民委员会和村民委员会干部的自身素质。注重选拔优秀中青年，特别是具有专门知识、一定特长的中青年人才来从事居民委员会和村民委员会的各项工作。与此同时，也应当加强对现任居民委员会和村民委员会干部专业知识的培训工作，使居民委员会或村民委员会干部能够比较熟练地掌握各项业务知识。

(3)增加居民委员会和村民委员会的经济来源。经济是群众自治的基础和生命。政府应从工商、税务、资金等多方面帮助居民委员会发展第三产业，支持村民委员会发展村办企业，不断壮大基层群众性自治组织的经济基础，改善其工作条件，稳定干部的思想，调动干部的积极性和主动性。村民委员会在实施村民自治的工作中，要积极努力推进经济建设，走集体家庭双层经营的道路，努力实现农村共同致富奔小康的奋斗目标。

(4)搞好基层群众性自治组织的制度建设。重点是建立健全村民委员会的民主选举制度，以村民会议或村民代表会议为主的民主议事制度，以村务公开、民主评议和村民委员会定期报告工作为主要内容的民主监督制度。居民委员会和村民委员会要照章办事，推进基层群众自治的制度化、规范化。

(5)发展基层群众性自治组织的民主，必须贯彻依法治国方略，同健全法制紧密结合。进一步完善保障基层群众直接行使民主权利的法律法规，对压制和破坏民主，侵犯基层群众民主权利的行为，要坚决查处。加强法制教育和宣传，使基层群众增强法治观念和依法办事的能力，使广大基层群众知法守法，履行应尽义务，用法律保护自己的合法权益。加强社会治安综合治理，严厉打击各种刑事犯罪和恶势力，为基层群众的生产、生活和民主建设创造稳定的社会环境。

(6)拓宽基层群众自治的途径和形式。目前，我国基层群众的自治形式主要限于城市居民委员会和农村村民委员会，显然过于狭窄。为了适应当前政企分开和所有制结构调整的需要，应建立和完善企业自治制度；为了满足人们合法表达各自利益的需要，应制定结社法，实现公民的结社自由；在适当的时候，可以宪法的形式确立公民的创制权、复决权，使公民能自由而直接地表达自己的意愿等。

七、案例分析题

1. 2016年9月17日，辽宁省人大十二届七次会议筹备组发出公告：辽宁省第十二届人民代表大会第一次会议选举全国人大代表过程中，有45名当选的全国人大代表拉票贿选，有523名辽宁省人大代表涉及此案。沈阳等14个市人大常委会和有关选举单位决定接受涉案的丁坤等452人辞去辽宁省第十二届人民代表大会代表职务。阜新市人大常委会决定罢免李峰的辽宁省第十二届人民代表大会代表职务，其他涉案代表有的已经在此前辞去代表职务，有的已调离本行政区，代表资格已经终止。铁岭市人大常委会决定接受吴野松辞去辽宁省第十二届人民代表大会代表职务。依照有关规定，以上454名辽宁省第十二届人民代表大会代表的代表资格终止。根据前述决定，辽宁省十二届人大代表实有147人，而辽宁省十二届人大常委会62人中有38人涉案，需要按照规定补选。[北航2017年研]

请结合我国宪法的有关原则、规则和制度回答下列问题：

(1)我国的全国人大代表是由哪些单位选举产生的？

(2)罢免省级人民代表大会代表的程序是什么？需要具备何种罢免理由？

(3)省级人大代表的选举由哪个机构主持？本案中为何成立筹备组主持选举？

(4)结合本案，你如何认识民主选举与金钱政治的关系？

答：(1)我国的全国人大代表是由以下单位选举产生的：

①全国人民代表大会代表要经过两级或三级间接选举产生，即先由直接选举产生县级人民代表大会代表，再由县级人民代表大会选举代表产生省级人民代表大会，再由省级人民代表大会选举代表产生全国人民代表大会。

②香港和澳门特别行政区全国人大代表的选举。根据《香港特别行政区基本法》第21条规定，香港特别行政区居民中的中国公民依法参与国家事务的管理。根据全国人民代表大会确定的名额和代表产生办法，由香港特别行政区居民中的中国公民在香港选出香港特别行政区的全国人民代表大会代表，参加最高国家权力机关的工作。结合香港的实际情况，港区全国人大代表由选举会议选出。澳门特区全国人大代表选举与香港类似。

③台湾地区全国人大代表的选举。台湾地区全国人大代表采用协商选举的办法产生。其具体选举程序是：从大陆现有的台湾同胞中，产生一个约120人的选举委员会。全国人大常委会根据台湾同胞的分布情况，将选举委员会成员名额分配到各省、自治区、直辖市，由其常委会负责组织协商选定。选定的选举委员会成员集中到北京参加协商选举会议。

④军队全国人大代表的选举。军队的全国人大代表，由解放军各总部、大军区级单位和中央军事委员会办公厅的军人代表大会选举产生。

(2)罢免省级人民代表大会代表的程序及理由：

①罢免省级人民代表大会代表的程序如下：

《选举法》第51条规定，县级以上的地方各级人民代表大会举行会议的时候，主席团或1/10以上代表联名，可以提出对由该级人民代表大会选出的上一级人民代表大会代表的罢免案。在人民代表大会闭会期间，县级以上地方各级人大常委会主任会议或常委会1/5以上的组成人员联名，可以向常委会提出对由该级人民代表大会选出的上一级人民代表大会代表的罢免案。

向代表大会提出的罢免案，由大会主席团交全体会议表决。向常委会提出的罢免案，由主任会议提交常委会全体会议进行表决。在表决罢免案之前，应由提出罢免案的一方作出罢免案的说明，然后由被提出罢免案的代表进行申辩，最后进行表决。《选举法》第50条规定，对于罢免案的表决应采用无记名的表决方式。

在代表大会或常委会上通过罢免案，需分别经代表大会过半数的代表或常委会组成人员的过半数通过，罢免的决议须报告上一级人大常委会备案。如果被罢免的代表是常委会组成人员或者专门委员会组成人员，那么其代表职务被罢免后，其常委会组成人员或专门委员会组成人员的职务相应被撤销。

②罢免理由：一般来说，只要代表失去了原选区选民或者原选举单位的信任，就可以被罢免。因此，罢免代表可以包括各种情况，既可以是代表有违法犯罪行为、违反纪律和道德行为或者本职工作严重失误、不称职，也可以是代表未能很好地履行代表职责，或者是其他原因不再适合当代表职务的，应当辞去代表职务而没有辞去的等。

(3)省级人大代表的选举由市级人民代表大会主席团主持。《选举法》第39条规定，县级以上的地方各级人民代表大会在选举上一级人民代表大会代表时，由各该级人民代表大会主席团主持。

由于辽宁贿选事件波及面太广，原有选举机构无法正常履职，所以成立了筹备组。筹备组实际上相当于《选举法》第二章规定的选举机构。选举机构的特点有两点，一是为换届选举而设，二是具有临时性，例如，市级以上人大常委会行使职权到下届本级人大选出新的常委会委员为止，其重要功能之一就是担当下届本级人大代表的选举机构；下届人大代表选举完成并召开第一次会议，上届人大常委会的功能自然终止。遇到辽宁省这种大面积贿选问题，正常的选举机构难以履职，筹备组就出现了。

(4)金钱政治，即通过金钱操纵政治，源于选民与候选人对选举认识的不足，源于选举制度的不完善，金钱政治作为民主选举的对立面必须予以严厉打击和禁止。国家可以通过完善法律法规，严格政治资金的收受、管理和使用。同时，选民与候选人需要提高自身素养，杜绝选举过程中的金钱侵蚀和钱权交易的发生。

2. 2020年10月，《选举法》作出修改，将县级人大代表名额基数增加20名，将乡镇人大代表名额基数增加5名。

《选举法(修正草案)的说明》指出，自1997年以来，我国五级人大代表总数特别是乡镇人大代表数量呈逐届减少的趋势；至2017年底，已减少了54.19万名。乡镇人大代表数量之所以减少，主要是因为撤乡并镇和乡镇改设街道。全国乡镇数量减少，街道数量增加。增加的街道多数由镇改设而来。每撤并一个乡镇，就减少40名代表名额基数，从而造成乡镇人大代表数量大幅减少。[2021年法硕(非法学)真题]

根据现行宪法和法律，结合上述材料，回答下列问题：

(1)《选举法》修改为什么要适当增加县乡两级人大代表名额的基数?

(2)《选举法》适当增加县乡两级人大代表数量，对于完善人民代表大会制度有何意义?

答：(1)《选举法》修改适当增加县乡两级人大代表名额基数的原因如下：

①适当增加乡镇人大代表名额，弥补了撤乡并镇后乡镇人大代表数量减少的不足。

②撤乡并镇和乡镇改设街道后，适当增加县级人大代表名额，可优化县级人大代表结构，有利于解决基层群众政治参与度不足的问题。

③利于实现城乡按相同人口比例选举人大代表，保障公民都享有平等选举权。各行政区域不论人口多少，都能有相同的基本名额数，都能选举一定数量的代表，体现地区平等、人人平等的原则，符合选举权平等性原则的要求。

(2)《选举法》适当增加县乡两级人大代表数量，对于完善人民代表大会制度的意义有：

①县乡人大是基层国家权力机关，是实现基层民主的有效形式。县乡两级人大代表由选民直接选举产生，是党和国家联系人民群众的桥梁。适当增加基层人大代表数量，有利于加强地方人大建设，更好地坚持和完善人民代表大会制度。

②人民代表大会制度的目标是规范国家权力和保障公民权利，《选举法》适当增加县乡两级人大代表数量有利于更好地反映人民意愿、代表人民意志，加强与人民群众的联系，充分保障人民当家作主的权利。

③《选举法》适当增加县乡两级人大代表数量，有利于切合实际反映地方实际情况，更好地进行民主选举和监督，不断健全和发展社会主义民主，也能更充分发挥地方的主动性和积极性，促进国家治理体系完善和治理能力现代化。

3. 2011年10月中旬，某市香湖区举行人民代表大会代表换届选举。该区某高校作为一个选区公布了7260人的选民名单。该选区居民甲曾因刑事犯罪被剥夺政治权利两年，至2011年9月23日期满。甲在选民名单中发现没有自己的名字。11月15日，该选区共有3630人参加了投票。在投票过程中，教师乙接受了另外4名教师选民的委托代为投票。选举委员会最终确认并宣布丙以3203张选票当选人大代表。[2013年法硕(法学)真题]

请结合我国宪法和选举法相关规定，指出本次选举中的不合法之处，并说明理由。

答：结合我国宪法和选举法相关规定，本次选举中的不合法之处及理由具体如下：

(1)甲未被列入选民名单的做法是不合法的。

理由：《宪法》第34条规定，中华人民共和国年满18周岁的公民，不分民族、种族、性别、职业、家庭出身、宗教信仰、教育程度、财产状况、居住期限，都有选举权和被选举权；但是依照法律被剥夺政治权利的人除外。在公布选民名单前，甲被剥夺政治权利的期限已满，依法应享有选举权，有权参加本次选举。

(2)乙接受4名教师的委托代为投票的行为是不合法的。

理由：《选举法》第42条规定，选民如果在选举期间外出，经选举委员会同意，可以书面委托其他选民代为投票。每一选民接受的委托不得超过3人，并应当按照委托人的意愿代为投票。

(3)选举委员会确认丙在本次选举中当选是不合法的。

理由：《选举法》第45条规定，在选民直接选举人民代表大会代表时，选区全体选民的过半数参加投票，选举有效。代表候选人获得参加投票的选民过半数的选票，始得当选。该选区共有选民7260人，实际参加投票的选民为3630人，未超过全体选民的半数，故本次选举无效。尽管丙获得参加投票的选民过半数的选票，但因本次选举无效，所以选举委员会不应确认丙的当选。

4. 2004年1月，某村民委员会进行换届选举。投票结束后，39名村民以有候选人在选举前给他们发钱为由，向县政府反映此次选举涉嫌贿选，要求调查。县政府据此派出联合调查组，经调查后出具书面答复，认为该村换届选举不存在贿选，确认选举结果合法有效。[2009年法硕(非法学)真题]

请结合宪法学的知识和原理，以及我国现行宪法和法律的规定分析材料并回答问题：

(1)县政府关于选举结果的确认行为是否合法？为什么？

(2)村民如果认为村民委员会选举有问题，应如何维护自己的权利？

答：(1)县政府关于选举结果的确认行为不合法。具体分析如下：

村民委员会是基层群众性自治组织，村民委员会组成人员由村民依法直接选举产生，村委会活动不应受政府干预。村民选举委员会依法主持村民委员会换届选举，并确认选举结果有效。县政府不是组织选举的机构，它可以就村民举报的违法情况组织调查，将调查结果提交，由村民选举委员会决定选举是否有效。因而，该县政府宣布选举结果有效的行为是违法的。

(2)村民如果认为村民委员会选举有问题，可以书面向村民选举委员会提出申诉，也可以向县、乡级人民代表大会常务委员会或县、乡级人民政府及其有关主管部门举报。如果村民对处理意见有异议，可以向人民法院起诉，由人民法院依法判决。

第六章 公民的基本权利和义务

6.1 复习指南

【知识框架(庖丁解牛)】

- 公民的基本权利和义务
  - 一般原理
    - 人权
    - 权利概述：概念、分类
    - 基本权利：概念、特点、类型、性质
    - 基本权利的主体：一般主体、特殊主体和特定主体
    - 基本权利的效力
    - 基本权利的保障和限制
      - 保障：绝对、相对、折中型保障方式
      - 限制
        - 类型：内在限制、外在限制
        - 主体、目的、方式、审查
  - 公民的基本权利
    - 平等权：概念、内容
    - 政治权利
      - 选举权与被选举权
      - 言论、出版、结社自由
      - 集会、游行、示威自由
    - 宗教信仰自由：含义、保障原则
    - 人身自由
      - 生命权的保障
      - 人身自由、人格尊严不受侵犯
      - 住宅不受侵犯
      - 通信自由与通信秘密受宪法保护
    - 社会经济权利：财产权、劳动权、休息权、社会保障权、物质帮助权
    - 文化教育权利：受教育权、文化权利
    - 监督权：批评、建议权；控告、检举权；申诉权
    - 国家赔偿请求权
  - 公民的基本义务
    - 维护国家统一和各民族团结
    - 遵守宪法和法律
    - 维护祖国安全、荣誉和利益
    - 依法服兵役、纳税
    - 其他义务：劳动、受教育等

【通关提要(提纲挈领)】

本章主要介绍公民的基本权利与义务，内容较为基础、易懂。学习时，要熟悉基本权利的概念、主体、效力等，熟悉公民的基本义务；重点掌握公民的各项基本权利，尤其是人身自由和社会经济权利。另外，要特别注意人身自由的广义和狭义两方面的内容。本章各种题型都有可能考查，特别是概念题、简答题和论述题，内容多且杂，可按框架理解记忆。

6.2　考研真题与典型题详解

一、单项选择题

1. 某市执法部门发布通告："为了进一步提升本市市容和环境卫生整体水平，根据相关规定，全市范围内禁止设置各类横幅标语。"根据该通告，关于禁设横幅标语，下列哪一说法是正确的？(　　)［2017 年法考真题］

A. 涉及公民的出版自由　　B. 不构成对公民基本权利的限制

C. 在目的上具有正当性　　D. 涉及宪法上的合理差别问题

【解析】AB 两项，禁设横幅标语，涉及公民的言论自由和社会经济权利，自然构成对公民基本权利的限制，但不涉及出版自由。出版自由是指公民可以通过公开的出版物的形式，自由地表达自己对国家事务、经济和文化事业、社会事务的见解和看法。

C 项，该做法目的上具有正当性，即为了提升本市市容和环境卫生整体水平。

D 项，因禁设横幅标语是全市范围一体要求，没有差别，不涉及宪法上的合理差别。

2. 下列关于社会保障权的表述，正确的是(　　)。［2019 年法硕(法学)真题］

A. 社会保障权包括退休人员生活保障权、物质帮助权等内容

B. 1999 年宪法修正案强化了对公民社会保障权的保护

C. 国家不负有保障社会保障权实现的义务

D. 社会保障权是一种消极权利

【解析】社会保障权是一项基本人权，是指社会成员为了维护人的有尊严的生活而向国家要求给付的权利。其内容包括退休人员的生活保障权、物质帮助权等。

B 项，2004 年宪法修正案增加了"国家建立健全同经济发展水平相适应的社会保障制度"的条款。这一规定体现了以人为本、经济与社会协调发展的基本思想，强化了对公民社会保障权的保护。

CD 两项，社会保障权是公民从社会获得基本生活条件的权利，是公民的积极权利。国家负有保障权利实现的义务。

3. 根据现行宪法，下列关于平等保护原则的表述，正确的是(　　)。［2020 年法硕(法学)真题］

A. 国家机关拒绝录用"乙肝"表面抗原携带者，不构成歧视

1C　2A　3D

B. 政府优先采购残疾人福利企业的产品，违反了平等保护原则

C. 为保护妇女的就业权，在任何工种或岗位上都不得设置性别限制

D. 国家对少数民族给予某些适当的照顾不违反平等保护原则

【解析】A项，在宪法中，平等保护是指对于所有的公民应当采取无差别的待遇，除非存在进行差别对待的合理理由。尤其是不得把种族、性别、家庭出身、宗教信仰作为法律上不同对待的理由。拒绝录用“乙肝”表面抗原携带者构成歧视。

BCD三项，平等不等于平均、相同，平等保护和合理差别共存。合理差别有以下几种：①由于年龄上的差异所采取的责任、权利等方面上的合理差别；②依据人的生理差异所采取的合理差别；③依据民族的差异所采取的合理差别。B项属于根据人的生理差异采取的合理差别。C项过于绝对，男女在生理等方面存在差异，应允许合理差别。D项属于依据民族的差异采取的合理差别。

4. 中华人民共和国公民在法律面前一律平等。关于平等权，下列哪一表述是错误的？(　　)[2015年法考真题]

A. 我国宪法中存在一个关于平等权规定的完整规范系统

B. 犯罪嫌疑人的合法权利应该一律平等地受到法律保护

C. 在选举权领域，性别和年龄属于宪法所列举的禁止差别理由

D. 妇女享有同男子平等的权利，但对其特殊情况可予以特殊保护

【解析】A项，平等权，是指公民依法平等地享有权利，不受任何不合理的差别对待，要求国家给予同等保护的权利。我国《宪法》规定，任何公民不分民族、种族、性别、职业、家庭出身、宗教信仰、教育程度、财产状况、居住期限，都一律平等地享有宪法和法律规定的权利，也都平等地履行宪法和法律规定的义务。此外，《宪法》还针对平等权主体的不同进行了规定。由此可见，我国宪法中存在着完整的平等权规范系统。

B项，《宪法》第33条第2款规定，中华人民共和国公民在法律面前一律平等。其含义之一是，任何人的合法权利都一律平等地受到保护，这里的“任何人”包括犯罪嫌疑人。

C项，《宪法》第34条规定，中华人民共和国年满18周岁的公民，不分民族、种族、性别、职业、家庭出身、宗教信仰、教育程度、财产状况、居住期限，都有选举权和被选举权；但是依照法律被剥夺政治权利的人除外。因此，性别是宪法列举的禁止差别理由，但年龄不是。

D项，在现代宪法制度中，妇女享有的平等权是平等权在特定领域中的体现，是以禁止差别为义务的权利形态或法律原则。《宪法》第48条第1款规定，中华人民共和国妇女在政治的、经济的、文化的、社会的和家庭的生活等各方面享有同男子平等的权利。

5. 公平正义是社会主义法治的价值追求。关于我国宪法与公平正义的关系，下列哪一选项是不正确的？(　　)[2013年法考真题]

A. 树立与强化宪法权威，必然要求坚定地守持和维护公平正义

B. 法律面前人人平等原则是公平正义在宪法中的重要体现

4C　5D

C. 宪法对妇女、老人、儿童等特殊主体权利的特别保护是实现公平正义的需要

D. 禁止一切差别是宪法和公平正义的要求

【解析】CD 两项，法律面前人人平等并非绝对的平等。在法律制定及其适用过程中，要实现真正的公平正义，需要对特殊地域以及特殊群体或个体作出必要的区别化对待。《宪法》多处明确规定了对妇女、老人、儿童等特殊主体权利的保护。

A 项，法律的作用是解决社会纠纷，实现社会公平正义。公平正义作为法的实施的目标，应该将其贯穿于法的实施的整个过程当中。树立与强化宪法权威，必然要求坚定地守持和维护公平正义。

B 项，坚持公平正义要求坚持法律面前人人平等原则。《宪法》第 33 条第 2 款规定，中华人民共和国公民在法律面前一律平等。

6. 下列选项中，违反我国宪法平等权要求的情形是（　　）。[2013 年法硕（非法学）真题]

A. 自治县县长由实行区域自治的民族的公民担任

B. 某大学将“具有博士学位”作为招聘教师的条件

C. 某民营饭店在门口贴出通告“本店谢绝公款消费”

D. 某中央国家机关将“具有北京户口”作为招录公务员的条件

【解析】《宪法》第 33 条第 2 款规定，中华人民共和国公民在法律面前一律平等。平等是相对的概念，宪法保护的平等权承认并允许在一定范围内的具有合理理由的差别。合理差别有以下几种：①由于年龄上的差异而采取的责任、权利方面的合理差别；②依据人的生理差异所采取的合理差别；③依据民族的差异所采取的合理差别。D 项，将户口作为招聘条件违反了就业平等的要求。

7. 王某为某普通高校应届毕业生，23 岁，尚未就业。根据《宪法》和法律的规定，关于王某的权利义务，下列哪一选项是正确的？（　　）[2014 年法考真题]

A. 无须承担纳税义务　　　　B. 不得被征集服现役

C. 有选举权和被选举权　　　D. 有休息的权利

【解析】C 项，《宪法》第 34 条规定，中华人民共和国年满 18 周岁的公民，不分民族、种族、性别、职业、家庭出身、宗教信仰、教育程度、财产状况、居住期限，都有选举权与被选举权；但是依照法律被剥夺政治权利的人除外。在我国，选举权与被选举权一般是统一的，且除国籍、年龄、是否被剥夺政治权利三项条件外，其他不作任何限制。

A 项，《宪法》第 56 条规定，中华人民共和国公民有依照法律纳税的义务。本题中，作为待业人员的王某不具有收入来源，不缴纳个人所得税，但是其仍需要依法缴纳其他税种。

B 项，《兵役法》第 3 条第 1 款规定，中华人民共和国公民，不分民族、种族、职业、家庭出身、宗教信仰和教育程度，都有义务依照本法的规定服兵役。法律并未对公民依法服现役的义务作出排除性规定。

D 项，《宪法》第 43 条第 1 款规定，中华人民共和国劳动者有休息的权利。由此可知，

6D　7C

休息权的主体仅限于“劳动者”。王某并未劳动，不是劳动者，不享有宪法意义上的休息权。

8．根据我国宪法关于公民基本权利的规定，下列哪一说法是正确的？(　　)[2010年法考真题]

A．我国公民在年老、疾病或者遭受自然灾害时有获得物质帮助的权利

B．我国公民被剥夺政治权利的，其出版自由也被剥夺

C．我国公民有信仰宗教与公开传教的自由

D．我国公民有任意休息的权利

【解析】B项，根据《刑法》第54条的规定，剥夺政治权利是指剥夺下列权利：①选举权和被选举权；②言论、出版、集会、结社、游行、示威自由的权利；③担任国家机关职务的权利；④担任国有公司、企业、事业单位和人民团体领导职务的权利。

A项，《宪法》第45条第1款规定，中华人民共和国公民在年老、疾病或者丧失劳动能力的情况下，有从国家和社会获得物质帮助的权利。国家发展为公民享受这些权利所需要的社会保险、社会救济和医疗卫生事业。遭受自然灾害并不是获得物质帮助的法定条件。

C项，《宪法》第36条规定，中华人民共和国公民有宗教信仰自由。据此，宪法只确定了公民的信教自由，并未肯定传教自由。

D项，《宪法》第43条第1款规定，中华人民共和国劳动者有休息的权利。休息权的主体是劳动者而非一切公民。

9．关于文化教育权利是公民在教育和文化领域享有的权利和自由的说法，下列哪一选项是错误的？(　　)[2009年法考真题]

A．受教育既是公民的权利，又是公民的义务

B．宪法规定的文化教育权利是公民的基本权利

C．我国公民有进行科学研究、文学艺术创作和其他文化活动的自由

D．同社会经济权利一样，文化教育权利属于公民的积极受益权

【解析】A项，《宪法》第46条第1款规定，中华人民共和国公民有受教育的权利和义务。

BC两项，文化教育权利包括文化权利和教育权利，前者是指宪法规定的公民享有的进行科学研究、文学艺术创作和其他文化活动的自由，教育权利则是指公民获得教育机会的权利。《宪法》第46条和第47条分别对公民的受教育权和文化权进行了确认。中华人民共和国公民有受教育的权利和义务。国家培养青年、少年、儿童在品德、智力、体质等方面全面发展。国家对于从事教育、科学、技术、文学、艺术和其他文化事业的公民的有益于人民的创造性工作，给予鼓励和帮助。

D项，“积极受益权”，是指可以从国家获取收益的权利，也即国家负有提供条件帮助这些权利实现的义务。其对立面是“消极受益权”。“积极受益权”是公民可以主动向国家提出请求的权利，而“消极受益权”则不能由公民主动向国家提出请求。文化教育权利、除财产权和继承权外的社会经济权利都属于公民的积极受益权，公民可以积极主动地向国家提

8B　9D

出请求，国家也应积极予以保障。

10. 我国现行宪法规定公民有依法纳税的义务，对此，下列说法错误的是（ ）。[2019年法考真题]

A. 宪法关于公民纳税义务的规定是我国确定税种、税率和税收征收管理法律规定的依据

B. 宪法关于公民纳税义务的规定并不具体，其具体内容由法律和行政法等规定

C. 公民不依法纳税属于不履行宪法规定的基本义务

D. 只有年满18周岁的公民才负有依法纳税的义务

【解析】A项，宪法是普通法律制定的基础和依据。宪法规定了国家生活和社会生活中的根本制度、基本制度和基本原则，其他法律规定是对宪法规定的具体化。

B项，宪法规定最根本、最重要的问题，一般不对这些问题予以具体规定。宪法是根本法和最高法。与普通法律规定相比，宪法的内容涉及国家政治、经济、文化、社会等各方面的重大原则性问题，这些问题的具体表述一般由相应的下位法予以规定。

C项，依法纳税是公民应当履行的基本义务，不依法纳税属于不履行义务。

D项，依法纳税并没有年龄限制。对于纳税的义务，现行宪法的表述是"中华人民共和国公民有依照法律规定纳税的义务"。

二、多项选择题

1. 根据我国宪法和法律的规定，下列说法错误的有（ ）。[2019年法考真题]

A. 在我国，法律面前人人平等，禁止差别对待，但是允许合理差别，对于为国家作出重要贡献者，应当重点保护

B. 我国宪法中存在一个关于平等权规定的完整规范系统

C. 英雄烈士的姓名、肖像、名誉、荣誉受法律保护。任何组织和个人不得将英雄烈士的姓名、肖像用于或者变相用于商标、商业广告，损害英雄烈士的名誉、荣誉

D. 我国宪法明文规定了公民的监督权，公民有对其他公民提出批评、建议、控告、检举、申诉的权利，但是不得诬告陷害

【解析】A项，《宪法》第33条第2款规定，中华人民共和国公民在法律面前一律平等。我国的平等权是形式平等与实质平等的有机统一。形式平等要求禁止差别对待，但实质平等同时允许合理差别，主要是为了保障弱者的权益。

B项，我国宪法中存在一个关于平等权规定的完整规范系统，包括中华人民共和国公民在法律面前一律平等的概括性规定，也包括针对不同主体进行的规定，如《宪法》第45条规定的对年老、疾病或丧失劳动能力人、残废军人、盲聋哑人或有其他残疾的公民权益的保障，第48条规定的对妇女权益的保障，第49条规定的婚姻、家庭、母亲和儿童受国家的保护。

C项，《英雄烈士保护法》第22条第2款规定，英雄烈士的姓名、肖像、名誉、荣誉受法律保护。任何组织和个人不得在公共场所、互联网或利用广播电视、电影、出版物等，

10D ▎ 1AD

以侮辱、诽谤或其他方式侵害英雄烈士的姓名、肖像、名誉、荣誉。任何组织和个人不得将英雄烈士的姓名、肖像用于或变相用于商标、商业广告，损害英雄烈士的名誉、荣誉。

D项，公民的监督权的对象是国家机关及其工作人员而不是其他公民。《宪法》第41条第1款规定，中华人民共和国公民对于任何国家机关和国家工作人员，有提出批评和建议的权利；对于任何国家机关和国家工作人员的违法失职行为，有向有关国家机关提出申诉、控告或者检举的权利，但是不得捏造或者歪曲事实进行诬告陷害。

2. 根据我国宪法和国籍法，下列关于国籍的表述，正确的有（　　）。[2017年法硕（非法学）真题]

A. 张某出生在中国，其母亲是中国人，父亲是法国人，张某具有中国国籍

B. 中国公民李某公派德国学习期间生下赵某，赵某具有中国国籍

C. 杨某为国家工作人员，其可以加入外国国籍

D. 秦某加入了加拿大国籍，其可以保留中国国籍

【解析】A项，根据《国籍法》的规定，父母双方或一方为中国公民，本人出生在中国，具有中国国籍。

B项，父母双方或一方为中国公民，本人出生在外国，具有中国国籍；但父母双方或一方为中国公民并定居在外国，本人出生时即具有外国国籍的，不具有中国国籍。

C项，国家工作人员和现役军人，不得退出中国国籍。

D项，中华人民共和国不承认中国公民具有双重国籍。定居外国的中国公民，自愿加入或取得外国国籍的，即自动丧失中国国籍。

3. 我国宪法规定，国家和社会帮助安排盲、聋、哑和其他有残疾的公民的劳动、生活和教育。下列选项中，对这一规定理解正确的有（　　）。[2013年法硕（非法学）真题]

A. 该规定属于合理的差别对待

B. 该规定与宪法平等原则相抵触

C. 政府对残疾人差别对待须负举证责任

D. 对残疾人实行优惠措施应当是必要和适当的

【解析】《宪法》第33条第2款规定，中华人民共和国公民在法律面前一律平等。原则上，对于所有的公民应当采取无差别的待遇，除非存在进行差别待遇的合理理由。一般来说，合理差别有以下几种：①由于年龄上的差异而采取的责任、权利方面的合理差别。②依据人的生理差异所采取的合理差别。③依据民族的差异所采取的合理差别。题中，残疾人因为具有生理差异，而且根据我国宪法规定的社会保障权，国家与社会理应对有残疾的公民的劳动、生活和教育提供安排保障，这属于合理的差别对待。帮助、安排盲、聋、哑和其他有残疾的公民的劳动、生活对于国家的安定团结具有重要意义，可以说是为了实现正当的而且是重大的利益。该规定与宪法的平等原则不抵触。

4. 某省人大选举实施办法中规定："本行政区域各选区每一代表所代表的人口数应当大体相等。各选区每一代表所代表的人口数与本行政区域内每一代表所代表的平均人口数

2AB　3ACD　4ABC

之间相差的幅度一般不超过百分之三十。”关于这一规定，下列哪些说法是正确的？（　　）［2017 年法考真题］

A. 是选举权的平等原则在选区划分中的具体体现

B. “大体相等”允许每一代表所代表的人口数之间存在差别

C. “百分之三十”的规定是对前述“大体相等”的进一步限定

D. 不保证各地区、各民族、各方面都有适当数量的代表

【解析】A 项，我国选举权的平等权既着眼于机会平等，同时也重视实质平等。每一代表所代表的选民人数大体相等，是选举权平等性原则的表现。

B 项，“大体相等”并非完全相同，其允许每一代表所代表的人口数之间存在差别。

C 项，每一代表所代表的人口数之间允许存在差别，但是不能存在太大差别，30% 就是对该差别的限定。

D 项，保证各地区、各民族、各方面都有适当数量的代表是选举权普遍性的要求。但该省人大选举实施办法的规定主要体现的是选举权平等性原则，并不涉及选举权普遍性原则。

5. 某县第一中学为防止校园欺凌事件的发生，作出专门规定。下列规定中，符合宪法和法律的有（　　）。［2020 年法硕（法学）真题］

A. 学校禁止学生宣扬校园暴力

B. 学校禁止学生携带管制刀具进入校园

C. 学校可定期检查学生手机储存的信息

D. 学校可将实施欺凌的学生的姓名、照片公布于本地报刊

【解析】AB 两项，公民的人身自由是公民一切权利和自由的基础。人身自由包括：公民的人身自由不受侵犯，公民的人格尊严不受侵犯，公民的住宅不受侵犯和公民通信自由与秘密受法律保护。AB 两项为校方的正当行为，没有侵犯公民的人身自由。

C 项，《宪法》第 40 条规定，中华人民共和国公民的通信自由和通信秘密受法律的保护。除因国家安全或者追查刑事犯罪的需要，由公安机关或者检察机关依照法律规定的程序对通信进行检查外，任何组织或者个人不得以任何理由侵犯公民的通信自由和通信秘密。本题中，学校无权检查学生手机，否则是对公民通信自由和通信秘密的侵犯。

D 项，《宪法》第 38 条规定，中华人民共和国公民的人格尊严不受侵犯。禁止用任何方法对公民进行侮辱、诽谤和诬告陷害。公民的人格权包括姓名权、肖像权、名誉权和隐私权等。本题中，学校将实施欺凌的学生的姓名、照片公布于本地报刊的行为涉嫌侵犯了学生的人格尊严和肖像权等。

6. 根据我国宪法规定，关于公民住宅不受侵犯，下列哪些选项是正确的？（　　）［2012 年法考真题］

A. 该规定要求国家保障每个公民获得住宅的权利

B.《治安管理处罚法》第 40 条规定，非法侵入他人住宅的，视情节给予不同时日的行

5AB　6BD

政拘留和罚款。该条规定体现了宪法保障住宅不受侵犯的精神

C. 《刑事诉讼法》第69条规定，被取保候审的犯罪嫌疑人、被告人未经执行机关批准不得离开所居住的市、县。该条规定是对《宪法》规定的公民住宅不受侵犯的合理限制

D. 住宅自由不是绝对的，公安机关、检察机关为了收集犯罪证据、查获犯罪嫌疑人，严格依法对公民住宅进行搜查并不违宪

【解析】A项，《宪法》第39条规定，中华人民共和国公民的住宅不受侵犯。禁止非法搜查或者非法侵入公民的住宅。该规定要求禁止非法搜查、非法侵入公民住宅，并未要求保障每个公民获得住宅。

B项，《治安管理处罚法》第40条的规定体现了国家对于侵犯公民住宅行为的惩罚，是对公民住宅权的保护。

C项，被取保候审的犯罪嫌疑人、被告人未经执行机关批准不得离开所居住的市、县，这是对其人身自由的部分限制，并非对公民住宅不受侵犯的限制。

D项，体现了对公民住宅不受侵犯的合理限制。宪法禁止非法搜查公民住宅，但并不禁止依照法律规定进行的合法搜查。

7. 我国《宪法》第13条规定："公民的合法的私有财产不受侵犯。国家依照法律规定保护公民的私有财产权和继承权。"关于这一规定，下列哪些说法是正确的？(　　)[2017年法考真题]

A. 国家不得侵犯公民的合法的私有财产权

B. 国家应当保护公民的合法的私有财产权不受他人侵犯

C. 对公民私有财产权和继承权的保护和限制属于法律保留的事项

D. 国家保护公民的合法的私有财产权，是我国基本经济制度的重要内容之一

【解析】AB两项，财产权是指公民对其合法财产享有的不受非法侵犯的所有权。因此国家不得侵犯公民的合法的私有财产权，而且要保护公民的合法私有财产不受他人的侵犯。

CD两项，国家保护社会主义公共财产和公民合法私有财产，是我国的基本经济制度之一。根据《立法法》第11条第8、9项的规定，民事基本制度以及基本经济制度只能制定法律。由此可知，对公民私有财产权和继承权的保护和限制属于法律保留事项。

8. 某村5名初中生辍学，家长听之任之。镇政府对家长进行了批评教育，要求他们送子女返校读书。根据我国宪法和法律，下列表述正确的有(　　)。[2019年法硕(法学)真题]

A. 学生家长应保障子女接受义务教育

B. 受教育既是公民的权利，也是公民的义务

C. 镇政府有保障适龄儿童、少年接受义务教育的职责

D. 子女教育应由家长负责，镇政府的行为侵犯家长的监护权

【解析】A项，《义务教育法》第5条规定，适龄儿童、少年的父母或者其他法定监护人应当依法保证其按时入学接受并完成义务教育。

7ABCD　8ABC

B 项，《宪法》第 46 条规定，中华人民共和国公民有受教育的权利和义务。受教育权是指公民接受文化、科学、品德等方面教育训练的权利。受教育的义务是指适龄儿童有接受初等教育的义务，成年劳动者有接受适当形式的政治、文化、科学、技术、业务教育的义务，就业前的公民有接受劳动就业训练的义务等。

CD 两项，《宪法》第 58 条规定，适龄儿童、少年的父母或者其他法定监护人无正当理由未依照本法规定送适龄儿童、少年入学接受义务教育的，由当地乡镇人民政府或者县级人民政府教育行政部门给予批评教育，责令限期改正。同时镇政府的行为并没有侵犯家长的监护权。

9. 张某对当地镇政府干部王某的工作提出激烈批评，引起群众热议，被公安机关以诽谤他人为由行政拘留 5 日。张某的精神因此受到严重打击，事后相继申请行政复议和提起行政诉讼，法院依法撤销了公安机关《行政处罚决定书》。随后，张某申请国家赔偿。根据《宪法》和法律的规定，关于本案的分析，下列哪些选项是正确的？(　　)［2016 年法考真题］

A. 王某因工作受到批评，人格尊严受到侵犯

B. 张某的人身自由受到侵犯

C. 张某的监督权受到侵犯

D. 张某有权获得精神损害抚慰金

【解析】A 项，公民对国家机关和国家工作人员，具有监督权。《宪法》第 41 条规定，中华人民共和国公民对于任何国家机关和国家工作人员，有提出批评和建议的权利；对于任何国家机关和国家工作人员的违法失职行为，有向有关国家机关提出申诉、控告或者检举的权利，但是不得捏造或者歪曲事实进行诬告陷害。对于公民的申诉、控告或者检举，有关国家机关必须查清事实，负责处理。任何人不得压制和打击报复。由于国家机关和国家工作人员侵犯公民权利而受到损失的人，有依照法律规定取得赔偿的权利。本案中，王某作为国家工作人员，负有接受监督的义务。

BC 两项，张某因行使监督权被公安机关以诽谤他人为由行政拘留 5 日，其人身自由权和监督权受到侵犯。

D 项，张某有要求国家赔偿的权利。《国家赔偿法》第 35 条规定，有本法第 3 条或者第 17 条规定情形之一，致人精神损害的，应当在侵权行为影响的范围内，为受害人消除影响，恢复名誉，赔礼道歉；造成严重后果的，应当支付相应的精神损害抚慰金。该法第 3 条第 1 项规定，行政机关及其工作人员在行使行政职权时，违法拘留或者违法采取限制公民人身自由的行政强制措施的，受害人有取得赔偿的权利。本案中，张某的精神受到严重打击，符合获得精神损害抚慰金的条件。

三、不定项选择题

1. 基本权利的效力是指基本权利规范所产生的拘束力。关于基本权利效力，下列选项正确的是(　　)。［2017 年法考真题］

9BCD ┃ 1ABD

A. 基本权利规范对立法机关产生直接的拘束力

B. 基本权利规范对行政机关的活动和公务员的行为产生拘束力

C. 基本权利规范只有通过司法机关的司法活动才产生拘束力

D. 一些国家的宪法一定程度上承认基本权利规范对私人产生拘束力

【解析】ABC三项，保障与尊重人权是现代法治国家进行立法活动的基本要求，基本权利的效力直接拘束国家权力活动是现代各国宪法普遍确认的一项原则，同时也是宪法的基本功能之一。具体而言，基本权利的效力直接约束立法者与立法过程，以防止立法者制定侵害人权的法律；基本权利直接约束行政机关的活动、公务员的活动、公法上的法人及其各种管理行为；基本权利直接拘束一切司法权活动。

D项，基本权利效力的目的在于有效保障人权，因此具有广泛性，即基本权利拘束一切国家权力活动和社会生活领域。由此可知，公民在行使基本权利过程中也不得侵犯他人的权利，所以说宪法在一定程度上也承认了基本权利规范对私人产生拘束力。

2. 某县政府以较低补偿标准进行征地拆迁。张某因不同意该补偿标准，拒不拆迁自己的房屋。为此，县政府责令张某的儿子所在中学不为其办理新学期注册手续，并通知财政局解除张某的女婿李某(财政局工勤人员)与该局的劳动合同。张某最终被迫签署了拆迁协议。关于当事人被侵犯的权利，下列选项正确的是(　　)。[2015年法考真题]

A. 张某的住宅不受侵犯权　　B. 张某的财产权

C. 李某的劳动权　　D. 张某儿子的受教育权

【解析】AB两项，住宅不受侵犯是指任何机关、团体的工作人员或者其他个人，未经法律许可或未经居住者的同意，不得随意进入、搜查或查封公民的住宅。住宅权属于人身自由权的一种。政府强迫张某签署较低补偿标准的拆迁协议，导致其经济利益受损，侵犯的是其财产权而非住宅不受侵犯权。

C项，《宪法》第42条第1款规定，中华人民共和国公民有劳动的权利和义务。公民的劳动权是指有劳动能力的公民有从事劳动并取得相应报酬的权利。本题中，财政局无正当理由解除了与李某的劳动合同，侵犯了李某的劳动权。

D项，《宪法》第46条第1款规定，中华人民共和国公民有受教育的权利和义务。公民享有受教育的权利和义务，是指公民有在国家和社会提供的各类学校和机构中学习文化科学知识的权利。本题中，中学不予办理新学期注册手续，侵犯了张某儿子的受教育权。

3. 关于《宪法》对人身自由的规定，下列选项正确的是(　　)。[2018年法考真题]

A. 禁止用任何方法对公民进行侮辱、诽谤和诬告陷害

B. 在诉讼过程中，为了搜集证据，法院可以对公民的电话进行监听

C. 禁止非法搜查公民身体

D. 禁止非法搜查或非法侵入公民住宅

【解析】人身自由包括狭义和广义两方面。狭义的人身自由主要指公民的身体不受非法侵犯，广义的人身自由则还包括与狭义人身自由相关联的生命权、人格尊严、住宅不受侵

2BCD　3ACD

犯、通信自由和通信秘密等与公民个人生活有关的权利和自由。人身自由是公民参加各种社会活动和实际享受其他权利的前提。A 项，属于宪法对公民人格尊严的保障。B 项，侵犯了公民的通信自由和通信秘密。C 项，属于宪法对公民人身自由的保障。D 项，属于宪法对公民住宅不受侵犯的保障。

四、概念题

1. 人权与基本权利[武大 2011 年研]

相关试题：人权[扬州大学 2023 年研；安徽师大 2019 年研]、**基本权利**[中国政法 2025 年研；扬州大学 2019 年研；中南财大 2007 年研]

答：(1)人权是指作为一个人所应该享有的权利。即在一定的社会历史条件下每个人按其本质和尊严而自由、平等地生存和发展的基本权利。

(2)基本权利是指人作为人所应享有的固有权利，即由人性所派生的或为维护“人的尊严”而应享有的、不可或缺的、具有重要意义的权利。其性质表现在：①基本权利既是固有权利，也是法定权利；②基本权利不受侵犯，但在特定条件下也受到限制和制约；③基本权利既有普遍性，又有特殊性。

(3)人权与基本权利既有联系又有区别：

①二者的联系：在通常意义上，人权和基本权利是对公民基本人权的不同称谓，二者在本质上是一致的，都是相对于国家而存在的。

②二者的区别：人权既包括法律化的权利，也包括非法律化的权利。公民的基本权利仅指由宪法和法律所规定的权利，其范围比人权要小；基本权利在时序上比人权要晚，是人权发展的产物；在国内法上，人权与公民基本权利通常交叠使用；在国际法上，常用人权的概念，很少用基本权利的概念。

2. 平等权[沈工大 2024 年研；广东财大 2023 年研；浙大 2020 年研；常州大学 2020 年研；扬州大学 2018 年研；武大 2009 年研]

答：参见本章论述题第 4 题答案。

3. 选举权与被选举权[武大 2009 年研]

答：选举权是指选民依法选举代议机关代表的权利。被选举权是指选民依法被选举为代议机关代表的权利。其基本特征如下：①具备宪法和法律规定的法定资格。②选举或被选举为代议机关代表为选举权与被选举权的主要行使对象。③选举权与被选举权的行使原则、方式和程序等由《选举法》规定。

4. 结社自由[中山大学 2015 年研；武大 2015 研；中南财大 2014 年研]

答：结社自由是指公民为了实现一定的目标而依法律规定的程序组织某种社会团体的自由。结社自由是公民的一项基本自由，其特征有：①结社具有持续性和稳定性；②结社应遵循法定程序；③结社一般具有固定的组织机构和成员；④结社与一定的利益选择有关。根据我国宪法和法律的规定，公民享有结社的权利，承担相应的义务。出于维护社会公共利益的考量，国家可以在法律规定的范围内对结社自由的行使作出必要的限制。

5. 人身自由[南开大学2004年研]

答： 参见本章论述题第7题答案。

6. 劳动权[中国政法2022年研；武大2010年研]

答： 劳动权，是指一切有劳动能力的公民有劳动和取得劳动报酬的权利。劳动权是公民赖以生存的基础，是行使其他权利的物质上的前提。其内容主要包括劳动就业权和取得报酬权。《宪法》第42条第1款规定："中华人民共和国公民有劳动的权利和义务。"劳动既是基本权利，也是基本义务。

7. 物质帮助权[中南财大2025年研；中国政法2024年研]

答： 物质帮助权，是指中华人民共和国公民在年老、疾病或者丧失劳动能力的情况下，有从国家和社会获得物质帮助的权利。国家发展为公民享受这些权利所需要的社会保险、社会救济和医疗卫生事业。其特点有：①权利主体是特定公民；②该权利的内容是特定主体从国家和社会获得"物质帮助"；③该权利的义务主体是国家与社会。

8. 批评、建议权[复旦大学2009年研]

答： (1)批评权是指公民在国家政治生活和社会生活中，有权对国家机关及其工作人员的缺点、错误提出批评意见，其形式是多样化的。

(2)建议权是指公民通过一定的形式向国家机关及其工作人员提出合理化建议。

(3)二者的区别在于：针对主体不同。批评权针对的是国家机关和国家工作人员的缺点和错误，而建议权则是针对国家机关、国家工作人员的工作。在我国，公民行使批评权和建议权的途径多种多样，有新闻报刊、来信来访、座谈讨论会等形式。

9. 申诉权[安徽师大2020年研]

答： 参见本章简答题第9题答案。

五、简答题

1. 请结合法理学和宪法学原理，论述人权的内涵以及人权保障在我国宪法中的体现。[2019年法硕(法学)真题]

答： 人权是人作为人所享有或应当享有的那些权利，我国宪法尊重和保障人权。

(1)人权的内涵：

①人权是人作为人所享有或应当享有的权利。人权表达了所有人在人格上的普遍平等观念和固有尊严观念。

②人权的特点：

a. 人权是普遍性的权利，即人权是普遍地为所有的人平等享有或应当享有的权利。

b. 人权是本源性的权利，即人权是其他权利存在的正当性根据和理由，在整个权利体系中属于最基础性的权利。

c. 人权是综合性的权利，即人权是包含多项权利内容的复杂的综合性权利体系。人权作为一个开放性的权利体系，其具体权利内容也随着人对自身的认识和理解而不断深化，新的权利类型也将不断地出现。

d. 人权是历史发展的产物，马克思曾引用黑格尔的论断："人权不是天赋的，而是历史地产生的。"人权的历史发展特点从其主体、内容到保障措施等方面均可反映出来。

③人权的分类：

人权体现现代法治的宗旨，是对法律精神的指引，也是评价法律内在品质的标准。就个体人权来说，按照联合国人权公约的划分，可分为两大类：

a. 公民权利和政治权利，如生命权、人身自由权与安全权、人格尊严权、隐私权、选举与被选举权，信仰、言论、出版、集会、结社与游行、示威自由等。

b. 经济、社会和文化权利，如财产权、劳动权、休息权、受教育权、社会保障权等。

(2)人权在我国宪法中的体现：

①人权在宪法中的发展。从共同纲领开始，我国在历部宪法中都以专门章节的形式规定"公民的基本权利和义务"，列举公民的基本权利。1982 年宪法调整了宪法章节的结构安排，将"公民的基本权利和义务"一章规定在"总纲"之后，"国家机构"的前面，突出了公民基本权利作为国家权力来源的宪法价值。"公民的基本权利和义务"一章是基本人权原则的集中体现和具体展开，明确了保障公民基本权利是国家权力设置和行使的目标。

②人权在宪法中的规定。2004 年宪法修正案第 22 条规定，《宪法》第 33 条增加 1 款，"国家尊重和保障人权"。这是我国《宪法》上第一次引入"人权"的概念，确立了基本人权的原则，人权条款对于理解宪法基本权利提供了指引。

③人权通过宪法中的公民基本权利得以具体体现。宪法列举了公民的基本权利，为公民基本权利保护提供了规范基础。我国《宪法》规定的公民基本权利有平等权、政治权利、宗教信仰自由、人身自由、财产权、社会文化权利和监督权等类型。其中，政治权利包含选举权与被选举权、言论自由、出版自由、集会、游行、示威自由、结社自由；社会文化权利包括劳动权、休息权、社会保障权、文化教育权；监督权包括批评、建议权、检举、控告权、申诉权、国家赔偿请求权等。这些基本权利的规定都体现了宪法对人权的保障。

2. 简述我国公民基本权利和义务的统一性。［北理 2012 年研］

答：权利和义务的统一性是指权利和义务互相依存、互相促进、互为条件的辩证统一关系。公民权利和义务的统一性具体表现如下：

(1)宪法要求公民按照宪法和法律的规定，享有权利、履行义务。《宪法》第 33 条第 4 款规定："任何公民享有宪法和法律规定的权利，同时必须履行宪法和法律规定的义务。"这表明在我国，公民享有权利，就必须履行义务；公民履行义务才能享有权利。不允许只享有权利而不履行义务、也不允许只履行义务而不享有权利的现象存在。

(2)公民的某些权利和义务相互结合，如劳动权、受教育权，它们既是公民的权利，又是公民的义务。

(3)权利和义务相互促进。我国公民的权利和义务本质上反映了公民个人、集体和国家三者之间的关系。在我国，国家不仅通过宪法、法律确认和保障公民的权利和自由，而且通过改革政治体制和发展经济文化事业，为公民行使权利和自由提供越来越多的物质保障。公民的权利和自由的实现和保障会激发他们的政治热情和生产积极性，促进他们对义务的自觉履行；而公民履行义务的自觉性越高，国家的社会主义现代化建设就越能向前发展，公民的权利和自由也就相应获得更多的保障。在我国社会主义制度下，公民个人的、集体的、国家的利益在根本上是一致的，人民的当前利益同长远利益基本一致。这样的一致性，决定了公民的权利和义务相互促进。

3. 我国公民基本权利的类型有哪些？［广东财大2021年研］

相关试题：基本权利的学理分类。［武大2022年研］

答：我国公民基本权利的类型有：

(1)基本权利的学理分类：

按基础原理对基本权利进行分类，可分为：

①自由权、受益权和参政权。自由权，如人身自由、精神自由和经济自由；受益权，如诉讼权、请愿权等权利；参政权，即选举权和被选举权等政治权利。

②消极权利和积极权利。消极权利如人身自由、经济自由和精神自由等；积极权利如公民对国家和社会事务的参与权、监督权等。

③免于国家干预的自由、参与国家事务的自由以及国家给予的自由。

④具体权利和抽象权利。消极权利均属于具体权利；许多社会权利属于抽象权利。

(2)我国基本权利的分类：

①按宪法文本的权利规范体系划分，我国公民的基本权利可分为：a. 平等权；b. 政治权利和自由；c. 宗教信仰自由；d. 人身自由；e. 批评、建议、申诉、控告、检举权和取得赔偿权；f. 社会经济权利；g. 文化教育权利和自由；h. 妇女的权利和自由；i. 有关婚姻、家庭、老人、妇女和儿童的权利；j. 华侨、归侨和侨眷的权利。

②按我国现行宪法规定和学理分类，公民的基本权利可分为七种类型：a. 平等权；b. 政治权利；c. 宗教信仰自由；d. 人身自由；e. 社会经济权利；f. 文化教育权利；g. 监督权与请求权。

4. 简述公民行使权利应遵循的基本原则。［南开大学2011年研］

相关试题：

(1)公民正确行使权利和自由的原则包括哪些？［河北大学2018年研］

(2)结合我国公民基本权利和义务的特点，论述公民正确行使权利和自由的原则。［论述题，常州大学2017年研］

(3)简述我国公民行使权利和自由的原则。［广东财大2018年研］

答：公民行使权利应遵循的基本原则包括：

(1)权利和自由的相对性。公民的权利和自由是相对的，权利相对于义务而言，自由相对于约束而言。没有无义务的权利，也没有无权利的义务。没有义务的权利只是空洞的，无法享有的；没有权利的义务也不会得到很好履行。因此，我国宪法有关公民基本权利的规定，除授权性规范外，还有相应的义务性规范。

(2)权利和自由的有限制性：

①任何权利和自由都不是无限制的。公民只有在遵守宪法和法律的前提下才能享有权利和自由。孟德斯鸠曾说过，自由是做法律所许可的一切事情的权利；如果一个公民能够做法律所禁止的事情，他就不再有自由了，因为其他人也同样会有这个权利。

②公民享有权利和自由的程度，归根到底要受社会经济发展程度的制约。公民只有认

真履行自己的义务，加速国家的经济和文化建设，才能使自己享有的各项权利不断扩大并得到可靠的保障。

(3)不损害整体利益：

①我国宪法规定，公民在行使自己的权利和自由时，不能违背体现全体公民意志和利益的法律。我们的法制要充分保障公民享有在法律范围内的权利和自由，也要对一切践踏公民民主权利的行为加以限制。否则，公民的自由和合法权益就得不到保障，安定团结的政治局面就会遭到破坏。

②我国是人民当家作主的国家，国家利益同公民个人利益从根本上说是一致的。因此，公民作为国家权力的主体，在行使权利和自由时，不得损害国家的、社会的、集体的利益和其他公民的合法的自由和权利。

5. 基本权利的保障方式主要有哪几种？它们的含义分别是什么？［浙工大 2021 年研］

相关试题：

(1)简述基本权利保障的内涵与方式。［湖南师大 2024 年研］

(2)论基本权利的保障。［论述题，中山大学 2022 年研］

(3)基本权利保障的方式。［天工大 2023 年研］

(4)宪法对基本权利的保障方式。［吉林大学 2022 年研］

(5)论述基本权利的保障方式及其特点。［论述题，清华大学 2020 年研］

(6)简述基本权利的保障方式。［浙商大 2020 年研］

(7)简述基本权利保障的含义。［扬州大学 2020 年研］

答：(1)《宪法》第 33 条第 3 款规定，“国家尊重和保障人权”。基本权利的保障有三种含义：

①国家的公权力要充分认同和尊重公民的一些基本权利特别是各种自由权，不得肆意侵害。

②国家的公权力应尽量使公民的一些基本权利如社会权得以实现。

③国家应提供有效的基本权利救济机制，即当公民的基本权利受到侵害时，可以得到切实有效的救济。

(2)各国宪法对基本权利的保障的方式不一，主要包括以下类型：

①绝对保障方式，又称“依据宪法的保障方式”。指对宪法规定的基本权利，其他法规范不能加以任意限制或规定例外情形。这一保障方式一般配套合宪性审查制度进行适用，以此排除其他法律规范对基本权利进行的限制。

②相对保障方式，又称“依据法律的保障方式”。指允许其他法律规范对宪法所规定的基本权利直接加以有效的限制或客观上存在这种可能的方式。在这种方式下，宪法自身规定或默示对某些基本权利可被其他法律限制，如宪法规定某种基本权利的法律保留条款。相对保障方式表现为两方面：a. 基本权利的具体内容和保障方式均由法律规定；b. 对基本权利的限制必须通过法律的形式。

③折中型保障方式。如采取具有实效性的合宪性审查制度；或采用了一定范围的法律保留，即通过宪法将对某些基本权利的保障授权给法律。

我国宪法规定了相对保障方式，全国人大及其常委会对宪法的实施进行监督，全国人大常委会享有宪法解释权，从而实现对基本权利的保障。但在实践中，基本权利主要由一般法律对各种基本权利的内容作具体界定并予以保障。即普通法律在宪法的有关规定的范围内对基本权利作出具体界定，对基本权利予以保障。

6. 什么是言论自由和出版自由？［山东大学2010年研］

相关试题：

(1)言论自由和出版自由［概念题，西南政法2020年研］

(2)言论自由［概念题，浙江财大2021年研；电子科大2015年研；南开大学2011年研］

(3)出版自由［概念题，山东大学2014年研］

(4)试述我国对言论出版自由的保障和限制。［论述题，中山大学2014年研］

答：(1)言论自由是指公民通过口头等语言形式，针对国家政治和社会各种问题，表达、传播自己的思想见解的自由。出版自由是言论自由的拓展，指公民可以通过各种公开发行的出版物，自由地表达自己见解和看法的自由。

(2)言论自由与出版自由的联系：

①二者都属于政治自由，是公民的基本权利，出版自由通过出版物的方式保护公民表达自己的观点和思想，因此属于言论自由的延伸和具体化。

②二者都要依法享有和行使。

③二者都有利于公民充分表达各种主张，发表对国家事务与社会事务的看法。

(3)言论自由与出版自由的区别：

①表现形式不同。言论自由侧重口头上的思想表达与交流；出版自由侧重通过出版物来表达思想和观点。

②受到的限制不同。出版自由额外要求不得利用出版物来传播剥削阶级的腐朽思想；出版单位的设立与管理也要遵守宪法和法律。

(4)行使言论自由与出版自由的限制：

①言论自由的限制。言论自由要在宪法和法律的范围内行使：a. 不得煽动群众反对政府，危害国家和社会安定；b. 不得侮辱诽谤他人；c. 不得散布淫秽言论。这些限制是保障言论自由的必要手段。

②出版自由的限制。《出版管理条例》第5条第2款规定："公民在行使出版自由的权利的时候，必须遵守宪法和法律，不得反对宪法确定的基本原则，不得损害国家的、社会的、集体的利益和其他公民的合法的自由和权利。"

③针对言论自由和出版自由的限制有两种通用的做法：a. 预防制，即事前干预；b. 追惩制，即事后干预。我国实行预防制和追惩制相结合的办法。

7. 简述宗教信仰自由的含义。［江西师大2017年研；电子科大2011年研］

相关试题：

(1)简述宗教信仰自由的主要内容。［浙商大2021年研］

(2)宗教信仰自由。［概念题，山东大学2016年研；武大2013年研］

(3)我国现行宪法对宗教信仰自由的保障。［厦门大学2015年研］

答：宗教信仰自由，是指公民依据内心的信念，自愿地信仰宗教的自由。保障宗教信仰自由对于维护国家政治稳定、促进社会和谐具有重要意义。我国宪法和法律对于保障公民宗教信仰自由作了原则性规定。

(1)《宪法》第36条第1款规定:“中华人民共和国公民有宗教信仰自由。”宗教信仰自由的含义包括:

①每个公民都有按照自己的意愿信仰或不信仰宗教的自由。

②有信仰这种宗教的自由，也有信仰那种宗教的自由。

③在同一宗教里，有信仰这个教派的自由，也有信仰那个教派的自由。

④有过去不信教而现在信教的自由，也有过去信教而现在不信教的自由。

(2)信仰宗教是公民个人的私事。《宪法》第36条第2款规定:“任何国家机关、社会团体和个人不得强制公民信仰宗教或者不信仰宗教，不得歧视信仰宗教的公民和不信仰宗教的公民。”

(3)现行宪法对宗教信仰自由的保障。《宪法》第36条第3、4款规定:“国家保护正常的宗教活动。任何人不得利用宗教进行破坏社会秩序、损害公民身体健康、妨碍国家教育制度的活动。宗教团体和宗教事务不受外国势力的支配。”我国宗教团体和宗教界可以而且应当同各国宗教团体和宗教界人士进行宗教交流，但必须坚持独立自主、自办教会原则，不受外国宗教势力干涉。

宪法的规定实际上确定了宗教信仰自由在基本权利体系中的地位，为宗教信仰自由的实现提供了宪法依据。

8. 宗教信仰自由的保障应遵循的基本原则有哪些?［杭州师大2020年研］

相关试题：简述我国宗教信仰自由的原则。［宁波大学2018年研］

答: 宗教信仰自由，是指公民依据内心的信念，自愿地信仰宗教的自由。一般来说，宗教信仰自由的保障应遵循以下基本原则:

(1)合法性原则。《宪法》第36条第3款规定:“国家保护正常的宗教活动。任何人不得利用宗教进行破坏社会秩序、损害公民身体健康、妨碍国家教育制度的活动。”

(2)政教分离原则。不允许宗教干预行政、司法、学校教育和社会公共教育，绝不允许强迫任何人入教，绝不允许恢复已被废除的宗教封建特权和宗教压迫剥削制度。其基本要求有:①禁止设立国教;②国家对宗教保持中立;③国家不得进行特定宗教的教育或宗教活动。

(3)各宗教一律平等。我国法律对各种宗教进行平等保护。此外，在民族平等的原则下，国家平等保护各少数民族的宗教信仰自由。

(4)独立办教原则:

①《宪法》第36条第4款规定:“中国的宗教事务和宗教团体不受外国势力支配。”

②《宗教事务条例》第5条规定:“各宗教坚持独立自主自办的原则，宗教团体、宗教院校、宗教活动场所和宗教事务不受外国势力的支配。”

③《境内外国人宗教活动管理规定》第8条规定:“外国人在中国境内进行宗教活动，应当遵守中国的法律、法规，不得在中国境内成立宗教组织，设立宗教办事机构、宗教活动场所或者开办宗教院校，不得在中国公民中发展教徒、委任宗教教职人员和进行其他传教活动。”

9. 我国宪法对于公民监督权的规定。[中国政法2024年研]

相关试题:

(1)我国宪法中的公民的监督权。[中山大学2020年研]

(2)简述我国宪法上公民的监督权。[2019年法硕(法学)真题]

答:公民监督权是公民对国家机关及其工作人员进行监督的权利。《宪法》第41条第1款规定:“中华人民共和国公民对于任何国家机关和国家工作人员,有提出批评和建议的权利;对于任何国家机关和国家工作人员的违法失职行为,有向有关国家机关提出申诉、控告或者检举的权利,但是不得捏造或者歪曲事实进行诬告陷害。”其内容具体包括:

(1)批评、建议权:

①批评权,是公民对于国家机关及其工作人员的缺点和错误,有权提出要求其克服改正的意见。

②建议权,是指公民对国家机关的工作,有权提出自己的主张和建议。

(2)检举、控告权:

①检举权,是公民对国家机关工作人员违法失职行为向有关机关进行检举的权利。

②控告权,主要是指公民对违法失职的国家机关及其工作人员的侵权行为提出指控,请求有关机关对违法失职者给予制裁的权利。

(3)申诉权。指公民在合法权益因行政机关或司法机关作出错误的、违法的决定或裁判,或者因国家工作人员的违法失职行为而受到侵害时,向有关机关申述理由、要求重新处理的权利。申诉权分为两类:

①诉讼上的申诉权,主要是指当事人或其他公民对人民法院已经发生法律效力的判决或裁定不服,认为确有错误,依法向人民法院或人民检察院提出申请,要求重新审查处理的行为。

②非诉讼上的申诉权,主要是指公民对行政机关作出的决定不服,向其上级机关提出申请,要求重新处理的行为。

10. 我国现行宪法中赋予公民的基本权利有哪些?[广西民大2022年研]

相关试题:

(1)简述公民的基本权利。[广西民大2021年研]

(2)简述宪法规定了哪些公民的基本权利。[河北师大2020年研]

(3)简述我国公民在社会、经济、教育和文化方面的权利。[安徽师大2018年研]

(4)论宪法中公民的基本权利。[中山大学2017年研]

(5)我国公民的宪法基本权利。[吉林大学2015年研]

(6)我国现行宪法规定的公民基本权利有哪些?[北大2011年研]

答:我国现行宪法规定的公民基本权利有:

(1)平等权。指公民平等地享有权利,不受不合理的差别对待,要求国家同等保护的权利。在我国,平等权既是公民行使其他权利的基础,也是获得利益的具体性权利。平等权的内容包括法律面前人人平等和禁止不合理的差别对待。

(2)政治权利:

①选举权与被选举权。选举权,是指选民依法选举代议机关代表的权利。被选举权,

是指选民依法被选举为代议机关代表的权利。我国《宪法》第34条规定："中华人民共和国年满十八周岁的公民，不分民族、种族、性别、职业、家庭出身、宗教信仰、教育程度、财产状况、居住期限，都有选举权和被选举权；但是依照法律被剥夺政治权利的人除外。"

②政治自由。政治自由是民主政治的基础，是公民参与国家管理的基本形式。公民的政治自由权利主要包括：言论自由；出版自由；结社自由；集会、游行、示威自由。

(3)宗教信仰自由。指公民依据内心的信念，自愿信仰宗教的自由。具体内容包括：①公民既有信仰宗教的自由，也有不信仰宗教的自由；②有信仰这种宗教的自由，也有信仰那种宗教的自由；③在同一宗教里，有信仰这个教派的自由，也有信仰那个教派的自由；④有过去信教而现在不信教的自由，也有过去不信教而现在信教的自由。

(4)人身自由，指公民的人身不受非法侵犯的自由，包括：①生命权的保障；②人身自由不受侵犯；③人格尊严不受侵犯；④住宅不受侵犯；⑤通信自由与通信秘密受宪法保护。

(5)社会经济权利：

①财产权。指公民个人通过合法方式取得财产和占有、使用、处分财产的权利。

②劳动权。指一切有劳动能力的公民有劳动和取得劳动报酬的权利。劳动权是公民赖以生存的基础，是行使其他权利的物质上的前提。其内容主要包括劳动就业权和取得报酬权。

③休息权。指劳动者在付出一定的劳动以后消除疲劳、恢复劳动能力的权利。

④社会保障权。指一般公民为了维持有尊严的生活而向国家要求给付的请求权。

⑤物质帮助权。《宪法》第45条第1款规定："中华人民共和国公民在年老、疾病或者丧失劳动能力的情况下，有从国家和社会获得物质帮助的权利。国家发展为公民享受这些权利所需要的社会保险、社会救济和医疗卫生事业。"

(6)文化教育权利。指公民按照宪法的规定，在文化与教育领域享有的权利。包括：受教育权和文化权利。受教育既是我国公民的一项基本权利，也是宪法规定的公民义务。

(7)监督权和请求权。监督权包括批评、建议权、控告、检举权和申诉权；请求权通常包括国家赔偿请求权、国家补偿请求权、裁判请求权等。

11. 简述公民基本义务的实现方式与具体内容。［武大2011年研］

相关试题：

(1)论述公民遵守宪法和法律的义务。［论述题，武工大2024年研］

(2)我国宪法规定的公民的基本义务。［沈工大2022年研］

(3)简述我国宪法规定的公民基本义务。［中财2017年研］

(4)试述我国宪法规定的公民的具体义务。［论述题，中山大学2016年研］

(5)简述我国公民的基本义务。［浙江财大2020年研；安徽师大2016年研］

(6)我国公民的基本义务有哪些？［安徽师大2020年研］

答：由宪法所规定的公民义务即公民的基本义务。根据权利义务相一致原理，享有权利必须履行一定的义务。宪法对公民基本义务的规定表明了公民在国家生活中的主体地位，其既是责任，也是资格。我国公民的基本义务主要有：

(1)维护国家统一和各民族团结：

①维护国家统一，是指维护国家主权独立和领土完整。对于我国国家主权，任何人都

不得以任何方式把它割让或使之从属于外国支配，也不允许任何人进行分裂、破坏或危害国家政权的统一管辖权。领土是国家主权的重要组成部分。对国家领土的任何侵犯，都是对国家主权的一种侵犯。宪法规定公民有维护国家统一的义务，是指公民有责任维护国家主权、统一和领土完整，并与破坏国家统一的言行进行斗争。

②宪法规定公民有维护全国各民族的团结的义务，是指每个公民都有责任维护各民族之间的平等、团结和互助关系，要同一切破坏民族团结和制造民族分裂的言行作斗争。全国各族人民都要把维护民族团结作为自己的崇高责任，要严格遵守并认真贯彻执行宪法和民族区域自治法，任何人都不得以任何形式制造民族纠纷，离间民族关系。

（2）遵守宪法和法律的义务：

①遵守宪法和法律。宪法和法律是全国各族人民意志和利益的集中体现，是保护人民、打击敌人、惩罚犯罪、保障和促进社会主义物质文明和精神文明建设的有力工具。只有维护社会主义法制的统一和尊严，确保宪法和法律的实施，全国人民才能有统一的行为准则。因此，每一公民都必须把增强法治观念，自觉地遵守宪法和法律，维护宪法和法律的尊严，作为自己应尽的责任。

②保守国家秘密。国家秘密是指关系国家的安全和利益，依照法定程序确定的在一定时间内只限一定范围的人知悉的事项。保守国家秘密即要保护国家秘密不被泄露和遗失。加强保密工作，严守国家秘密是关系国家安危的大事，是公民须严格履行的一项基本义务。

③爱护公共财产。公共财产是指全民所有制和集体所有制的财产，它是建设社会主义、巩固国防和国家繁荣富强的物质基础，也是使人民物质文化生活得以不断提高的源泉和享受各种权利、自由的最根本的物质保证。宪法规定公民必须爱护公共财产，包括两个方面的内容：a. 所有公民都要爱惜和维护国家和集体的财产，对公共财产的任何侵犯和浪费都是对人民利益的极大损害；b. 当公共财产遭受破坏、损害或出现危险时，每个公民都有责任维护和捍卫公共财产。每个公民都有责任与损害和浪费公共财产的行为作斗争。

④遵守劳动纪律。劳动纪律是劳动者进行社会生产和协作必须共同遵守的劳动秩序、劳动规则、工作制度和操作程序等。遵守劳动纪律对加速实现社会主义现代化建设、确保劳动者的切身利益有着重要意义。对于那些缺乏自觉性和纪律性的人，要加强思想政治教育和法纪教育；对个别屡教不改、严重违反劳动纪律的人，应给予必要的经济或行政处分。

⑤遵守公共秩序。公共秩序具体是指生产秩序、工作秩序、教学秩序和人民群众的生活秩序。公共秩序是为保护国家利益、集体利益和正当的个人利益以及谋求社会正常运行服务的，是实现社会主义现代化建设和人民正常生活和工作的重要条件。自觉遵守公共秩序既是一项法律义务，也是一种道德要求。

⑥尊重社会公德。社会公德是指在一定社会占统治地位的道德准则。尊重社会公德是我国社会主义精神文明的重要内容。宪法的这一规定表明，尊重社会公德，既要靠法律来保障，也要靠道德力量来维持。

（3）维护祖国的安全、荣誉和利益：

①祖国安全要求国家的领土完整和主权不受侵犯，国家政权不受威胁。根据《国家安全法》第4条的规定，任何组织和个人实施危害中华人民共和国国家安全的行为，都必须受到法律追究。

②维护祖国荣誉是指国家的声誉和尊严不受损害，对有辱祖国荣誉、损害祖国利益的行为给予法律制裁。公民应当怀有对祖国的自尊心和自豪感，维护祖国荣誉，与出卖祖国利益、损害祖国尊严的行为作抗争。

③祖国利益区分于集体利益和个人利益。对外的祖国利益主要是民族的政治、经济、文化等方面的权利和利益，对内主要是指公共利益。

(4)依法服兵役的义务：

保卫祖国、抵抗侵略是公民的神圣职责。依照法律服兵役和参加民兵组织是公民的光荣义务。每一个适龄公民都应按照兵役法的要求，积极服兵役。

(5)依法纳税的义务：

税收是国家筹措资金的重要方式，是国民收入的重要来源。纳税以公民自觉性为基础，但又具有强制性，所有纳税单位和个人，都必须自觉履行纳税义务。

(6)其他方面的义务：

①劳动的义务，指一切有劳动能力的公民必须参加社会劳动。

②受教育的义务，指适龄的未成年人必须接受国家规定年限的义务教育。

③夫妻双方计划生育的义务。

④父母抚养教育未成年子女的义务、成年子女赡养扶助父母的义务。

六、论述题

1. 试述公民基本权利的特征。［河经大 2024 年研；中山大学 2012 年研］

答：(1)公民基本权利的内涵：

①公民的基本权利是指由宪法规定的，公民为实现自己必不可少的利益、主张或自由，从而为或不为某种行为的资格或可能性。可见，公民是宪法所确定的基本权利的一般主体。基本权利在庞大的权利体系中，属于具有重要地位，并且为人们所必不可少的权利。宪法作为国家根本法，不可能、也没有必要对公民的各种权利一一加以规定；因此，宪法所确认的只能是一些基本权利，即那些表明权利人在国家基本生活领域中所处法律地位的权利。

②公民基本权利是宪法所保障的公民的权利。在近代，基本权利往往被称为自由，即人身的、精神的和经济的三大自由。包括我国现行宪法在内，迄今为止世界各国宪法对这些基本权利一般仍沿用“自由”这一称呼；许多人把基本权利称为人权，表明其是人所固有的权利。

(2)公民基本权利的主要特征：

①基本权利决定公民在国家中的法律地位。公民的基本权利和基本义务共同反映并决定着公民在国家中的政治和法律地位，构成普通法律规定的公民权利义务的基础和原则。

②基本权利是公民在社会生活中必需的权利。人权是指人之为人应当享有的权利，既包括法律化的权利，也包括非法律化的权利，如道德权利等；公民权仅指由宪法和法律所规定的权利，其范围比人权要小。公民的基本权利是人权的一部分，是公民必不可少的权利，是公民在社会生活中必需的权利。

③基本权利具有母体性，能派生出公民的一般权利。宪法规定的是公民的基本权利。作为根本法，宪法只规定国家生活中最根本的问题。在公民权利方面，宪法只能规定公民

的基本权利内容，一般的权利只能留给一般的法律去规定。一般法律规定的公民权利是根据宪法规定的公民基本权利派生的，不能违反宪法的规定。

④基本权利具有稳定性和排他性，其与人的公民资格不可分，与人的法律平等地位不可分，因而是“不证自明的权利”。

⑤基本权利的确认和保障是整个宪法价值体系的重要核心，反映了个人与国家之间的关系。

2. 结合宪法条款，论述什么是基本权利的限制？什么是基本权利限制的限制？[广东财大2020年研]

相关试题：

(1)结合法律规定与实践，简述基本权利限制的限制。[简答题，北大2023年研]

(2)简述对公民基本权利限制的原则。[简答题，中国政法2023年研]

(3)详述“基本权利限制的限制”，并指出公民基本权利在何种情况下才不超过违反宪法的限度。[上贸大2023年研]

(4)试述基本权利的限制。[吉林大学2023年研；扬州大学2021年研]

(5)基本权利内在限制和基本权利外在限制[概念比较题，广西民大2020年研]

答：(1)基本权利的限制：

基本权利的限制是指，在特定条件下，为了保障公共利益或者他人的基本权利，对基本权利进行一定的限制。我国《宪法》第51条规定：“中华人民共和国公民在行使自由和权利的时候，不得损害国家的、社会的、集体的利益和其他公民的合法的自由和权利。”这一条是对基本权利限制的规范表现与宪法依据。

基本权利限制包括内在限制和外在限制两种类型：

①内在限制，是指基本权利基于其自身性质所伴随的、存在于基本权利自身的限制。该限制致使其不能侵犯或损害其他基本权利或其他主体的基本权利。如行使言论自由，不能对他人的隐私权、人格尊严等构成侵犯。

②外在限制，是指基本权利的外部所施加的并为宪法所容许的限制。这种限制主要为了公共利益。如针对财产权的限制。

(2)基本权利限制的限制：

①限制基本权利只能通过立法机关颁布法律进行。

②限制基本权利只能是为了公共利益。

③遵守明确性原则。必须内容明确，可为公民行动提供合理预期。

④遵守比例原则。比例原则要求，为公共利益而限制公民基本权利时，必须要在手段和目的之间进行利益衡量。限制基本权利的目的必须具有宪法正当性。其内容包括：a. 手段适合性，即所采用手段必须适合目的之达成；b. 限制最小化，即立法所采取的是对基本权利限制最小的手段；c. 要求手段达成的公共目的与造成的损害之间具有适当的比例关系。

3. 论公民基本权利和自由的保障和界限。[山东大学2010年研]

相关试题：

(1)简述宪法对公民基本权利的限制。[简答题，中山大学2019年研]

（2）简答公民基本权利和自由的保障及其界限。［简答题，中山大学 2018 年研］

（3）阐述我国对公民基本权利的宪法保障制度。［中山大学 2016 年研］

（4）我国公民基本权利和自由的界限及其限制方式。［简答题，四川师大 2015 年研］

答：（1）公民基本权利和自由的保障：

①宪法所规定的基本权利只有得到保障时才能发挥实效。由于权利本身具有一定的主观性与客观性，对公民基本权利的保障主要有绝对保障、相对保障和折中型保障三种方式。

②从各国宪法、法律的有关规定以及政治实践看，对公民权利和自由的保障主要表现为：

a. 物质保障。保障公民的基本权利与自由是国家的责任，国家有必要为公民基本权利和自由的实现提供物质条件。

b. 政治保障。这主要指国家政权的归属对公民基本权利和自由的保障。国家的运行应当以保障公民的基本权利和自由为宗旨。

c. 法律保障。宪法对公民基本权利的保障有绝对保障、相对保障等方式。在相对保障情况下，公民的基本权利由宪法和普通法律共同保障。

（2）公民基本权利和自由的界限：

公民既享有权利又承担义务。权利导致他人的相应义务，因此，公民的基本权利和自由不是绝对的，而是有限制的、相对的，除最终受制于社会经济结构以及由经济结构所决定的文化发展外，这些限制还有：

①不得妨碍他人的权利和自由。法国 1789 年《人权宣言》第 4 条规定："自由就是指有权从事一切无害于他人的行为。因此，个人自然权利的行使，只以保证社会上其他成员能享有同样权利为限制。此等限制仅得由法律规定之。"即国家对于公民的权利和自由，只能在保护全体公民权利和自由的必要范围内以法律设立限制。

②不违反国家承认的公民权利和自由的目的。承认公民权利和自由，目的在于谋求个人知识、道德或个性的发展。如果违反了上述目的，便是滥用权利和自由。例如，享有人身自由的人甘愿出卖自身；又如，享有工作自由的人甘愿充当他人的奴工，这些与国家承认的公民权利和自由的目的根本相反。

（3）公民基本权利和自由的限制方式：

①在宪法中直接加以具体的限制，即宪法规定公民享有某种权利自由，同时又规定在某些特定情况下可以加以限制。以通讯秘密自由为例，我国《宪法》第 40 条规定："中华人民共和国公民的通信自由和通信秘密受法律的保护。除因国家安全或者追查刑事犯罪的需要，由公安机关或者检察机关依照法律规定的程序对通信进行检查外，任何组织或者个人不得以任何理由侵犯公民的通信自由和通信秘密。"

②在宪法中不作具体限制，只规定依法限制的原则。例如，德国基本法规定："通讯、邮政、电讯的秘密权利不容侵犯，但可依法限制此类秘密行为。"

③在宪法中对公民的某些权利和自由不作限制，但对各种权利和自由加以总的原则性限制。如日本宪法对公民通讯秘密自由的规定，没有上述两种限制，但却规定："本宪法所保障的国民自由及权利，国民应以不断努力而保持之，不得滥用，并负有为公共福利而予以利用的责任。"又如，我国《宪法》第 51 条规定："中华人民共和国公民在行使自由和权利

的时候，不得损害国家的、社会的、集体的利益和其他公民的合法的自由和权利。”

④紧急状态下限制公民基本权利。紧急状态是指在由于突发重大事件而严重威胁和破坏公共利益和国家利益，需要紧急予以专门应对的社会生活状态。在紧急状态下，既要保障基本权利，又要保证国家权力有效运作。根据《宪法》第51条规定，限制基本权利只能基于维护公共利益和他人的基本权利的目的，才具有正当性。

4．论述我国宪法上的平等权。[北航2018年研；中山大学2010年研]

相关试题：

(1)简述宪法平等权的内涵及我国宪法对平等权的规范设置。[简答题，广西民大2024年研]

(2)如何理解我国公民的平等权？[简答题，中南财大2020年研]

(3)简述我国宪法平等权的内涵。[简答题，辽宁大学2020年研；华农2014年研]

(4)我国现行宪法平等权的主要内容有哪些。[简答题，河北师大2020年研]

(5)如何理解平等权与合理差别的关系？[杭州师大2020年研]

(6)我国公民在法律面前一律平等包括哪几层含义？[简答题，河北大学2017年研]

(7)试论述中华人民共和国宪法与修正案确立的平等权。[中山大学2016年研]

(8)如何理解我国宪法关于公民平等权的规定？[中南财大2010年研]

答：(1)宪法上平等权的内容：

①《宪法》第33条第2款规定：“中华人民共和国公民在法律面前一律平等。”此条是关于平等权的宪法规定，即公民在法律面前一律平等，禁止任何形式的不合理差别对待。

②平等权是指公民平等地享有权利，不受任何不合理的差别对待，要求国家同等保护的权利。平等权可以作为请求权适用，因为依据宪法规定，平等权既是公民行使其他权利的基础，也是获得利益的具体性权利。宪法上的平等权理应包含如下内涵：

a．法律面前人人平等。具体内容包括：一是，所有公民平等地享有权利和平等地履行义务；二是，所有公民都要遵守法律，不允许有超越法律规定的任何特权；三是，所有公民在司法上一律平等，即法律适用上的平等。法律要求公民在同等条件下具有获得相同权利的资格，但不意味着行为能力的绝对平等。

b．禁止不合理的差别对待。平等只是一个相对性的概念，而非绝对性的概念。在社会生活中，由于个人能力、社会环境、文化程度等方面的差别，不同个体之间客观上存在着一定差异，宪法保护的平等权并不禁止，也不可能完全禁止差别，它承认并允许在一定范围内的合理差别。

(2)宪法上平等权的理论基础：

①宪法所确立的平等权是公民相对于国家而享有的权利，即公民之权利，国家之义务。宪法在国家权力和公民权利之间划了一条界限，且相对禁止国家逾越此界限。界限的一侧是“政治国家”，另一侧是“公民社会”。国家要越过此条界限，侵入私人领域必须要有充足且正当合法之理由，否则国家应承担相应的责任。宪法的核心是国家权力的来源、分配和制衡以及公民人权的保障。

②宪法上的平等权所要解决的核心问题是国家对待公民的态度问题。平等权存在于国家和公民之间，规定了国家的义务即平等地对待每一位公民，做到一视同仁，而不对全体

公民划分等级，作优劣之分，作不合理的区别对待。

③平等权是公民相对于国家而享有的一项权利，国家有义务保障公民宪法上平等权的实现。即公民在与国家及其代表机关打交道时，有权要求获得与其他公民相同的待遇，国家及其代表机关负有使公民这种对平等的合理预期得以实现的义务。

(3)对平等权的正确理解：

①绝对平等与相对平等。平等权具有相对性，相对的平等是建立在承认人们之间具有合理的差别，如“不同等的个人天赋”等“天然特权”基础之上的。法律上的平等强调的是人格的平等，但作为具体的个人必然存在事实上的差异性。人与人之间千差万别，在性别、年龄、出身、种族、信仰、财产、职业等方面存在着先天的和后天的差异。如果法律无视人们在事实上的差异性，一律予以同样处理，无疑是不公正的。但二战以来，随着各国宪法中社会经济权利的发展、社会保障与社会福利制度的建立，平等权的相对性有了一定程度的修正。

②形式平等、实质平等与结果平等。近代宪法所保障的法律上的平等是形式平等，其所追求的是宪法对各个人所保障的，各自在其人格形成和实现过程中机会上的平等。平等的理念已发生转变，从绝对式的“机会平等”转变为必须改正实际存在的不平等，实现实质的“机会平等”，从追求绝对的“形式平等”转为“合理的差别待遇”即实质平等。因此，宪法中的平等观念不再仅止于消极禁止国家对国民的差别待遇，而是积极要求国家必须努力架构实现实质平等的法秩序，使已经形式化、空洞化的“机会平等”获得实质的保障。

③平等权在范围方面的合理限制。我国平等权的范围仅是公民在司法、守法范围内的平等，不应包括立法上的平等。其主要理由为：法律是人民意志的反映，人民和敌人在法律上要区分开来，而人民内部也不可能完全平等，如在人民代表大会中工人与农民的不同比例。

(4)对平等权中合理差别的理解：

平等原则既包含了形式上的平等，又包括了实质上的平等。形式上的平等旨在反对不合理的差别，而实质上的平等则要求必须承认合理的差别。平等原则反对的是不合理的差别对待，要求合理的差别对待，即“相同情况，相同对待，不同情况，不同对待”才是合乎正义的真正的平等。合理差别是平等的一部分，平等绝不是绝对的。二者的关系如下：

①平等权是指公民平等地享有权利，不受不合理的差别对待，要求国家同等保护的权利。在我国，平等权既是公民行使其他权利的基础，也是获得利益的具体性权利。平等具有相对性。在社会生活中，不同个体之间客观上存在一定差异，宪法保护的平等权承认并允许在一定范围内的合理差别。

②“合理差别”是指具有合理理由的差别。在特定历史时期、在一定范围内存在的差别是具有合理性的。合理的差别不能被理解为一种特权。我国宪法中的合理差别体现为：

a. 选举制度中规定的对少数民族的适当照顾。《宪法》第4条在国家基本制度中，单独规定了民族平等权，但由于少数民族的人口较少再加上发展水平比较落后，因此选举法中规定了对少数民族的特殊照顾。

b. 对特殊群体的特别保护。我国宪法中对特殊人群的特别保护包括：对妇女的特别保护；对老人和儿童的特别保护；对华侨、归侨和侨眷的特别保护；对残疾人的特别保护。

③实现平等也应承认差别，否则可能导致平均主义，混淆自由与平等。因此，不能泛化平等权，也不能把平等理解为平均主义，要正确地区分合理差别与不合理差别。

5. 论述中国宪法上平等权在基本权利体系中的地位和特点。[北大2012年研]

答：(1)根据宪法的规定，我国公民的平等权应包括如下含义：

①法律面前人人平等。具体内容包括：

a. 所有公民平等地享有权利和平等地履行义务。

b. 所有公民都要遵守法律，不允许有超越法律规定的任何特权。

c. 所有公民在司法上一律平等，即法律适用上的平等。

d. 法律规定公民权利能力的平等，同等条件下具有获得相同权利的资格，但不意味着行为能力的绝对平等。

②禁止不合理的差别对待：

a. 平等只是一个相对性的概念。在社会生活中，由于客观情况不同，不同个体之间客观上存在着一定差异，宪法保护的平等权并不禁止一定范围内的合理差别。

b. “合理差别”指的是具有合理理由的差别。平等权允许合理差别措施的存在。

c. 承认现实生活中客观存在的合理差别，拒绝机械地、简单地以平等理念理解和处理各种宪法问题，有助于区分自由与平等的界限。

(2)我国宪法上平等权在基本权利体系中的地位：

①平等权是最基本的、最重要的基本权利之一，是不可或缺的权利。

②平等权是一种保障性权利，对于其他基本权利的实现具有保障作用，因而平等权在宪法基本权利体系中处于更为根本的地位。

③平等权的实现是其他基本权利实现的前提。没有平等权，其他基本权利就无从谈起。

④平等权本身只强调一种形式或实质上的平等对待，只有与其他权利如人格尊严、言论自由、选举权等良好地结合，才能更好地保护公民。

(3)我国宪法上平等权的特点：

①平等权的主体是全体公民，它意味着全体公民法律地位的平等。

②平等权是公民的基本权利，是国家的基本义务。公民有权利要求国家给予平等保护，国家有义务无差别地保护每一个公民的平等地位。国家既不能剥夺公民的平等权，也不能允许其他组织和个人侵害公民的平等权。

③平等权意味着公民平等地享有权利，平等地履行义务。国家平等地保护公民的法定权利，平等地要求公民履行法定义务。平等与特权不能并存，平等也不允许歧视现象存在。

④平等权是贯穿于公民其他权利中的一项权利。它通过其他权利，如男女平等、种族平等或政治权利平等、经济权利平等的具体化而实现。

⑤平等权既是我国公民的一项基本权利，也是我国宪法的基本原则。保护公民的平等权是宪法的基本要求。

6. 请阐述宪法保障公民言论自由的重要意义。[对外经贸2009年研]

相关试题：宪法对言论自由的保障及意义。[北理2013年研]

答：(1)言论自由是指公民通过各种语言形式表达、传播自己的思想和观点的自由。言论自由是宪法规定的公民的基本权利之一，是公民参与国家管理、自由地表达思想的基本形式。

(2)宪法保障言论自由的意义：

言论自由作为近现代宪法上一项重要的公民权利，是资产阶级革命的产物，构成人权的基本内容。保障言论自由是所有立宪国家的重要准则之一。宪法保障言论自由的重要意义在于：

①言论自由在政治权利体系中处于核心地位。公民享有政治权利的首要前提是享有言论自由，能够自由地发表对政治生活和国事的看法和见解。政治权利中的其他构成部分既是言论自由在不同领域不同形式的表现，也是言论自由的具体化。没有言论自由的保障，就不可能有选举权与被选举权的实现；没有言论自由的法律确认与实际保障，公民难以真正实现结社自由、出版自由及游行示威自由。公民六项政治自由的出发点与落脚点是言论自由的实现。

②言论自由是民主政治的基础。一个国家保障言论自由的程度从一个侧面反映了这个国家民主化程度，它贯穿于民主政治的运行与实现的整个过程：

a. 在政治组织的形成过程中，言论自由提供广泛的民意基础，使政治组织具有合法性与权威性。

b. 在政治权力与组织的运行过程中，言论自由起着有效的政治监督作用，以保证政治权力的有效运行。

c. 言论自由是代议政体存在与发展的基础，为民意的集中与表现提供大量的信息，以保证代议政体发挥正常功能。我国的人民代表大会制度是国家的根本政治制度，在这一制度形成与运行中，公民享有的言论自由起着重要作用。人民代表大会制度的基本原则与具体运行过程都以保障公民充分享有言论自由为条件，体现了言论自由的价值。

③言论自由具有政治监督功能。在倡导民主、法治与人权的社会中，言论自由的价值受到高度重视，它不仅成为政治制度的核心内容，同时也是社会安定与繁荣的标志。公民运用言论自由可以监督国家公共权力的运行过程，若发现权力运行脱离主权者意志，可依据法律规定的程序，纠正或防止权力异化。在宪法和法律范围内的言论自由是保持廉政、推动决策民主化和科学化的重要保证。只有公民充分享有言论自由，才能形成强有力的社会舆论监督机制，保证社会稳定与发展。

④言论自由具有协调国家权力与公民权利的功能。国家权力与公民权利的平衡是政治与社会稳定的重要因素，当二者发生冲突与矛盾时，应采取有效的措施加以解决，否则政治稳定将受到影响。公民通过言论自由的行使，可以为解决不同形式的冲突与矛盾提供大量的政治信息，使选择的方案具有合理性与科学性。由于公民对政治生活的各种意见与看法主要是通过言论自由表达的，它已成为政治信息的主要来源与主要传达形式。这种传达形式的完备与畅通，可以避免政治生活中不同利益的对立，能够寻求达到平衡的形式，最终形成政治与社会生活的平衡。

7. 论人身自由的法律保障。[复旦大学2004年研]

相关试题：

(1)我国公民人身自由的内容。[简答题，沈工大2023年研；浙商大2014年研]

(2)简述人身自由的主要内容及其保障。[简答题，浙商大2020年研]

(3)简述我国宪法关于公民人身自由的规定。[简答题，河北师大2020年研]

(4)我国宪法对人身自由的保护有哪些具体规定。[简答题，山东大学2011年研]

答：(1)人身自由是指公民的人身(包括肉体和精神)不受非法限制、搜查、拘留和逮捕。广义的人身自由，还包括人格尊严和公民住宅不受侵犯，通信自由和通信秘密受宪法保护。

(2)人身自由的主要内容及保障：

①生命权的保障。现行《宪法》没有明文规定生命权，但生命权是人身自由的首要前提，宪法规定的“国家尊重和保障人权”中也包含着国家对生命权保障的义务。

②人身自由不受侵犯。指公民享有不受任何非法搜查、拘禁、逮捕、剥夺、限制的权利。人身自由是公民参加国家政治生活、经济生活与社会生活的基础，是公民基本权利的重要内容。我国《宪法》第37条规定：“中华人民共和国公民的人身自由不受侵犯。任何公民，非经人民检察院批准或者决定或者人民法院决定，并由公安机关执行，不受逮捕。禁止非法拘禁和以其他方法非法剥夺或者限制公民的人身自由，禁止非法搜查公民的身体。”

③人格尊严不受侵犯。人格尊严，是指与人身有密切联系的名誉、姓名、肖像等不容侵犯的权利。人格尊严在法律层面主要表现为人格权，它是公民参加社会活动时应具有的资格。《宪法》第38条规定：“中华人民共和国公民的人格尊严不受侵犯。禁止用任何方法对公民进行侮辱、诽谤和诬告陷害。”

④住宅不受侵犯，又称住宅安全权。《宪法》第39条规定：“中华人民共和国公民的住宅不受侵犯。禁止非法搜查或者非法侵入公民的住宅。”

⑤通信自由与通信秘密受宪法保护。通信自由与通信秘密是指公民通过各种通信手段，根据自己的意愿进行通信，不受他人干涉的自由。《宪法》第40条规定：“中华人民共和国公民的通信自由和通信秘密受法律的保护。除因国家安全或者追查刑事犯罪的需要，由公安机关或者检察机关依照法律规定的程序对通信进行检查外，任何组织或者个人不得以任何理由侵犯公民的通信自由和通信秘密。”

8. 论述我国公民政治权利的主要内容。[四川师大2018年研]

相关试题：

(1)简述我国公民的基本政治权利。[简答题，安徽师大2019年研]

(2)试述我国公民的政治权利。[中山大学2016年研]

(3)公民的检举权与控告权的异同。[山东大学2015年研]

(4)我国宪法和法律对集会、游行、示威的保障和限制。[中山大学2015年研]

(5)论中国公民参与政治生活方面的基本权利。[对外经贸2010年研]

答：公民的政治权利是公民参与国家政治生活的权利和自由的统称。其主要内容有：

(1)选举权和被选举权：

我国《宪法》第34条规定，中华人民共和国年满18周岁的公民，不分民族、种族、性别、职业、家庭出身、宗教信仰、教育程度、财产状况、居住期限，都有选举权和被选举权；但是依照法律被剥夺政治权利的人除外。

选举权，是指选民依法选举代议机关代表的权利。被选举权，是指选民依法被选举为代议机关代表的权利。选举权和被选举权是我国人民参加国家管理的一项最基本的手段，也是我国人民行使国家权力的基本形式，它直接体现了人民的国家主人地位。

(2)言论自由：

言论自由是指公民通过各种语言形式表达、传播自己的思想和观点的自由。言论自由是宪法规定的公民的基本权利之一，是公民参与国家管理、自由地表达思想的基本形式。

我国公民的言论自由同样应该在法律的范围内行使。不得利用言论自由煽动群众反对政府，危害国家和社会安定；不得利用言论自由对他人的人格尊严进行侮辱诽谤。

(3)出版自由：

出版自由是指公民可以通过公开发行的出版物，包括报纸、期刊、图书、音像制品、电子出版物等形式，自由地表达自己对国家事务、经济和文化事业、社会事务的见解和看法。出版自由是公民的基本权利与政治自由，是言论自由的延伸和具体化，这一规定保障了公民能够自由地通过文字表达观点，并进行思想交流。

出版自由的管理制度有两种：①预防制，这是一种事前干预的办法；②追惩制，这是一种事后干预的办法。我国现在施行的是预防制和追惩制相结合的办法。

(4)结社自由：

结社自由是指公民为了实现一定的目标而依法律规定的程序组织某种社会团体的自由。作为公民的一项基本自由，结社自由在国家生活中发挥着重要作用。公民的结社可以分为两种：①以营利为目的的结社，此种结社通常由民法、商法、公司法等来调整；②非以营利为目的的结社，其中又分为政治性结社以及非政治性结社。

(5)集会、游行、示威自由：

①集会自由是指公民聚集于公共场所，发表意见、表达意愿的自由。集会自由是言论自由的延伸和扩展。集会和结社都是多数人聚集在一起讨论问题或表达意愿的活动。但是二者的不同之处是，集会是临时性的聚集，而结社则是长期的、持续性的结合，并且具有固定的组织、章程和制度。

②游行自由是公民有在公共道路、露天公共场所列队行进、表达共同意愿的自由。

③示威自由是公民在露天公共场所或者公共道路上以集会、游行、静坐等方式，表达要求、抗议或者支持、声援等共同意愿的自由。

三者的共同之处是它们都是自由表达意愿；而不同之处则是表达意愿的程度、方式和方法有所差异。集会、游行、示威应当和平地进行，不得携带武器、管制刀具和爆炸物，不得使用武力或者煽动使用暴力；不得妨碍公务；集会、游行、示威应当按照许可的目的、方式、标语、口号、起止时间、地点、路线及其他事项进行，不得违反治安管理法规，不得进行犯罪活动或者煽动犯罪。

(6)批评、建议、申诉、控告或者检举的权利：

①批评权是指公民对国家机关和国家工作人员在工作中的缺点和错误提出批评意见的权利。建议权是指公民对国家机关、国家工作人员的工作提出建设性意见的权利。申诉权是指公民的合法权益因行政机关或司法机关作出的错误的、违法的决定或裁决，或者因国家工作人员的违法失职行为而受到侵害时，受害公民有向有关机关申述理由，要求重新处理的权利。控告权是指公民对任何国家机关和国家工作人员的违法失职行为，有向有关机

关进行揭发和指控的权利。检举权是指公民对于违法失职的国家机关和国家工作人员，有向有关机关揭发事实，请求依法处理的权利。

②批评权主要针对的是国家机关和国家工作人员的缺点和错误，建议权针对国家机关、国家工作人员的工作。

9．论我国宪法对私有财产的保护。［中山大学2009年研；复旦大学2004年研］

相关试题：

(1)我国《宪法》第13条第1款规定："公民的合法的私有财产不受侵犯。"请论述，法律具体如何对公民合法的私有财产进行保护。［中山大学2018年研］

(2)论我国宪法对私有财产的保护。［中山大学2018年研］

答：(1)私有财产权概述：

公民的私有财产权是指公民对其拥有的合法财产有占有、使用、收益和处分的权利，是维持人的生存所不可缺少的、不可剥夺的基本权利。财产权与生命权、自由权、平等权在现代宪政国家被并称为支撑公民基本权利体系的四大支柱。私有财产权在现代法治社会中对于个人自由的伸张和其他基本权利的实现发挥着重要的作用。财产权本质是实现自由的基本要求，是人作为有尊严的个体存在的社会物质基础。因此，从社会发展的角度看，个体拥有私有财产是社会协调发展与保护人的尊严的重要条件。

(2)我国宪法对公民私有财产的保护：

①"三个文明"协调发展的发展观和爱国统一战线的重新界定为财产权的保护奠定了宏观政策背景，特别是"国家尊重和保护人权"首次写进宪法，必将对公民基本人权的保护起到提纲式的统领作用，作为基本人权之一的财产权也必将在其统领下获得强有力的保护。

②2004年宪法修正案第22条将宪法第13条第1、2款修改为："公民的合法的私有财产不受侵犯。国家依照法律规定保护公民的私有财产权和继承权。""合法的私有财产不受侵犯"意味着国家有义务保护所有公民的财产权，并采取各种有效措施实现财产权价值。这项规定扩大了私有财产权的保护范围，不再采用原来对财产权具体列举的保护方式，将保护的范围从生活资料扩展到生产资料，提高了财产拥有者创造财富的积极性，保障了交易秩序和稳定的社会秩序。

③2004年修正后的宪法第13条第3款规定："国家为了公共利益的需要，可以依照法律规定对公民的私有财产实行征收或者征用并给予补偿。"这是我国宪法首次对公民财产的征收、征用规定的补偿条款。这项规定区分了征用和征收两个不同的法律概念，并规定了对公民私有财产的剥夺无论是基于征收还是征用都要给予补偿。

(3)公民财产权入宪的意义：

公民财产权是公民基本权利的一项重要内容，是公民在社会生活中获得自由与实现经济利益的必要途径。宪法规定的财产权不同于民法意义上的财产权，作为基本权利的财产权主要是针对公共权力而存在的，为私法上的财产权保障提供法律基础。在宪法所要调整的经济关系中，公民个人财产权的保护是一个不可忽视的内容，它不仅仅是公民个人的一项基本权利，还确立了一项重要的宪法原则，具有普遍性意义。

①2004年宪法修正案规定私有财产权的宪法地位，有助于在全社会确立和实现保护私有财产的基本价值，要求政府和公共机关尊重私有财产权，为私有财产权的合法拥有者提

供良好的法律环境。

②对私有财产权的宪法保护，形成对公共权力的严格限制，规范了国家权力活动范围；要求所有的公共机关依照宪法尊重公民合法的私有财产权，严格遵循法定界限。

③有助于鼓励人们在市场经济发展过程中从事创造性劳动，鼓励人们投资，创造更多的社会财富。

④财产权的宪法保障制度有助于建立公民权利救济制度。

(4)完善私有财产权宪法保障的机制：

应在财产权的社会性与个体财产的自由之间寻求合理的平衡。宪法规定的私人财产权能否在实际生活中得到实现是公众普遍关注的社会问题。在今后的财产权立法中，立法机关的角色是非常重要的。有关财产权的立法活动应严格遵循财产权保护的宪法原则，以宪法委任为基础，确定限制财产权的标准与具体界限。限制财产权的法律规定或政策应符合财产权规定所追求的保护目的，特别是不得与保护财产权本质内容的宪法精神相矛盾。为此，需要遵循比例原则、平等原则、信赖保护原则等。

七、法条评析

1. 试分析《宪法》第37条。[武大2015年研]

答：(1)《宪法》第37条规定："中华人民共和国公民的人身自由不受侵犯。任何公民，非经人民检察院批准或者决定或者人民法院决定，并由公安机关执行，不受逮捕。禁止非法拘禁和以其他方法非法剥夺或者限制公民的人身自由，禁止非法搜查公民的身体。"宪法这一条的规定实际上确立了公民人身自由的宪法地位，使之成为基本权利体系的基石。

(2)人身自由的宪法意义如下：

①人身自由是体现公民宪法地位的重要标志。人身自由是公民作为人而表现的基本价值要求，是人的不可剥夺的权利。人身自由制度的完善是社会文明与进步的结果，反映了人类自我完善的过程。

②人身自由是人类自身生存所必需的权利。在现代宪法体制中，自由通常分为人身自由、精神自由与经济自由等，享有精神自由与经济自由的前提是人身的独立与自由，即首先在人身上成为自由的人，其人身受宪法和法律保障，同时客观上存在有效的人身自由保障制度。如果公民的人身自由得不到保障，其他权利与自由的行使则会失去基础。从这种意义上说，人身自由是基本权利体系的基础与核心，是公民参加各种社会活动、参加国家政治生活和享受其他权利自由的先决条件。

③人身自由的保障直接关系到社会的稳定与发展。人身自由本身体现了人的价值，构成公民与国家之间保持协调的重要因素，是维护社会稳定的基础。人身自由的价值能否得到尊重，其自由的实现程度直接影响社会生活的安定。因此，从法律与制度上切实保障公民的人身自由有助于稳定社会关系，发挥社会主体的积极性。

2. 我国《宪法》第51条规定："中华人民共和国公民在行使自由和权利的时候，不得损害国家的、社会的、集体的利益和其他公民的合法的自由和权利。"请予以评论。[中山大学2009年研]

答：(1)《宪法》第51条是对基本权利行使界限的限制，表明我国公民的基本权利和义务是相对应的，公民的基本权利并不是不受任何限制的，其要受到不同因素的制约和限制。

(2)公民行使基本权利的界限。公民的基本权利和自由不仅受制于社会经济结构以及由经济结构所决定的文化发展外，其限制还有：

①不得妨碍他人的权利和自由。在保护全体公民权利和自由的必要范围内，国家可以对公民个人的权利和自由通过法律设立限制。

②不违反国家承认的公民权利和自由的目的。违反了上述目的属于滥用权利和自由。

(3)《宪法》第51条规定的意义：

①表明了我国公民权利和义务的统一性。权利和义务是对立统一的一对范畴，没有无义务的权利，也没有无权利的义务。我国《宪法》第51条的规定以及各国宪法规定和政治实践表明，不同国家或者一国内的公民只有享受权利和履行义务的多少之分，而绝不可能有只享受权利不履行义务，或者只履行义务不享受权利。基本权利和基本义务之间是相互统一的，我国《宪法》第51条表明了这一点。

②对公民行使权利的限制有助于公民了解权利的界限，从而更好地保障公民基本权利。作为社会成员的公民必然既享有权利又要履行义务，这是社会成员身份的要求。权利导致他人的相应义务，成员的义务是与其他成员的权利相对应的。公民的基本权利和自由不是绝对的，是有限制的。《宪法》第51条即是宪法本身对公民基本权利的限制，使公民在行使其权利和自由时能够明确权利和自由的界限，尊重公共利益和其他公民的基本权利和自由，这也是对公民基本权利和自由的保障。

八、案例分析题

1. 2009年底，五位法学教授认为国务院2001年施行的《城市房屋拆迁管理条例》(简称“《拆迁条例》”)与宪法和法律的有关规定相抵触，向全国人大常委会提出对《拆迁条例》进行审查的建议，这一行为引起社会广泛关注，国务院对此高度重视，启动《拆迁条例》的修改程序，召开专家研讨会，公布草案征求民意，于2011年1月颁布了《国有土地上房屋征收与补偿条例》。[2012年法硕(非法学)真题]

请结合我国宪法的规定及相关知识，回答下列问题：

(1)法学教授对《拆迁条例》提出审查建议的宪法和立法依据是什么？

(2)针对该审查建议，全国人大常委会可以进行何种处理？

(3)国务院在制定《国有土地上房屋征收与补偿条例》的过程中，广泛听取民意的宪法和立法依据又是什么？此举反映了立法活动的何种原则？

答：(1)法学教授对《拆迁条例》提出审查建议的宪法和立法依据如下：

①根据《宪法》，公民对国家机关和国家工作人员有提出批评和建议的权利。

②根据《立法法》，公民认为行政法规同宪法或者法律相抵触的，可以向全国人大常委会书面提出审查的建议。

(2)根据《宪法》和《立法法》的规定，针对该审查建议，全国人大常委会可以要求国务院修改《拆迁条例》，或有权撤销该行政法规。

(3)国务院在制定《国有土地上房屋征收与补偿条例》的过程中，广泛听取民意的宪法和立法依据如下：

①根据《宪法》规定，人民依法通过各种途径和形式，管理国家事务，管理经济和文化事业，管理社会事务。

②根据《立法法》规定，行政法规在起草过程中，应当广泛听取有关机关、组织和公民的意见。听取意见可以采取座谈会、论证会、听证会等多种形式。

国务院的立法活动体现了民主立法原则。本案中，国务院的立法活动集中体现了人民的智慧、利益、要求和愿望，使立法与人民群众相结合，从而体现了民主立法原则。

2. 据报载，某市关于盗窃犯罪承担刑事责任的标准为人民币3000元。2004年，该市某区人民检察院规定，本着惩罚与教育相结合的原则，在校大学生盗窃数额5000元以下的行为属“不起诉”范围。检察院认为，该规定的实施有利于减少高校学生的犯罪。但对此社会争议较大。[2008年法硕(非法学)真题]

请结合我国现行宪法的规定及相关宪法知识，分析上述材料并回答问题：

(1)该区人民检察院针对在校大学生的特殊规定是否符合我国现行宪法的规定？依据何在？

(2)如果该区人民检察院的规定有问题，应如何处理和纠正？

答：(1)该区检察院针对在校大学生的特殊规定不符合我国现行宪法的规定。

理由：该特殊规定违反了宪法上的平等原则和法治原则。我国现行宪法规定，公民在法律面前一律平等，任何公民都没有超越宪法和法律的特权。在校大学生与其他公民相比，只能更模范地遵守宪法和法律，而不能将特殊身份作为减轻处罚的理由。

(2)如果该区人民检察院的规定有问题，首先，公民个人可以依法行使宪法上的批评建议权，向该区人民检察院或其上级人民检察院举报，也可以向该区人民代表大会常务委员会反映问题。其次，根据我国宪法和法律的规定，人民检察院的领导体制实行双重从属制，因此该区人民代表大会常务委员会和上一级人民检察院均有权依法处理。

3. 2011年10月，某市F区人大进行换届选举。5月初，高校教师王某通过微博公开其参选该区人大代表的意愿，并公布了个人身份和简历等基本情况。该条微博发布后，引起了社会广泛关注。[2012年法硕(法学)真题]

请结合上述材料，运用宪法学知识和选举法相关规定，回答以下问题：

(1)王某参选行为的法律依据是什么？

(2)王某要成为正式代表候选人，需要经过哪些程序？

答：(1)根据我国《宪法》和《选举法》规定，中国公民年满18周岁，都有选举权和被选举权，但是依法被剥夺政治权利的人除外。王某系年满18周岁的中国公民，且未依法被剥夺政治权利，故王某可以行使其选举权和被选举权。

(2)我国《选举法》对人大代表的选举程序作了明确规定。公民参选人大代表以及一切选举活动，都要在法律规定范围内，按照法律规定的程序进行。根据《选举法》，王某要成为正式代表候选人，需要经过的程序是：①在选区进行选民登记；②被推荐为代表候选人；③由选举委员会将候选人名单交选区选民小组协商、讨论后确定。

4. 某作家出版某书对某宗教团体的所作所为予以批评，该宗教团体不满该书，到政府门前静坐示威，要求政府“给个说法”并禁止该书的出版发行。现你为政府法制局的工作人

员，利用中外宪法学的知识进行分析，并给领导讲讲该如何处理此事。[北大2008年研]

答：(1)从我国宪法角度分析：

①公民的言论自由：

a. 作家的权利。我国宪法保障公民言论自由。作家基于真实情况对宗教团体进行批评，是在行使宪法赋予的言论自由权利。公民有权通过合法的方式表达自己的观点和意见。

b. 宗教团体的行为评价。宗教团体到政府门前静坐示威，涉及集会、游行、示威自由，需依法依规进行。宗教团体未经法定程序而在政府门前静坐示威是不符合法律规定的行为。

②国家对宗教事务的管理原则：

a. 政教分离原则。我国实行政教分离，政府依法管理宗教事务。对于宗教团体的要求，政府不能因为宗教原因而违反宪法保障的公民言论自由去禁止该书的出版发行。

b. 依法管理宗教事务。宗教团体认为作家作品侵权，应通过法律途径解决，如通过向法院提起民事诉讼等方式来解决，而不是采取未经许可的示威方式。

(2)利用外国宪法学相关知识对比参考：

①美国宪法第一修正案相关内容：

a. 言论自由保障方面。美国宪法第一修正案强调言论自由的重要性。类似于我国作家的批评行为，如果符合真实情况等要求，也会被视为受保护的言论。

b. 集会自由规定对比。美国对集会、游行、示威等也有规定，总体上也要求在符合法律程序的前提下进行。例如，需要提前申请许可等，与我国对集会等活动的依法管理原则有相似之处。

②欧洲部分国家宪法相关规定。许多欧洲国家也实行政教分离，如法国。这种理念和我国对宗教事务的管理理念类似。

(3)给领导的处理建议：

①对宗教团体的行为处理：

a. 立即制止非法示威行为。安排相关执法人员如公安部门到现场依法劝说宗教团体停止静坐示威。如果不听劝阻，要依法采取必要的措施，如驱散等，但要注意方式方法，避免激化矛盾。

b. 引导依法解决纠纷。引导宗教团体通过司法途径解决纠纷。如向法院提起名誉权等侵权诉讼，收集相关证据，由法院来判定作家的行为是否构成侵权。

②对作家权益的维护：

a. 保障作家的合法权益。告知作家其合法权益受保障。同时，也提醒作家要注意避免恶意诋毁等可能侵犯他人合法权益的行为。

b. 关注后续可能的纠纷。密切关注宗教团体是否会对作家提起诉讼等法律行为，确保司法程序能够公正地处理此类纠纷，避免任何一方受到不公正的对待。

5. 某行政机关在某次打黄扫非行动中公布的一张照片引起了广泛争议。“光头”警察抓住一“卖淫女”的头发，“卖淫女”双手护胸，一脸惶恐，而她的衣服就在一边。旁边还有嫖客一干人等。[北大2010年研]

请结合宪法条文：

(1)公布“卖淫女”裸照是否违法，说明理由。

(2)“光头”警察对“卖淫女”的行为是否违法，说明理由。

答：(1)公布“卖淫女”裸照的行为违法，理由如下：

①行政机关公布卖淫女的照片侵犯了公民的隐私权和肖像权以及名誉权，侵犯了公民人格尊严的基本权利和相关民事权利，违反了宪法和民法的规定。

②宪法规定国家尊重和保护人权，卖淫女尽管违反了国家的法律法规，但是其基本的人权仍然受到保护。公布卖淫女的裸照侵犯了卖淫女的隐私权和人格尊严。尽管我国宪法未明确规定“隐私权”，但是我国于1997年10月和1998年10月先后签署了《经济、社会和文化权利国际公约》与《公民权利和政治权利国际公约》，这两个公约中就包含了对隐私权的保护，因而我国人权中也应包含对隐私权的保护。国家机关侵犯公民隐私权是违反宪法的，而且公布他人裸照也会侵害其人格尊严，从这个意义上讲行政机关也是违宪的。此外，上述行为也属民事侵权行为。

③根据依法行政原则，行政机关应严格根据法律规定的方式和内容进行执法。公布卖淫女的裸照，显然不是法律规定的职权，因而行政机关的行为违反了依法行政原则。

(2)“光头”警察对“卖淫女”的行为是违法的，理由如下：

“光头”警察虽然是执行公务，查处违法行为，但他侵犯了“卖淫女”的人格尊严，因而是违反宪法的。《宪法》第38条规定，中华人民共和国公民的人格尊严不受侵犯。禁止用任何方法对公民进行侮辱、诽谤和诬告陷害。

人格尊严是指作为人应具有的最起码的资格，是公民个人自由发展其个性而不受干涉的权利，是人之为人所必须享有的地位、待遇或应受的尊重，集中表现为人的自尊心和自爱心，在法律上体现为姓名权、名誉权、荣誉权、肖像权、贞操权、隐私权等权利。

本案中，“光头”警察在众目睽睽之下，抓住卖淫女的头发，使其裸体示人，严重侵犯了卖淫女的人格尊严。尽管卖淫女是违法者，但是人格尊严的普遍性决定了任何人包括违法和犯罪的人，其人格尊严都不受侵犯，否则违宪。

6. 全国人大常委会制定的《中华人民共和国行政强制法》第1条规定：“为了规范行政强制的设定和实施，保障和监督行政机关依法履行职责，维护公共利益和社会秩序，保护公民、法人和其他组织的合法权益，根据宪法，制定本法。”该法第2条第2款规定：“行政强制措施，是指行政机关在行政管理过程中，为制止违法行为、防止证据损毁、避免危害发生、控制危险扩大等情形，依法对公民的人身自由实施暂时性限制，或者对公民、法人或者其他组织的财物实施暂时性控制的行为。”[2013年法硕(非法学)真题]

请结合材料分析下列问题：

(1)行政机关的行政强制行为可能限制公民哪些宪法权利的行使？宪法对这些权利是如何规定的？

(2)为什么行政强制行为是由全国人大常委会通过立法加以规范的？

答：(1)行政强制行为可能限制公民的人身自由和财产权两种宪法权利。《宪法》第37条规定：“公民的人身自由不受侵犯。任何公民，非经人民检察院批准或者决定或者人民法院决定，并由公安机关执行，不受逮捕。禁止非法拘禁和以其他方法非法剥夺或者限制公民的人身自由，禁止非法搜查公民的身体。”第13条规定：“公民的合法的私有财产不受侵犯。国家依照法律规定保护公民的私有财产权和继承权。”

(2)法律保留原则，是指关于公民基本权利的限制等专属立法事项，应当由立法机关通过法律来规定，行政机关不得代为规定，行政机关实施的行政行为必须要有法律的授权，不得抵触法律。

根据《立法法》第11条规定，对公民政治权利的剥夺、限制公民人身自由的强制措施和处罚，只能制定法律。该项原则的实质在于要求行政权的行使必须在代议机关的监督之中，没有代议机关(民意)的同意行政权就不得行使。它既体现了立法权对行政权的制约，也体现了行政权的民意基础。行政强制行为涉及对公民人身自由的限制，必须通过制定法律予以规范。

根据《宪法》第62、67条规定，只有全国人大及其常委会才有权制定法律。因此，由全国人大常委会制定法律来规范行政强制行为符合宪法要求。

7. 2002年3月，李村村民王某失踪。不久有人在该村的废井里发现一具无法辨认的女尸。公安机关经初查，认定该女尸为失踪的王某，并认定张某有重大嫌疑。为了协调案件、快速结案，该市召开了由公安局局长、检察院检察长和法院院长共同参加的三长联席会议，并就张某“故意杀人”一案取得了一致意见。随后，张某以故意杀人罪被判处死刑，缓期二年执行。八年后，失踪的王某突然回到家乡。省高院启动审判监督程序，撤销了市中院对张某故意杀人案的判决和省高院原先作出的复核裁定，宣告张某无罪。[2014年法硕(非法学)真题]

请结合我国宪法的规定及相关知识，回答下列问题：

(1)该案中有关国家机关的行为侵犯了张某什么宪法权利和自由?

(2)公检法三机关召开三长联席会议的行为是否存在违反宪法规定的情形?为什么?

答：(1)本案中有关国家机关的行为侵犯了张某的人身自由和人格尊严。

①公民的人身自由不受侵犯。我国《宪法》规定，公民的人身和行动不受任何非法搜查、拘禁、逮捕、剥夺、限制和侵害。非经人民检察院批准或者人民法院决定并由公安机关执行，不受逮捕，禁止非法拘禁和以其他方法剥夺或者限制公民的人身自由，禁止非法搜查公民的身体。

②公民的人格尊严不受侵犯。我国《宪法》第38条规定，公民的人格尊严不受侵犯，禁止采用任何方法对公民进行侮辱、诽谤和诬告陷害。

本案中，有关国家机关未经法律程序或以非法程序认定张某故意杀人并对其判处死刑的行为，侵犯了张某的人身自由和人格尊严。

(2)公、检、法三机关召开三长联席会议的行为违反了我国宪法关于司法机关的地位及其职权行使等方面的规定。

①人民法院是国家的审判机关。人民法院依照法律独立行使审判权，不受行政机关、社会团体和个人的干涉。

②人民检察院是国家法律监督机关。人民检察院依照法律独立行使检察权，不受行政机关、社会团体和个人的干涉。

③人民法院、人民检察院和公安机关办理刑事案件，应当分工负责，互相配合，互相制约。

8. 某市城东区进行旧城改造，王某的房屋在改造区域内。政府与王某就补偿问题一直未能达成一致意见。之后，王某的房屋被强行拆除。王某为此多次上访，反映旧城改造过程中存在的问题。城东区政府拆迁办遂委托某保安公司对王某进行截访。保安公司在王某上访途中将其拦下，并关押其近一个月。此事经媒体曝光后，该保安公司被当地警方立案查处，王某获得了人身自由。[2014 年法硕(法学)真题]

请根据上述材料，分析王某的哪些宪法权利受到了侵犯，并回答这些宪法权利在我国现行宪法中是如何规定的。

答：(1)根据上述材料，王某受到侵害的宪法权利有：私有财产权，人身自由，申诉、控告、检举权，获得权利救济的权利。(答言论自由也可)

(2)我国《宪法》对这些宪法权利规定如下：

①公民的合法私有财产不受侵犯。国家保护公民的私有财产权。国家为了公共利益的需要，可以依法对公民的私有财产实行征收或者征用并予以补偿。

②公民的人身自由不受侵犯。禁止非法拘禁和以其他方法非法剥夺或者限制公民的人身自由。

③公民对任何国家机关和国家工作人员，有提出批评和建议的权利；对任何国家机关和国家工作人员的违法失职行为，有向有关国家机关提出申诉、控告和检举的权利。

④由于国家机关和国家工作人员侵犯公民权利而受到损失的人，有依法获得赔偿的权利。

9. 材料一：在 2005 年的高考中，16 岁的湖北少年李洋在海南考出了 897 分的好成绩，却因涉嫌“高考移民”，根据海南省教育厅“限报”之规定，无法实现投档，而与本科第一批院校无缘。

材料二：据报道，2006 年 10 月份，上海大学经过审查，拒绝了数十位“国际高考移民”的入学申请，这也是近年来上海高校首次大规模拒收“留学生”。被上海大学拒收的这批“留学生”都提交了合法手续。但上海大学采用考察申请者外国语言的方式认定它们属于“国际高考移民”，即以外国人的身份申请到中国留学的“中国人”，并最终使用招生自主权拒绝了他们的申请。[武大 2007 年研]

(1)结合上述材料，请分析户籍与国民教育平等权的冲突。

(2)结合上述材料，请分析国籍与国民教育平等权的冲突。

(3)结合上述材料，请简要分析“高考移民”学生被限招或者被拒招后是否可以获得法律救济？如何救济？

答：(1)户籍与国民教育平等权的冲突分析：

户籍制度在我国长期存在，它与国民教育平等权产生了显著冲突。以李洋“高考移民”事件为例，海南当地的“限报”规定基于户籍差异，将考生划分开来。户籍本是人口管理的行政手段，然而在教育资源分配场景下，却成了一道门槛。不同省份因经济、政策等因素，教育资源的投入与发展不均衡，高校招生指标分配又和户籍挂钩，使得拥有外地户籍的学生即便成绩优异，如李洋在海南付出努力取得高分，却因户籍限制，在升学关键环节被排除在本科第一批院校投档范围外，无法平等获取优质教育资源，违背了国民教育平等权中受教育机会均等的基本要求。

(2)国籍与国民教育平等权的冲突分析：

在“国际高考移民”事件里，国籍与国民教育平等权的冲突凸显。这些“国际高考移民”持有合法手续，形式上符合留学生身份，但实质是变更国籍的中国人。上海大学依据考察外国语言的方式甄别出这类群体并拒绝入学申请。教育平等权要求基于学业能力给予公平入学机会，可当国籍认定被部分人利用来钻招生空子，高校为维护招生公平，行使招生自主权拒绝其申请时，看似保障了招生公正，却也引发了争议：一方面是对真正外国留学生公平竞争环境的维护；另一方面则是这部分“特殊身份”群体主张平等受教育机会，反映出教育资源竞争下，国籍因素被不当利用，冲击着国民教育平等权内涵中的非歧视原则。

(3)“高考移民”学生被限招或拒招后的法律救济及方式：

①是否有法律救济：“高考移民”学生被限招或拒招后，理论上是可以获得一定法律救济的。我国宪法规定公民有受教育的基本权利，受教育权受法律保护。虽然高考招生政策有相关限制规定，但如果这些规定存在不合理地侵犯公民受教育基本权利的情形，学生有权寻求救济。

②救济方式：

a. 行政复议。学生及其家长可以向教育部门的上级机关提起行政复议，要求对“限报”“拒招”这类行政行为进行合法性与合理性审查。例如，李洋的家长若认为海南省教育厅的“限报”规定不合理地侵害了孩子的受教育权，可向更高级别的教育主管部门或政府机关申请复议。

b. 行政诉讼。向法院提起行政诉讼也是重要途径，把作出限招或拒招决定的教育部门或高校列为被告，由法院依据法律法规，审查招生政策依据及实施过程是否违背宪法和法律保障的受教育平等权，若存在违法违规，可判决撤销相关决定，给予学生公平入学机会。

c. 申诉。向招生院校的校内申诉机构或者省级教育招生主管部门的申诉机构申诉，说明自身情况，要求重新审核招生资格，争取入学机会。

10. A省某大学法学专业学生张某利用暑假对B省某市与长江相连的湖泊生态环境进行了调查，调查发现该市某企业用多张渔网连结将长江与湖泊人为分开，以阻止湖泊鱼类游入长江。张某写信给该市市政府要求市政府立即纠正结网拦湖行为，市政府迟迟不予答复。两个月后，张某再次致信该市市政府，措辞激烈地抨击了该市市政府的工作作风，并提出了撤网恢复湖泊生态环境的建议方案。该市部分领导认为张某是A省人，无权非难B省的该市市政府，其专业是法学而非环境，建议可笑且是多管闲事。[武汉理工2009年研]

试以我国宪法之公民基本权利为出发点分析张某的行为和某市部分领导的观点。

答：(1)对张某的行为与该市部分领导的观点的评价：

①张某的行为是依法行使宪法中规定的公民批评、建议、检举、控告等基本权利，因而其行为是合法有效的。

②该市部分领导人认为张某的建议可笑且多管闲事，因为张某不是B省人，且其所学专业并非环境而是法学。这种观点是对宪法中公民基本权利的误读，同时也是官本位思想的反映。

(2)评价的理由：

①《宪法》第41条第1款规定：“中华人民共和国公民对于任何国家机关和国家工作人

员，有提出批评和建议的权利。”公民通过这项权利的行使，既可对国家机关和国家工作人员实行监督，又可维护自己的合法权益，免遭国家机关和国家工作人员的不法侵害。批评权是指公民对国家机关和国家工作人员在工作中的缺点和错误，有提出批评意见的权利。建议权是指公民对国家机关、国家工作人员的工作提出建设性意见的权利。

②宪法中对行使该项权利的主体无过多限制，只要是中华人民共和国公民均可行使该项权利。张某作为中华人民共和国的公民，其当然可以对该市的国家机关提出建议和批评，这是其行使权利的表现。而该市部分领导以籍贯和专业为由将张某的行为界定为可笑甚至多管闲事是对公民权利的一种不尊重和侵犯。

③《宪法》第41条第2款规定，对于公民的申诉、控告或者检举，有关国家机关必须查清事实，负责处理。任何人不得压制和打击报复。该市相关人员对张某的举报检举行为，应当依法予以答复。

④宪法中仅对公民提出申诉、控告或检举时国家机关的行为进行了规定，而未规定对公民提出批评建议权时应当怎样做。但这不能成为国家机关不受理公民批评建议的理由。当公民向国家机关提出批评建议时，国家机关应对公民的批评建议进行回应。

第七章 国家机构

7.1 复习指南

【知识框架(庖丁解牛)】

- 国家机构
  - 国家机构基本原理
    - 国家机构：概念、地位和特征、组织和活动原则
    - 我国国家机构体系和组织活动原则
  - 全国人民代表大会
    - 性质、地位、组成、任期、职权
    - 会议制度和工作程序
    - 内设委员会：专门、调查委员会
    - 全国人大代表
  - 全国人民代表大会常务委员会
    - 性质、地位、职权
    - 组成、任期、机构设置
    - 会议制度和工作程序
  - 国家主席：产生、任期、职权
  - 国务院
    - 性质、地位、职权、机构设置
    - 组成和任期、领导体制、会议制度
  - 中央军事委员会：性质、地位、组成、任期和领导体制、职权
  - 地方各级人大和政府
    - 地方国家机构概述
    - 地方各级人大：性质和地位、组成和任期、职权
    - 县级以上地方各级人大常委会
    - 地方各级人民政府
  - 民族自治地方的自治机关：概念、性质、地位、组成、自治权
  - 监察委员会
    - 性质、职能、职责、监察范围
    - 产生、组成、任期、领导体制
    - 监察工作的原则和方针
  - 人民法院：性质、任务、组织体系、基本职权、审判工作原则
  - 人民检察院：性质、任务、组织体系、基本职权、检察工作原则

【通关提要(提纲挈领)】

本章主要讲述国家机构的相关内容，是本书的重要章节。学习时，要熟悉全国人大及其常委会、国家主席、国务院、监察委员会等国家机构的性质、组成和职权等，掌握全国人大与全国人大常委会、人大与政府、中央与地方等国家机构之间的关系。本章内容考查

形式多样，多考查选择题、简答题和论述题，复习时要注重全面把握，能结合具体案例具体分析。

7.2 考研真题与典型题详解

一、单项选择题

1. 根据我国宪法，有权依照法律规定决定省、自治区、直辖市的范围内部分地区进入紧急状态的国家机构是（　　）。［2024 年法硕（非法学）真题］

A. 全国人民代表大会　　B. 全国人民代表大会常务委员会

C. 国务院　　D. 省级人民代表大会常务委员会

【解析】全国人大常委会有权决定全国或局部总动员以及全国或个别省、自治区、直辖市进入紧急状态；国务院有权依照法律规定决定省、自治区、直辖市范围内部分地区进入紧急状态。全国人民代表、省级人大常委会无权决定进入紧急状态。

2. 有关一般议案、质询案的说法正确的是（　　）。［2018 年法考真题］

A. 一个代表团或者是三十名以上的全国人大代表，可以向本级人大和本级人大常委会提出议案和质询案

B. 本级法院、检察院可以向本级人大和本级人大常委会提出议案

C. 县级以上人大的专门委员会可以向本级人大和本级人大常委会提出议案

D. 5 名以上乡级人大代表可以向本级人大提出议案和质询案

【解析】A 项，一个代表团或者 30 名以上全国人大代表只能向全国人大提出议案和质询案，向全国人大常委会提议案和质询案的是10 个以上的常委会成员。

B 项，法院、检察院提议案只能由最高人民法院和最高人民检察院向全国人大及其常委会提起，地方的法院、检察院不能向本级人大及其常委会提议案。

C 项，地方向本级人大提议案的组织包括本级政府、本级人大常委会、本级人大专门委员会、本级人大主席团，地方向本级人大常委会提议案的组织包括本级政府、本级人大专门委员会、本级人大常委会主任会议。

D 项，5 名以上乡级人大代表可以向乡人大提出议案，但提质询案需要 10 名以上乡级人大代表提出。

3. 关于全国人大常委会的立法监督权，下列说法正确的是（　　）。［2018 年法硕（法学）真题］

A. 全国人大常委会有权改变同法律相抵触的地方性法规

B. 全国人大常委会可以撤销或改变同法律相抵触的行政法规

C. 部门规章和地方政府规章对同一事项的规定不一致的，由全国人大常委会裁决

D. 根据授权制定的法规与法律规定不一致的，由全国人大常委会裁决

【解析】AB 两项，全国人大常委会有权撤销与法律相抵触的行政法规和地方性法规，但是无权改变。《立法法》第 108 条规定：“改变或者撤销法律、行政法规、地方性法规、自治

1C　2C　3D

条例和单行条例、规章的权限是：(一)全国人民代表大会有权改变或者撤销它的常务委员会制定的不适当的法律，有权撤销全国人民代表大会常务委员会批准的违背宪法和本法第八十五条第二款规定的自治条例和单行条例；(二)全国人民代表大会常务委员会有权撤销同宪法和法律相抵触的行政法规，有权撤销同宪法、法律和行政法规相抵触的地方性法规，有权撤销省、自治区、直辖市的人民代表大会常务委员会批准的违背宪法和本法八十五条第二款规定的自治条例和单行条例；……"

CD两项，《立法法》第106条规定："地方性法规、规章之间不一致时，由有关机关依照下列规定的权限作出裁决：(一)同一机关制定的新的一般规定与旧的特别规定不一致时，由制定机关裁决；(二)地方性法规与部门规章之间对同一事项的规定不一致，不能确定如何适用时，由国务院提出意见，国务院认为应当适用地方性法规的，应当决定在该地方适用地方性法规的规定；认为应当适用部门规章的，应当提请全国人民代表大会常务委员会裁决；(三)部门规章之间、部门规章与地方政府规章之间对同一事项的规定不一致时，由国务院裁决。根据授权制定的法规与法律规定不一致，不能确定如何适用时，由全国人民代表大会常务委员会裁决。"因此，C项应为国务院裁决，D项正确。

4. 关于全国人大及其常委会的授权立法，下列表述正确的是(　　)。[2020年法硕(法学)真题]

A. 有关犯罪和刑罚的事项可以被授权立法

B. 授权期限不得超过五年，且不得继续授权

C. 被授权机关在必要时，可以将被授予的权力转授给其他机关

D. 授权立法事项在条件成熟时，由全国人大及其常委会及时制定法律

【解析】A项，犯罪和刑罚的事项属于关于人民基本权利限制等专属立法事项，只能由立法机关通过法律规定，行政机关不得代为规定。

B项，《立法法》第13条第2、3款规定，授权的期限不得超过5年，但是授权决定另有规定的除外。被授权机关应当在授权期限届满的6个月以前，向授权机关报告授权决定实施的情况，并提出是否需要制定有关法律的意见；需要继续授权的，可以提出相关意见，由全国人民代表大会及其常务委员会决定。

C项，《立法法》第15条规定，被授权机关应当严格按照授权决定行使被授予的权力。被授权机关不得将被授予的权力转授给其他机关。

D项，《立法法》第14条规定，授权立法事项，经过实践检验，制定法律的条件成熟时，由全国人民代表大会及其常务委员会及时制定法律。法律制定后，相应立法事项的授权终止。

5. 根据《各级人民代表大会常务委员会监督法》(以下简称《监督法》)的规定，关于监督程序，下列哪一选项是不正确的？(　　)[2014年法考真题]

A. 政府可委托有关部门负责人向本级人大常委会作专项工作报告

B. 以口头答复的质询案，由受质询机关的负责人到会答复

4D　5C

C. 特定问题调查委员会在调查过程中，应当公布调查的情况和材料

D. 撤职案的表决采用无记名投票的方式，由常委会全体组成人员的过半数通过

【解析】C 项，关于特定问题调查，《监督法》第 42 条第 3 款规定，调查委员会在调查过程中，可以不公布调查的情况和材料。

A 项，《监督法》第 13 条规定，专项工作报告由人民政府、人民法院或者人民检察院的负责人向本级人民代表大会常务委员会报告，人民政府也可以委托有关部门负责人向本级人民代表大会常务委员会报告。

B 项，《监督法》第 38 条规定，质询案以口头答复的，由受质询机关的负责人到会答复。质询案以书面答复的，由受质询机关的负责人签署。

D 项，《监督法》第 46 条第 3 款规定，撤职案的表决采用无记名投票的方式，由常务委员会全体组成人员的过半数通过。

6. 根据《宪法》和《民族区域自治法》的规定，下列选项不正确的是（　　）。[2019 年法考真题]

A. 民族区域自治以少数民族聚居区为基础，是民族自治与区域自治的结合

B. 民族自治地方的国家机关既是地方国家机关，又是自治机关

C. 上级国家机关应当在收到自治机关变通执行或者停止有关决议、决定执行的报告之日起 60 日内给予答复

D. 自治机关自主地管理本地方的教育、科学、文化、卫生、体育事业，保护和整理本民族的文化遗产、发展和繁荣民族文化

【解析】AB 两项，民族区域自治制度，是指在国家的统一领导下，以少数民族聚居区为基础，建立相应的自治地方，设立自治机关，行使自治权，使实行区域自治的民族的人民自主管理本民族地方性事务的制度。民族区域自治制度是民族自治与区域自治的结合，民族自治地方的人大与政府，既是地方国家机关，也是自治机关。司法机关是地方国家机关，但不是自治机关。

C 项，《民族区域自治法》第 20 条规定，上级国家机关的决议、决定、命令和指示，如有不适合民族自治地方实际情况的，自治机关可以报经该上级国家机关批准，变通执行或者停止执行；该上级国家机关应当在收到报告之日起 60 日内给予答复。

D 项，《宪法》第 119 条规定，民族自治地方的自治机关自主地管理本地方的教育、科学、文化、卫生、体育事业，保护和整理民族的文化遗产，发展和繁荣民族文化。

7. 根据《宪法》和法律的规定，关于民族自治地方自治权，下列哪一表述是正确的？（　　）[2015 年法考真题]

A. 自治权由民族自治地方的权力机关、行政机关、审判机关和检察机关行使

B. 自治州人民政府可以制定政府规章对国务院部门规章的规定进行变通

C. 自治条例可以依照当地民族的特点对宪法、法律和行政法规的规定进行变通

D. 自治县制定的单行条例须报省级人大常委会批准后生效，并报全国人大常委会备案

6B　7D

【解析】A项，民族自治地方的自治权是指民族自治地方的自治机关根据宪法、民族区域自治法和其他法律的规定，根据实际情况自主地管理本地方、本民族内部事务的自主权。民族自治权由民族自治地方的自治机关即自治区、自治州和自治县的人民代表大会和人民政府行使。民族自治地方的审判机关和检察机关不是自治机关。

BC两项，《立法法》第85条第2款规定，自治条例和单行条例可以依照当地民族的特点，对法律和行政法规的规定作出变通规定，但不得违背法律或者行政法规的基本原则，不得对宪法和民族区域自治法的规定以及其他有关法律、行政法规专门就民族自治地方所作的规定作出变通规定。据此可知，只有自治条例和单行条例可以对法律和行政法规作出变通规定，法律没有规定民族自治地方的政府规章可以对部门规章作出变通规定。自治条例也不得对宪法和民族区域自治法的规定以及其他有关法律、行政法规专门就民族自治地方所作的规定作出变通规定。

D项，《民族区域自治法》第19条规定，自治州、自治县的自治条例和单行条例报省、自治区、直辖市的人民代表大会常务委员会批准后生效，并报全国人民代表大会常务委员会和国务院备案。

8. 中华人民共和国中央军事委员会领导全国武装力量。关于中央军事委员会，下列哪一表述是错误的？(　　)[2015年法考真题]

A. 实行主席负责制　　B. 每届任期与全国人大相同

C. 对全国人大及其常委会负责　　D. 副主席由全国人大选举产生

【解析】ABC三项，根据《宪法》第93、94条的规定，中央军事委员会实行主席负责制。中央军事委员会每届任期同全国人民代表大会每届任期相同。中央军事委员会主席对全国人民代表大会和全国人民代表大会常务委员会负责。

D项，根据《宪法》第62、67条的规定，中央军委副主席由全国人大根据中央军委主席的提名，决定产生；在全国人大闭会期间，由全国人大常委会根据中央军委主席的提名，决定产生。

9. 根据《宪法》规定，关于全国人大的专门委员会，下列哪一选项是正确的？(　　)[2013年法考真题]

A. 各专门委员会在其职权范围内所作决议，具有全国人大及其常委会所作决定的效力

B. 各专门委员会的主任委员、副主任委员由全国人大及其常委会任命

C. 关于特定问题的调查委员会的任期与全国人大及其常委会的任期相同

D. 全国人大及其常委会领导专门委员会的工作

【解析】AD两项，《宪法》第70条第2款规定，各专门委员会在全国人民代表大会和全国人民代表大会常务委员会领导下，研究、审议和拟订有关议案。人大各专门委员会的主要职责是对相关问题的提案进行研究、提出意见，作为受全国人大及其常委会领导的工作机构，其不是最后决定问题的权力机关，并没有作出最后决议的职权。

B项，根据《全国人民代表大会组织法》第35条的规定，全国人大常委会任命各专门委

8D　9D

员会组成人员，有以下限制：①只在全国人大闭会期间，由全国人大常委会任命；②全国人大常委会只能进行补充任命，也即当专门委员会人数不足时才能进行任命；③补充任命的对象有限制，仅限于个别副主任委员和部分委员，不能任命主任委员。

C 项，《全国人民代表大会组织法》第 38 条规定，全国人民代表大会或者全国人民代表大会常务委员会可以组织对于特定问题的调查委员会。调查委员会的组织和工作，由全国人民代表大会或者全国人民代表大会常务委员会决定。可见，关于特定问题的调查委员会的任期与全国人大及其常委会的任期不一定相同。特定问题的调查委员会之所以被称为临时性委员会，原因在于其组成是由于某项工作的需要，如果特定问题的调查任务一旦完成，那么该委员会就可以撤销了。

10. 根据《选举法》和相关法律的规定，关于选举的主持机构，下列哪一选项是正确的？(　　)［2016 年法考真题］

A. 乡镇选举委员会的组成人员由不设区的市、市辖区、县、自治县的人大常委会任命

B. 县级人大常委会主持本级人大代表的选举

C. 省人大在选举全国人大代表时，由省人大常委会主持

D. 选举委员会的组成人员为代表候选人的，应当向选民说明情况

【解析】AD 两项，《选举法》第 9 条规定，不设区的市、市辖区、县、自治县的选举委员会的组成人员由本级人民代表大会常务委员会任命。乡、民族乡、镇的选举委员会的组成人员由不设区的市、市辖区、县、自治县的人民代表大会常务委员会任命。选举委员会的组成人员为代表候选人的，应当辞去选举委员会的职务。

BC 两项，《选举法》第 8 条规定，全国人民代表大会常务委员会主持全国人民代表大会代表的选举。省、自治区、直辖市、设区的市、自治州的人民代表大会常务委员会主持本级人民代表大会代表的选举。不设区的市、市辖区、县、自治县、乡、民族乡、镇设立选举委员会，主持本级人民代表大会代表的选举。不设区的市、市辖区、县、自治县的选举委员会受本级人民代表大会常务委员会的领导。乡、民族乡、镇的选举委员会受不设区的市、市辖区、县、自治县的人民代表大会常务委员会的领导。据此，县级人大代表的选举由设立的选举委员会主持；全国人大代表的选举由全国人大常委会主持。

11. 根据我国现行的《宪法》《监察法》等法律规定，下列哪一选项是正确的？(　　)［2019 年法考真题］

A. 国家监察委员会领导地方各级监察委员会

B. 监察委员会对本级人大及其常委会负责，但是，监察委员会不对本级人大及其常委会进行工作报告

C. 监察机关调查涉嫌重大贪污贿赂等职务犯罪，情况紧急的，可以在技术调查之后补办批准手续

D. 监察机关独立行使监察权，不受任何机关、团体和个人的影响

【解析】A 项，《监察法》第 10 条规定，国家监察委员会领导地方各级监察委员会的工

10A　11A

作，上级监察委员会领导下级监察委员会的工作。

B项，根据《监察法》第60条规定，各级监察委员会应当接受本级人大及其常委会的监督。各级人大常委会听取和审议本级监察委员会的专项工作报告，组织执法检查。

C项，《监察法》第31条第1款规定，监察机关调查涉嫌重大贪污贿赂等职务犯罪，根据需要，经过严格的批准手续，可以采取技术调查措施，按照规定交给有关机关执行。

D项，《监察法》第4条第1款规定，监察委员会依照法律规定独立行使监察权，不受行政机关、社会团体和个人的干涉。不受干涉不等于不受任何影响，监察机关要接受相应上级机关的领导。

12. 下列关于国家监察委员会的表述，正确的是(　　)。[2023年法硕(法学、非法学)真题]

A. 国家监察委员会是最高法律监督机关

B. 国家监察委员会指导地方各级监察委员会的工作

C. 国家监察委员会主任由全国人大常委会选举产生

D. 国家监察委员会对全国人大及其常委会负责，并接受其监督

【解析】AB两项，最高人民检察院是最高法律监督机关。《宪法》第125条规定，中华人民共和国国家监察委员会是最高监察机关。国家监察委员会领导地方各级监察委员会的工作，上级监察委员会领导下级监察委员会的工作。

C项，《宪法》第62条第7项规定，国家监察委员会主任由全国人大选举产生。

D项，根据《宪法》第126条规定，国家监察委员会对全国人大及其常委会负责，并接受其监督。地方各级监察委员会由本级人大产生，对本级人大及其常委会和上一级监察委员会负责，并接受其监督。

13. 下列关于监察委员会组织和职权的表述，正确的是(　　)。[2020年法硕(法学)真题]

A. 国家监察委员会监督地方各级监察委员会的工作

B. 地方各级监察委员会只对上一级监察委员会负责

C. 各级监察委员会无权对人大及其常委会机关的公务员进行监察

D. 被调查人既涉嫌严重职务违法或者职务犯罪，又涉嫌其他违法犯罪，一般应当由监察机关为主调查，其他机关予以协助

【解析】A项，国家监察委员会领导地方各级监察委员会的工作，上级监察委员会领导下级监察委员会的工作。

B项，国家监察委员会由全国人大产生，对全国人大及其常委会负责，并接受其监督。地方各级监察委员会由本级人大产生，对本级人大及其常委会和上一级监察委员会负责，并接受其监督。

C项，各级监察委员会是国家的监察机关，是行使国家监察职能的专责机关，依法对所有行使公权力的公职人员进行监察，调查职务违法和职务犯罪，开展廉政建设和反腐败

12D　13D

工作，维护宪法和法律的尊严。因此其有权对所有国家机关工作人员进行监察。

D 项，监察委员会依法独立行使监察权，不受行政机关、社会团体和个人的干涉。监察机关办理职务违法和职务犯罪案件，应当由监察机关为主调查，其他机关予以协助。

14. 某县人大闭会期间，赵某和钱某因工作变动，分别辞去县法院院长和检察院检察长职务。法院副院长孙某任代理院长，检察院副检察长李某任代理检察长。对此，根据《宪法》和法律，下列哪一说法是正确的？（　　）［2017 年法考真题］

A. 赵某的辞职请求向县人大常委会提出，由县人大常委会决定接受辞职

B. 钱某的辞职请求由上一级检察院检察长向该级人大常委会提出

C. 孙某出任代理院长由县人大常委会决定，报县人大批准

D. 李某出任代理检察长由县人大常委会决定，报上一级检察院和人大常委会批准

【解析】AB 两项，《地方各级人民代表大会和地方各级人民政府组织法》第 27 条第 1 款规定，县级以上的地方各级人民代表大会常务委员会组成人员和人民政府领导人员，人民法院院长，人民检察院检察长，可以向本级人民代表大会提出辞职，由大会决定是否接受辞职；大会闭会期间，可以向本级人民代表大会常务委员会提出辞职，由常务委员会决定是否接受辞职。常务委员会决定接受辞职后，报本级人民代表大会备案。人民检察院检察长的辞职，须报经上一级人民检察院检察长提请该级人民代表大会常务委员会批准。

CD 两项，第 44 条第 1 款第 9 项规定，县级以上的地方各级人大常委会在本级人大闭会期间，决定副省长、自治区副主席、副市长、副州长、副县长、副区长的个别任免；在省长、自治区主席、市长、州长、县长、区长和人民法院院长、人民检察院检察长因故不能担任职务的时候，从本级人民政府、人民法院、人民检察院副职领导人员中决定代理的人选；决定代理检察长，须报上一级人民检察院和人民代表大会常务委员会备案。

15. 某镇镇长甲涉嫌贪污公款被调查，后被起诉至县人民法院。法院经过审理，判处甲有期徒刑五年。关于此案，下列做法正确的是（　　）。［2020 年法硕（法学）真题］

A. 县公安机关对甲立案侦查

B. 县人民法院认为贪污是甲的隐私，不公开审理此案

C. 人民检察院认为县人民法院判决错误，提出抗诉

D. 上级人民法院认为县人民法院的量刑过重要求其改判为三年

【解析】A 项，根据《监察法》第 11 条的规定，监察委员会对涉嫌贪污贿赂、滥用职权、玩忽职守、权力寻租、利益输送、徇私舞弊以及浪费国家资财等职务违法和职务犯罪进行调查。本案中，镇长涉嫌贪污犯罪，属于职务犯罪，由监察委员会调查，而不是由公安机关立案侦查。

B 项，审理案件，除涉及国家机密、个人隐私和未成年人犯罪案件以外，一律公开进行。本题中，贪污不属于隐私，应该公开审理。

C 项，人民检察院的职责包括，行使法律监督职权，可以进行调查核实，并依法提出抗诉、纠正意见、检察建议。人民检察院认为判决有错误的，应当提出抗诉。

14A　15C

D项，上级人民法院监督下级人民法院工作，对下级人民法院已经发生法律效力的判决和裁定，如果发现确有错误，有权提审或指令下级人民法院再审。本题中，上级法院无权直接要求县级法院改判。

二、多项选择题

1．关于全国人大和全国人大常委会职权的划分，下列表述正确的是(　　)。[2020年法硕(法学、非法学)真题]

A．全国人大批准自治区的建置，全国人大常委会批准自治县的建置

B．全国人大决定特别行政区的设立，全国人大常委会决定其社会制度

C．全国人大批准国家预算，全国人大常委会批准国家预算的部分调整方案

D．全国人大决定国务院总理的人选，全国人大常委会决定国务院副总理的人选

【解析】A项，省、自治区、直辖市的设立、撤销、更名，报全国人大批准。自治州、县、自治县、市、市辖区的设立、撤销、更名和隶属关系的变更以及自治州、自治县、设区的市人民政府驻地的迁移，报国务院审批。

B项，全国人大有权决定特别行政区的设立及其制度。

C项，全国人大有权审查和批准国民经济和社会发展计划以及有关计划执行情况的报告，审查和批准国家预算和预算执行情况的报告。在全国人大闭会期间，全国人大常委会可以行使对国民经济和社会发展计划以及国家预算部分调整方案的审批权。

D项，根据《宪法》第62条和《全国人民代表大会组织法》第31条规定，国务院副总理可以由全国人大或全国人大常委会产生。

2．我国宪法规定，法院、检察院和公安机关办理刑事案件，应当分工负责，互相配合，互相制约。对此，下列哪些选项是正确的？(　　)[2017年法考真题]

A．分工负责是指三机关各司其职、各尽其责

B．互相配合是指三机关以惩罚犯罪分子为目标，通力合作，互相支持

C．互相制约是指三机关按法定职权和程序互相监督

D．公、检、法三机关之间的这种关系，是权力制约原则在我国宪法上的具体体现

【解析】分工负责、互相配合、互相制约是公、检、法三机关在办理刑事案件时所应遵循的基本行为准则，它对调整司法机关之间的基本关系具有宪法指导意义。其中，分工负责是前提，是指三机关根据法律规定的责任，依照法定程序，各司其职、各尽其责，既不越权代办和干涉，也不互相推诿和不履行职责。互相配合，是指三机关在分工负责的基础上，通力合作，密切配合，依法办理刑事案件。互相配合基于三机关在工作目的和任务上的一致性，从目的上看，更是为了保护人民权益和追求公平正义。互相制约是监督原则的体现，也是国家权力依法行使的重要保障。互相制约，是指三机关在分工配合的基础上，依照法律的规定，互相监督，防止错案的发生，保证准确有效地执行法律。

3．根据《宪法》和法律的规定，关于全国人大代表的权利，下列哪些选项是正确的？(　　)[2016年法考真题]

1CD　2ACD　3BD

A. 享有绝对的言论自由

B. 有权参加决定国务院各部部长、各委员会主任的人选

C. 非经全国人大主席团或者全国人大常委会许可，一律不受逮捕或者行政拘留

D. 有五分之一以上的全国人大代表提议，可以临时召集全国人民代表大会会议

【解析】A 项，《宪法》第 75 条规定，全国人民代表大会代表在全国人民代表大会各种会议上的发言和表决，不受法律追究。全国人大代表享有言论免责权，但这并非绝对的言论自由。

B 项，全国人大代表享有参与人事任免权。《宪法》第 62 条规定，全国人民代表大会根据中华人民共和国主席的提名，决定国务院总理的人选；根据国务院总理的提名，决定国务院副总理、国务委员、各部部长、各委员会主任、审计长、秘书长的人选。

C 项，全国人大代表享有人身特别保护权。《宪法》第 74 条规定，全国人民代表大会代表，非经全国人民代表大会会议主席团许可，在全国人民代表大会闭会期间非经全国人民代表大会常务委员会许可，不受逮捕或者刑事审判。全国人大代表的人身特别保护权不包括不受行政拘留权。

D 项，《宪法》第 61 条规定，全国人民代表大会会议每年举行一次，由全国人民代表大会常务委员会召集。如果全国人民代表大会常务委员会认为必要，或者有1/5 以上的全国人民代表大会代表提议，可以临时召集全国人民代表大会会议。

4. 根据我国《立法法》的规定，下列主体中既可以向全国人民代表大会，也可以向全国人民代表大会常务委员会提出法律案的有(　　)。[2012 年法硕(非法学)真题]

A. 中央军事委员会　　B. 省级人民代表大会常务委员会

C. 全国人民代表大会各专门委员会　　D. 三十名以上全国人民代表大会代表联名

【解析】在全国人大会议期间，全国人民代表大会主席团、全国人大常委会、全国人大各专门委员会、国务院、中央军事委员会、国家监察委员会、最高人民法院、最高人民检察院以及一个代表团或者30 名以上的全国人大代表联名，可以向全国人大提出属于全国人大职权范围内的议案。全国人大常委会会议期间，委员长会议、国务院、中央军事委员会、国家监察委员会、最高人民法院、最高人民检察院、全国人大各专门委员会以及常委会组成人员 10 名以上联名，可以向常委会提出属于常委会职权范围内的议案。则既可以向全国人大也可以向全国人大常委会提出法律案的主体有：国务院、中央军委、国家监察委员会、最高人民法院、最高人民检察院、全国人大各专门委员会。

5. 根据现行宪法，下列选项中，属于国务院职权的有(　　)。[2020 年法硕(法学)真题]

A. 领导和管理国防建设事业

B. 领导和管理经济工作和城乡建设、生态文明建设

C. 决定同外国缔结的条约和重要协定的批准和废除

D. 改变或撤销地方各级国家行政机关的不适当的决定或命令

【解析】国务院的职权即国家的最高行政权，根据《宪法》第 89 条的规定，有如下几个

4AC　5ABD

方面：①法规制定权；②提案权；③领导权；④管理权；⑤任免权；⑥行政区域划分权；⑦紧急状态决定权；⑧其他职权。

AB两项，国务院的管理权包括对国防、民族、民政、文教、经济、华侨、外交等各项行政工作的领导和管理权。

C项，在全国人大闭会期间，全国人大常委会有对下列国家重大事项的决定权：对国民经济和社会发展计划以及国家预算部分调整方案的审批权；决定批准或废除同外国缔结的条约和重要协定。

D项，国务院的领导权，包括对所属部委和地方各级行政机关的领导权和监督权。国务院有权改变或撤销地方各级行政机关及所属各部委发布的不适当的决定和命令。国务院所属各部委和地方各级行政机关必须接受国务院的统一领导和监督。

6. 下列哪些情况，代表要终止代表资格？(　　)[2018年法考真题]

A. 被行政拘留的　　B. 未经批准一次不出席本级人大会议的

C. 被判处管制并附加剥夺政治权利　　D. 丧失行为能力的

【解析】《全国人民代表大会和地方各级人民代表大会代表法》第49条规定，代表有下列情形之一的，其代表资格终止：①地方各级人民代表大会代表迁出或者调离本行政区域的；②辞职被接受的；③未经批准两次不出席本级人民代表大会会议的；④被罢免的；⑤丧失中华人民共和国国籍的；⑥依照法律被剥夺政治权利的；⑦丧失行为能力的。

7. 某自治州人大常委会拟制定《地方停车场管理条例》。根据《立法法》的规定，下列说法错误的有(　　)。[2019年法考真题]

A. 自治州人大有权制定地方性法规，但自治州人大常委会无权制定地方性法规

B. 自治州人大制定的地方性法规应当报省级常委会批准

C. 自治州人大制定的地方性法规由省级常委会报全国人大常委会和国务院备案

D. 全国人大常委会和国务院均有权撤销自治州人大制定的不合法的地方性法规

【解析】A项，设区的市、自治州人大及其常委会均有权制定地方性法规，自治州人大(不含常委会)有权制定民族法规，即自治条例和单行条例。

B项，自治区人大制定的民族法规由全国人大常委会批准，自治州、县人大制定的民族法规由省级人大常委会批准，设区的市、自治州人大及其常委会制定的地方性法规由省级常委会批准。

C项，自治州人大常委会制定的地方性法规由省级常委会批准后，由省级常委会向全国人大常委会和国务院报备案。自治州人大制定的地方性法规不合法，省级常委会有权撤销，但国务院无权撤销。

D项，根据《立法法》的规定，国务院认为地方性法规不合法的，应当向全国人大常委会提出对该地方性法规进行审查的议案。

8. 下列选项中，属于我国人民法院审判工作原则的有(　　)。[2015年法硕(非法学)真题]

6CD　7AD　8CD

A. 两审终审原则　　B. 群众路线原则
C. 平等适用法律原则　　D. 被告人有权获得辩护原则

【解析】我国人民法院审判工作的原则主要包括：①依法独立审判原则；②公民在法律面前一律平等原则；③被告人有权获得辩护原则；④使用本民族语言文字进行诉讼原则；⑤公开审判原则。

9. 根据我国宪法和法律，下列关于人民检察院职权的表述，正确的有（　　）。[2021年法硕(法学、非法学)真题]

A. 对人民法院的审判活动是否合法，实行监督
B. 对职务犯罪案件作出不起诉决定，须经上一级人民检察院批准
C. 依照法律规定提起公益诉讼
D. 对公安机关的侦查活动是否合法，实行监督

【解析】AC两项，《人民检察院组织法》第20条规定，人民检察院行使下列职权：①依照法律规定对有关刑事案件行使侦查权；②对刑事案件进行审查，批准或者决定是否逮捕犯罪嫌疑人；③对刑事案件进行审查，决定是否提起公诉，对决定提起公诉的案件支持公诉；④依照法律规定提起公益诉讼；⑤对诉讼活动实行法律监督；⑥对判决、裁定等生效法律文书的执行工作实行法律监督；⑦对监狱、看守所的执法活动实行法律监督；⑧法律规定的其他职权。

B项，《人民检察院刑事诉讼规则》第371条规定，人民检察院直接受理侦查的案件，以及监察机关移送起诉的案件，拟作不起诉决定的，应当报请上一级人民检察院批准。

D项，根据《刑事诉讼法》和《人民检察院刑事诉讼规则》的规定，人民检察院对侦查机关的侦查活动是否合法实行监督。

三、不定项选择题

1. 根据《宪法》和法律的规定，关于国家机关组织和职权，下列选项正确的是（　　）。[2013年法考真题]

A. 全国人民代表大会修改宪法、解释宪法、监督宪法的实施
B. 国务院依照法律规定决定省、自治区、直辖市的范围内部分地区进入紧急状态
C. 省、自治区、直辖市政府在必要的时候，经国务院批准，可以设立若干派出机构
D. 地方各级检察院对产生它的国家权力机关和上级检察院负责

【解析】B项，根据《宪法》第89条第16项规定，国务院有权依照法律规定决定省、自治区、直辖市范围内部分地区进入紧急状态。

D项，《宪法》第133条规定，地方各级人民检察院对产生它的国家权力机关和上级人民检察院负责。据此，我国检察院是双重领导制。

A项，《宪法》第62条规定，全国人民代表大会修改宪法，监督宪法的实施。第67条规定，全国人民代表大会常务委员会解释宪法，监督宪法的实施。宪法的解释权属于全国人大常委会，全国人民代表大会没有解释宪法的职权。

9ABCD　|　1BD

C项，《地方各级人民代表大会和地方各级人民政府组织法》第68条规定，省、自治区的人民政府在必要的时候，经国务院批准，可以设立若干派出机关。而非“派出机构”。

2. 我国《宪法》第二条明确规定：“人民行使国家权力的机关是全国人民代表大会和地方各级人民代表大会。”关于全国人大和地方各级人大，下列选项正确的是(　　)。[2015年法考真题]

A. 全国人大代表全国人民统一行使国家权力

B. 全国人大和地方各级人大是领导与被领导的关系

C. 全国人大在国家机构体系中居于最高地位，不受任何其他国家机关的监督

D. 地方各级人大设立常务委员会，由主任、副主任若干人和委员若干人组成

【解析】A项，我国《宪法》规定，国家的一切权力属于人民，人民行使国家权力的机关是全国人民代表大会和地方各级人民代表大会，全国人大代表全国人民统一行使国家权力。

B项，全国人大是国家最高权力机关，地方各级人大是地方各级国家权力机关，二者是工作上的联系、指导关系，法律上的监督关系，但不是领导与被领导的关系。

C项，全国人大是最高国家权力机关，在整个国家体系中居于主导地位，其他国家机关都由人大选举产生，对其负责，受其监督。全国人大由人民产生，对人民负责，受人民监督，但不受其他国家机关监督。

D项，只有县以上地方各级人大设立常务委员会，乡级人大不设常委会；此外，省级、地市级人大常委会组成人员还包括秘书长。

3. 根据《宪法》和《监督法》的规定，关于各级人大常委会依法行使监督权，下列选项正确的是(　　)。[2013年法考真题]

A. 各级人大常委会行使监督权的情况，应当向本级人大报告，接受监督

B. 全国人大常委会可以委托下级人大常委会对有关法律、法规在本行政区域内的实施情况进行检查

C. 质询案以书面答复的，由受质询的机关的负责人签署

D. 依法设立的特定问题调查委员会在调查过程中，可以不公布调查的情况和材料

【解析】A项，《监督法》第6条规定，各级人民代表大会常务委员会行使监督职权的情况，应当向本级人民代表大会报告，接受监督。

C项，第38条规定，质询案以书面答复的，由受质询机关的负责人签署。

D项，第42条第3款规定，调查委员会在调查过程中，可以不公布调查的情况和材料。

B项，第25条规定，全国人民代表大会常务委员会和省、自治区、直辖市的人民代表大会常务委员会根据需要，可以委托下一级人民代表大会常务委员会对有关法律、法规在本行政区域内的实施情况进行检查。据此，全国人大常委会只能委托省级人大常委会对有关法律、法规在本行政区域内的实施情况进行检查。而题中所述的“全国人大常委会的下级人大常委会”包括地方各级人大常委会，与法律规定不符。

2AC　3ACD

4. 根据《宪法》和《监督法》的规定，下列选项正确的是（ ）。[2011年法考真题]

A. 县级以上地方各级政府应当在每年6月至9月期间，将上一年度的本级决算草案提请本级人大常委会审查和批准

B. 人大常委会认为必要时，可以对审计工作报告作出决议；本级政府应在决议规定的期限内，将执行决议的情况向常委会报告

C. 最高法院作出的属于审判工作中具体应用法律的解释，应当在公布之日起30日内报全国人大常委会备案

D. 撤职案的表决采取记名投票的方式，由常委会全体组成人员的过半数通过

【解析】A项，《监督法》第15条第2款规定，县级以上地方各级人民政府应当在每年6月至9月期间，将上一年度的本级决算草案提请本级人民代表大会常务委员会审查和批准。

B项，第20条第1款规定，常务委员会组成人员对国民经济和社会发展计划执行情况报告、预算执行情况报告和审计工作报告的审议意见交由本级人民政府研究处理。人民政府应当将研究处理情况向常务委员会提出书面报告。常务委员会认为必要时，可以对审计工作报告作出决议；本级人民政府应在决议规定的期限内，将执行决议的情况向常务委员会报告。

C项，第31条规定，最高人民法院、最高人民检察院作出的属于审判、检察工作中具体应用法律的解释，应当在公布之日起30日内报全国人民代表大会常务委员会备案。

D项，第46条第3款规定，撤职案的表决采取无记名投票的方式，由常务委员会全体组成人员的过半数通过。

5. 各级人民代表大会常务委员会有权审查和批准决算、听取预算的执行情况报告。根据《宪法》和《监督法》的规定，下列表述正确的是（ ）。[2008年法考真题]

A. 县级以上地方各级人民政府应当在每年六月至九月期间，将上一年度的本级决算草案提请本级人大常委会审查和批准

B. 国务院应当在每年六月至九月期间向全国人大常委会报告本年度上一阶段预算的执行情况

C. 预算安排的农业、教育、科技、文化、卫生、社会保障等资金需要调减的，国务院和县级以上地方各级人民政府应当提请本级人大常委会审查和批准

D. 上级财政补助资金的安排和使用情况，是地方各级人大常委会对决算草案和预算执行情况重点审查的内容之一

【解析】A项，《监督法》第15条第2款规定，县级以上地方各级人民政府应当在每年6月至9月期间，将上一年度的本级决算草案提请本级人民代表大会常务委员会审查和批准。

B项，第16条规定，国务院和县级以上地方各级人民政府应当在每年6月至9月期间，向本级人民代表大会常务委员会报告本年度上一阶段国民经济和社会发展计划、预算的执行情况。

C项，第17条第2款规定，预算安排的农业、教育、科技、文化卫生、社会保障等资金需要调减的，国务院和县级以上地方各级人民政府应当提请本级人民代表大会常务委员

4ABC 5ABCD

会审查和批准。

D项，第18条第2款规定，县级以上地方各级人民代表大会常务委员会应当重点审查上级财政补助资金的安排和使用情况。

四、概念题

1. 国家制度与国家机构[上海大学2005年研]、**国家机构**[中山大学2019年研；河北大学2015年研]

答：(1)国家制度是指确立一国阶级统治关系的基本制度。国家制度主要指国体，即各阶级在国家中的地位，反映国家的本质和阶级属性。国体决定政体，并通过政体来表现，所以国家制度既包括国体，也包括政体，其是规定国家权力归属什么阶级和这个阶级采取什么组织形式以实现其权力的制度。

(2)国家机构是指社会的统治者为实现国家职能而建立起来的全部国家机关的总称。国家机关是国家机构中的某一个单位，国家机构则是所有这些单位的集合体。国家机构体现统治者的意志，反映国家性质，是履行国家职能和保障公民基本权利的组织体系。

(3)二者的关系：国家的政治及一切机构组织与活动的原则都是根据国家制度来规定的。

2. 全国人民代表大会[中山大学2017年研]

答：全国人民代表大会是我国的最高国家权力机关，它行使国家的立法权，由省、自治区、直辖市、特别行政区和军队选出的代表组成。各少数民族都应当有适当名额的代表。其职责为修改宪法并监督宪法的实施、制定和修改基本法律、选举、决定和罢免国家机关领导人、决定国家重大问题并监督其他国家机关的工作等。全国人民代表大会在我国国家机构体系中居于最高地位，其他中央国家机关都由全国人民代表大会产生并对它负责，受它监督。全国人民代表大会制定的法律和通过的决议，其他国家机关都必须遵守和执行。

3. 全国人大专门委员会[武大2013年研]

答：全国人大各专门委员会是隶属于全国人大的工作机构，在全国人大闭会期间，受全国人大常委会领导，由全国人大从代表中选举产生，并按照专业进行分工而组织起来的机构。它不是独立行使职权的国家机关，只有帮助全国人大及其常委会审议及拟订议案的职责，向全国人大及其常委会提出意见、建议或议案。根据《宪法》第70条规定，全国人民代表大会设立民族委员会、宪法和法律委员会、财政经济委员会、教育科学文化卫生委员会、外事委员会、华侨委员会和其他需要设立的专门委员会。在全国人民代表大会闭会期间，各专门委员会受全国人民代表大会常务委员会的领导。各专门委员会在全国人民代表大会和全国人民代表大会常务委员会领导下，研究、审议和拟订有关议案。

4. 全国人大常委会[中财2017年研]

答：全国人大常委会是全国人大的常设机关，是在全国人大闭会期间行使部分最高国家权力的机关，也是行使国家立法权的机关。全国人大常委会是全国人大的组成部分，受全国人大的领导和监督，向全国人大负责并报告工作。全国人大常委会由委员长一人、副委员长若干人、秘书长一人和委员若干人组成，这些组成人员由全国人大选举和罢免。全国人大常委会的任期同全国人大的任期相同，每届任期5年，行使职权至下届全国人大选出新的常委会为止。委员长、副委员长连续任职不得超过两届。根据我国宪法的规定，全国人大常委会行使下列职权：①解释宪法、监督宪法的实施以及行使立法权；②人事任免权；③决定国家生活中的某些重大问题；④监督权；⑤全国人民代表大会授予的其他职权。

5．国家元首［浙江财大2020年研；河北大学2014年研；四川师大2013年研；武大2009年研］

答：国家元首是一国的最高代表，在国际上代表本国，是国家机构的重要组成部分。享有元首职权，是世界各国元首共同的重要特征。这些职权包括公布法律权、发布命令权、统率武装力量权、任免官吏权、外交权、赦免权、荣典权等。按照不同的标准，可以把世界各国的元首制度划分为不同的类型：①根据国家元首行使权力的状态，可以把国家元首制度分为实位元首制和虚位元首制。②根据元首本身的组织机构，可以把国家元首制度分为个体元首制和集体元首制。

五、简答题

1．简述全国人民代表大会的职权。［四川师大2018年研；浙江财大2017年研；中山大学2011年研］

相关试题：

(1)论述全国人民代表大会的职权。［论述题，中国政法2025年研］

(2)全国人民代表大会有哪些职权？［对外经贸2010年研］

答：全国人民代表大会是最高国家权力机关。根据宪法的规定，全国人民代表大会具有全权的和最高的地位。现行《宪法》第62条具体规定了全国人民代表大会的15项职权，可以归纳为六个方面：

(1)修改宪法和监督宪法实施的权力。宪法的修改由全国人大常委会或1/5以上的全国人民代表大会代表提议，并由全国人民代表大会以全体代表的2/3以上的多数通过。为了维护宪法尊严、保障宪法实施，全国人民代表大会行使监督宪法实施的职权。

(2)制定和修改刑事、民事、国家机构的和其他的基本法律。

(3)对中央国家机关组成人员选举、决定人选和罢免的权力。

①全国人民代表大会选举并有权罢免全国人大常委会的组成人员。

②选举并有权罢免国家主席、副主席。

③根据国家主席的提名，决定国务院总理的人选，根据国务院总理的提名，决定国务院副总理、国务委员、各部部长、各委员会主任、审计长和秘书长的人选，并有权罢免国务院总理和国务院其他组成人员。

④选举中央军事委员会主席，根据中央军事委员会主席的提名，决定中央军事委员会其他组成人员的人选，并有权罢免中央军事委员会主席和中央军事委员会其他组成人员。

⑤选举并有权罢免最高人民法院院长和最高人民检察院检察长。

(4)决定重大国家事项的权力。

①全国人民代表大会审查和批准国民经济和社会发展计划和计划执行情况的报告。

②审查和批准国家的预算和预算执行情况的报告。

③批准省、自治区和直辖市的建置。

④决定特别行政区的设立及其制度。

⑤决定战争和和平的问题。

(5)监督其他中央国家机关的权力。

①全国人大常委会对全国人民代表大会负责并报告工作，全国人民代表大会有权改变或者撤销全国人大常委会不适当的决定和法律。

②国务院对全国人民代表大会负责并报告工作。

③中央军事委员会主席对全国人民代表大会负责。

④最高人民法院和最高人民检察院对全国人民代表大会负责。

(6)应当由最高国家权力机关行使的其他职权。宪法赋予全国人大行使作为最高国家权力机关应当行使的其他职权。例如，必要时可以根据宪法，在同有关法律和全国人大及其常委会的有关决定的基本原则不相抵触的前提下，制定暂行的规定或者条例，颁布实施，并报全国人大常委会备案。

2. 可以向全国人民代表大会提出一般议案的主体有哪些？[山东大学2008年研]

答：根据宪法和法律的规定，可以向全国人民代表大会提出议案的主体包括：

(1)全国人民代表大会主席团可以向全国人民代表大会提出属于全国人民代表大会职权范围内的议案，由全国人民代表大会会议审议。

(2)全国人大常委会、国务院、中央军事委员会、国家监察委员会、最高人民法院、最高人民检察院、全国人大各专门委员会，可以向全国人大提出属于全国人大职权范围内的议案，由主席团决定各代表团审议或提交有关专门委员会审议、提出报告，再由主席团审议决定提交大会表决。

(3)1个代表团或者30名以上的代表联名，可以向全国人民代表大会提出属于全国人大职权范围内的议案，由主席团决定是否列入会议议程，或者先交有关的专门委员会审议、提出是否列入会议议程的意见，再决定是否列入会议议程。

(4)向全国人民代表大会提出的法律案，在全国人民代表大会闭会期间，可以先向常务委员会提出，经常务委员会会议依照有关程序审议后，决定提请全国人民代表大会审议，由常务委员会向大会全体会议作说明，或者由提案人向大会全体会议作说明。

3. 简述全国人大代表的职权。[浙江财大2019年研]

答：根据宪法和法律的规定，全国人大代表享有以下权利：

(1)出席全国人民代表大会会议，参与国家重大问题的讨论。在全国人大每次会议召开前1个月，常委会要把开会日期和建议大会讨论的主要事项通知给代表，以使代表有所准备。

(2)根据法律规定的程序提出议案，或提出批评、意见和建议。

(3)提出质询或询问。全国人大30名以上的代表联名可以提出对国务院或者国务院各部、委，最高人民法院和最高人民检察院的质询案。代表对受质询机关的答复不满意时，主席团可决定，由受质询机关再作答复。询问是代表就某一问题要求有关国家机关负责人说明情况，以便对报告或议案进行审议。

(4)对议案进行审议、表决，参加国家机关领导人的选举、决定以及罢免。

4. 简述全国人大常委会的性质和地位。［浙商大2021年研］

答：全国人大常委会对全国人大负责并报告工作，接受其监督。其性质和地位如下：

(1)全国人大常委会是全国人大的常设机关。全国人大常委会的组成人员由全国人大选举和罢免；全国人大常委会与全国人民代表大会每届任期相同；全国人大常委会行使宪法和法律赋予的职权，包括在全国人民代表大会闭会期间部分行使最高国家权力。

(2)全国人大常委会是最高国家权力机关的组成部分，行使国家立法权。它有权制定和修改除应当由全国人民代表大会制定的法律以外的其他法律；有权在全国人民代表大会闭会期间，对全国人民代表大会制定的法律进行部分补充和修改，但是不得同该法律的基本原则相抵触。

(3)全国人大常委会是全国人大的组成部分，隶属于全国人大，受全国人大的领导和监督，向全国人大负责并报告工作。全国人大有权改变或者撤销全国人大常委会不适当的决定，有权依照法定程序罢免全国人大常委会的组成人员。

5. 简述全国人大常委会的职权。［浙商大2020年研］

答：根据现行宪法和有关法律的规定，全国人大常委会的职权可以归纳为七个方面：

(1)全国人大常委会有权解释宪法，监督宪法的实施。

(2)立法权：

①全国人大常委会有权制定和修改除应当由全国人民代表大会制定的法律以外的其他法律。

②在全国人民代表大会闭会期间，对全国人民代表大会制定的法律进行部分补充和修改，但是不得同该法律的基本原则相抵触。

(3)法律解释权。法律有以下情况之一的，由全国人大常委会解释：

①法律的规定需要进一步明确具体含义的。

②法律制定后出现新的情况，需要明确适用法律依据的。

(4)对"一府两院"工作的监督权：

①听取和审议国务院、最高人民法院和最高人民检察院的专项工作报告。

②审查和批准决算，听取和审议国民经济和社会发展计划、预算的执行情况报告，听取和审议审计工作报告。

③法律实施情况的检查。

④撤销国务院制定的同宪法、法律相抵触的行政法规、决定和命令，撤销省、自治区、直辖市国家权力机关制定的同宪法、法律和行政法规相抵触的地方性法规和决议。

⑤询问和质询。

⑥特定问题调查。

(5)重大国家事项决定权：

①在全国人民代表大会闭会期间审查和批准国民经济和社会发展计划以及预算在执行过程中必须作出的部分调整方案。

②决定同外国缔结的条约和重要协定的批准和废除，决定战争状态的宣布，决定全国

总动员或局部动员，决定全国或个别省、自治区、直辖市进入紧急状态。

③规定军人和外交人员的衔级制度和其他专门衔级制度。

④规定和决定授予国家的勋章和荣誉称号。

(6)人事任免权：

①在全国人民代表大会闭会期间，根据国务院总理的提名，决定部长、委员会主任、审计长、秘书长的人选。

②根据中央军事委员会主席的提名，决定中央军事委员会其他组成人员的人选。

③根据最高人民法院院长的提请，任免最高人民法院副院长、审判员、审判委员会委员和军事法院院长。

④根据最高人民检察院检察长的提请，任免最高人民检察院副检察长、检察员、检察委员会委员和军事检察院检察长，并且批准省、自治区、直辖市人民检察院检察长的任免。

⑤决定驻外全权代表的任免。

(7)全国人民代表大会授予的其他职权。

6. 试述有权向全国人大常委会提出属于全国人大常委会职权范围内的议案的主体。［中山大学2015年研］

答：全国人民代表大会常务委员会是全国人大的常设机关，在全国人大闭会期间行使部分最高国家权力，也是行使国家立法权的机关。由委员长一人、副委员长若干人、秘书长一人和委员若干人组成。任期5年，行使职权至下届全国人大选出新的常委会为止。委员长、副委员长连续任职不得超过两届。根据宪法规定和惯例，全国人大常委会举行会议时，全国人大各专门委员会、国务院、中央军事委员会、最高人民法院和最高人民检察院都可以向全国人大常委会提出议案。常委会组成人员10人以上联名可以向常委会提出属于其职权范围内的议案。其具体内容如下：

(1)全国人大各专门委员会是隶属于全国人大的辅助性工作机构，由全国人大从代表中选举产生，并按照专业进行分工而组织起来的机构。专门委员会是常设性的机构，在全国人大会议期间向全国人民代表大会负责，在全国人大闭会期间向全国人大常委会负责。其职权有：向全国人大主席团或全国人大常委会提出属于全国人大或常委会职权范围内同本委员会有关的议案。

(2)国务院是中央人民政府，是最高国家权力机关的执行机关，有权向全国人民代表大会和全国人大常委会提出议案。

(3)最高人民法院和最高人民检察院分别是最高国家审判机关和最高国家检察机关，有权向全国人大及其常委会提出议案。

(4)中央军事委员会是国家最高军事领导机关，领导和指挥全国武装力量。其职权有：向全国人大及其常委会提出国防建设和武装力量建设方面的法律议案。

(5)常委会组成人员10人以上联名可以向常委会提出属于其职权范围内的议案。由委员长会议决定提请常务委员会会议审议，或先交有关的专门委员会审议、提出报告，再决定是否提请常务委员会会议审议；不提请常务委员会会议审议的，应当向常务委员会会议报告或向提案人说明。

7. 简述全国人大专门委员会的性质、组成和职权。[南开大学 2010 年研]

相关试题：全国人大的专门委员会有哪些？[北大 2009 年研]

答：(1)全国人大专门委员会的性质：

全国人大各专门委员会是隶属于全国人大的工作机构，在全国人大闭会期间，受全国人大常委会领导，由全国人大从代表中选举产生，并按照专业进行分工而组织起来的机构，它不是独立行使职权的国家机关，只具有帮助全国人大及其常委会审议及拟订议案的职责，向全国人大及其常委会提出意见、建议或议案。

(2)全国人大专门委员会的组成和职权：

①常设委员会(10 个)。全国人民代表大会设立民族委员会、宪法和法律委员会、财政经济委员会、教育科学文化卫生委员会、外事委员会、华侨委员会、监察和司法委员会、环境与资源保护委员会、农业与农村委员会、社会建设委员会。

②临时委员会(特定问题调查委员会)。全国人大和常委会认为必要时可以设立，待任务完成后即撤销。根据全国人大议事规则，全国人民代表大会主席团、3 个以上代表团或 1/10 以上的代表联名提出，由主席团提请大会通过，可成立关于特定问题的调查委员会。

③组成和任期。由主任委员、副主任委员和委员若干人组成，由每届大会主席团从代表中提名，由代表大会全体会议表决决定。根据工作需要，可由全国人大常委会任命非人大代表专家若干人为顾问。任期为 5 年。

④工作范围：

a. 审议全国人大主席团或全国人大常委会交付的议案。

b. 向全国人大主席团或全国人大常委会提出属于全国人大或常委会职权范围内同本委员会有关的议案。

c. 审议全国人大常委会交付的被认为同宪法、法律相抵触的国务院的行政法规、决定和命令，国务院各部、各委员会的命令、指示和规章，省级人大及其常委会的地方性法规和决议，以及省级人民政府的决定、命令和规章，并提出报告。

d. 审议全国人大主席团或全国人大常委会交付的质询案，听取受质询机关对质询案的答复，必要时向全国人大主席团或全国人大常委会提出报告。

e. 对属于全国人大或全国人大常委会职权范围内同本委员会有关的问题进行调查研究，提出建议。

f. 各专门委员会还有自己的特殊职责。民族委员会负责起草有关民族方面的法律草案；对加强民族团结问题进行调查研究，提出建议；审议自治区报请全国人大常委会批准的自治条例和单行条例，向全国人大常委会提出报告。宪法和法律委员会统一审议向全国人大或全国人大常委会提出的法律草案；财政经济委员会负责审查国民经济和社会发展计划、预算及其执行情况的报告。

8. 简述全国人大、全国人大常委会和国务院的立法权。[电子科大 2009 年研]

答：我国《宪法》规定了全国人大、全国人大常委会和国务院的立法权。

(1)根据我国《宪法》第 60、61 条规定，全国人大的立法权包括：

①修改宪法。宪法的修改，由全国人民代表大会常务委员会或者 1/5 以上的全国人民代表大会代表提议，并由全国人民代表大会以全体代表的 2/3 以上的多数通过。

②制定和修改刑事、民事、国家机构的和其他的基本法律。

(2)根据我国《宪法》第67条规定，全国人大常委会的立法权包括：

①解释宪法。

②制定和修改除应当由全国人民代表大会制定的法律以外的其他法律。

③在全国人民代表大会闭会期间，对全国人民代表大会制定的法律进行部分补充和修改，但是不得同该法律的基本原则相抵触。

④解释法律。

(3)国务院的立法权：根据宪法和法律，规定行政措施，制定行政法规，发布决定和命令。

9. 简述我国宪法规定的战争权与紧急状态权的行使程序。[中国政法2010年研]

答：战争权和紧急状态权的行使程序如下：

(1)根据《宪法》第62条的规定，全国人民代表大会决定战争和和平的问题。

(2)根据《宪法》第67条的规定，全国人民代表大会常务委员会在全国人民代表大会闭会期间，如果遇到国家遭受武装侵犯或者必须履行国际间共同防止侵略的条约的情况，决定战争状态的宣布，决定全国或者个别省、自治区、直辖市进入紧急状态。

(3)根据《宪法》第80条的规定，中华人民共和国主席根据全国人民代表大会的决定和全国人民代表大会常务委员会的决定，宣布进入紧急状态，宣布战争状态。

(4)根据《宪法》第89条的规定，国务院有权依照法律规定决定省、自治区、直辖市的范围内部分地区进入紧急状态。

10. 全国人民代表大会各专门委员会可以提出对国家监察委员会主任、最高人民法院院长、最高人民检察院检察长的罢免案吗？[武大2009年研]

答：全国人民代表大会各专门委员会不能提出对上述人员的罢免案，原因如下：

(1)全国人大各专门委员会是隶属于全国人大的辅助性、常设性内部工作机构，是从全国人大代表中选举产生、按照专业分工的组织。在全国人大闭会期间，它受全国人大常委会的领导。专门委员会的任务是研究、审议、拟订有关议案，向全国人大或全国人大常委会提供审议的意见或报告。各专门委员会不具有行使国家权力的职能，不能对社会和公民作出具有法律约束力的决定。全国人大各专门委员会无权提出对国家监察委员会主任、最高人民法院院长和最高人民检察院院长的罢免。

(2)根据《全国人民代表大会组织法》第15条的规定，全国人民代表大会3个以上的代表团或者1/10以上的代表，可以提出对于全国人民代表大会常务委员会的组成人员，中华人民共和国主席、副主席，国务院和中央军事委员会的组成人员，国家监察委员会主任，最高人民法院院长和最高人民检察院检察长的罢免案，由主席团提请大会审议。

11. 简述中华人民共和国国家主席的职权。[厦门大学2015年研；首都师大2014年研]

相关试题：简述我国国家主席的主要职权。[电子科大2010年研]

答：我国国家主席的主要职权有：

(1)公布法律、发布命令。国家主席根据全国人大及其常委会的决定，公布法律，发布特赦令，宣布进入紧急状态，宣布战争状态，发布动员令。

(2)任免权。国家主席根据全国人大及其常委会的决定，任免国务院总理、副总理、国务委员、各部部长、各委员会主任、审计长、秘书长。

(3)外事权。国家主席代表中华人民共和国，进行国事活动，接受外国使节；根据全国人大常委会的决定，派遣和召回驻外全权代表，批准和废除同外国缔结的条约和重要协定。

(4)授予荣誉权。国家主席根据全国人大及其常委会的决定，授予国家的勋章和荣誉称号。

12. 简述国务院的性质和地位。［中国政法 2024 年研；武工大 2022 年研；昆明理工 2020 年研］

答：根据《宪法》第 85、92 条的规定，“中华人民共和国国务院，即中央人民政府，是最高国家权力机关的执行机关，是最高国家行政机关。”“国务院对全国人民代表大会负责并报告工作；在全国人民代表大会闭会期间，对全国人民代表大会常务委员会负责并报告工作。”这些规定明确了国务院的性质及其在国家机构体系中的地位。

(1)国务院是中央人民政府。

国务院相对于地方各级人民政府而言是中央人民政府。我国的国家整体与部分的关系表现为中央与地方的关系。国务院以中国政府的名义对外进行活动，在国家内部与同地方各级人民政府组成国家行政机关体系。

(2)国务院是最高国家权力机关的执行机关。

国务院执行全国人民代表大会制定的法律和通过的决议，并在这一范围内处理国家事务，行使国家行政职权，但不能行使宪法和法律未作规定或授予的职权。

(3)国务院是国家最高行政机关。

国务院除了是最高国家权力机关的执行机关外，还具有最高国家行政机关的性质。国务院在国家行政机关体系中具有最高地位，由其统一领导各部、各委员会以及全国地方各级国家行政机关的工作。

13. 简述总理负责制的内容。［中财 2018 年研］

相关试题：

(1)总理负责制［概念题，中国政法 2022 年研］

(2)论述我国的总理负责制。［论述题，2019 年法硕(法学)真题］

(3)简述国务院责任制度的特点。［中南财大 2014 年研］

(4)国务院总理负责制的基本内容是什么？［中南财大 2007 年研］

(5)首长负责制与民主集中制的关系问题。［复旦大学 2001 年研］

答：我国现行《宪法》在总结历史经验的基础上规定国务院实行首长负责制，《宪法》第 86 条第 2、3 款规定：“国务院实行总理负责制，各部、各委员会实行部长、主任负责制。”

(1)国务院总理负责制：

①国务院总理提名国务院其他组成人员的人选。根据我国《宪法》第 62、67 条规定，全国人民代表大会或全国人民代表大会常务委员会根据国务院总理的提名，决定国务院副总理、国务委员、各部部长、各委员会主任、审计长、秘书长的人选。

②经总理提出，由全国人民代表大会决定国务院各部、各委员会的设立、撤销或者合

并；在全国人民代表大会闭会期间，由全国人民代表大会常务委员会决定。

③总理领导国务院的工作，副总理、国务委员会协助总理工作。根据国务院组织法，副总理、国务委员按分工负责处理分管工作，受总理委托负责其他方面的工作或专项任务，并可代表国务院进行外事活动。

④总理召集和主持国务院全体会议和国务院常务会议。

⑤总理签署国务院发布的决定、命令和行政法规，以及向全国人民代表大会或全国人大常委会提出的议案，人员任免。

(2)国务院实行总理负责制的原因。这是由国务院的性质和任务决定的。国务院的性质是行政机关，任务是执行国家权力机关的决定。权力机关采取合议制的形式，实行少数服从多数的原则，保证民主。而行政机关在执行权力机关的决定时，则需要高度的权力集中，这样才能高效、及时和果断地处理各种繁杂的事务和突发事件。如果行政机关也采取少数服从多数的原则，势必因开会、讨论、表决而延误时日，影响国务。因此，国务院实行总理负责制符合现代社会对中央政府高效率的要求。

(3)首长负责制与民主集中制的关系。总理负责制是民主集中制的一种形式，是民主集中制原则在行政机关领导体制中的具体表现和运用。具体表现在：

①国务院执行的法律和决议都是全国人大及其常委会在民主集中制原则下讨论通过的，国务院在执行中本身就充分体现了民主集中制。

②总理负责制要求国务院在决定问题时要通过其全体会议或常务会议，在充分发扬民主的基础上，由总理集中大家意见作出正确的决定。

③依照宪法规定，全国人大及其常委会有权撤销国务院制定的同宪法、法律相抵触的行政法规、决定和命令。这种监督关系也体现了民主集中制。

14. 简述中央军事委员主席负责制的内容。[山东大学2010年研]

答：《宪法》第93条第3款规定："中央军事委员会实行主席负责制。"这一规定表明，中央军事委员会在组织形式上是一个由集体组成的国家机关，但其领导体制是首长负责制。主要表现在：

(1)中央军事委员会其他组成人员的人选，由中央军事委员会主席提名，全国人民代表大会决定；在全国人民代表大会闭会期间，由中央军事委员会主席提名，全国人大常委会决定。

(2)中央军事委员会主席对全国人大及其常委会负责。

(3)中央军事委员会领导全国武装力量，有关重大问题必须经中央军事委员会讨论决定，中央军事委员会主席领导中央军事委员会的工作。

15. 简述民族自治地方自治机关的组成原则。[北大2012年研]

答：(1)民族自治机关是指在民族自治地方设立的、行使同级相应地方国家机关职权、同时行使自治权的国家机关，包括自治区、自治州、自治县的人民代表大会和人民政府。

(2)民族自治地方自治机关的组成原则：

①民族自治地方的名称，除特殊情况外，按照地方名称、民族名称、行政地位的顺序组成。

②民族自治地方的人大代表中，除了有实行区域自治的民族的代表外，还应有适当的其他居住在本行政区域内的民族的代表。民族自治地方的人大代表中，实行区域自治的民族和其他少数民族代表的名额和比例，根据法律规定的原则，由省、自治区、直辖市的人大常委会决定，并报全国人大常委会备案。

③民族自治地方的人大常委会中应当由实行区域自治的民族的公民担任主任或副主任。

④自治区主席、自治州州长、自治县县长由实行区域自治的民族的公民担任。自治区、自治州、自治县的人民政府的其他组成人员，应当合理配备实行区域自治的民族和其他少数民族的人员。

⑤民族自治地方的自治机关所属工作部门的干部中，应当合理配备实行区域自治的民族和其他少数民族的人员。

上述民族自治地方自治机关的组成，仍应当注重以少数民族聚居区为基础、尊重历史传统、各民族共同协商的基本准则。

16. 根据宪法规定，自治州的人民法院、人民政府都是民族自治区的自治机关。［武大 2009 年研］

答：这种观点是不正确的，具体分析如下：

(1)自治机关是实行区域自治的少数民族依法行使自治权的一级地方国家机关。依据我国宪法和民族区域自治法的规定，民族自治地方是指少数民族聚居并实行区域自治的行政区域，包括自治区、自治州和自治县。民族自治地方的自治机关是指在民族自治地方设立的、行使同级相应地方国家机关职权、同时行使自治权的国家机关。

(2)根据宪法和民族区域自治法的规定，民族自治地方的人民法院和人民检察院不属于自治机关的范畴。国家审判权和国家检察权只能依照国家法律统一行使，而不具有任何自治权的特征。

17. 简述监察委员会的职责。［扬州大学 2023 年研；武大 2022 年研；辽宁大学 2020 年研］

相关试题：

(1)简述我国监察委员会的性质。［扬州大学 2024 年研］

(2)简述监察委员会的监察范围。［吉林大学 2023 年研］

答：(1)监察委员会的性质：

各级监察委员会是国家的监察机关，是行使国家监察职能的专责机关，依法对所有行使公权力的公职人员进行监察，调查职务违法和职务犯罪，开展廉政建设和反腐败工作，维护宪法和法律的尊严。

(2)监察委员会的职责：

①监督职责。对公职人员开展廉政教育，对其依法履职、秉公用权、廉洁从政从业以及道德操守情况进行监督检查。

②调查职责。对涉嫌贪污贿赂、滥用职权、玩忽职守、权力寻租、利益输送、徇私舞弊以及浪费国家资财等职务违法和职务犯罪进行调查。

③处置职责。对违法的公职人员依法作出政务处分决定；对履行职责不力、失职失责

的领导人员进行问责；对涉嫌职务犯罪的，将调查结果移送人民检察院依法审查、提起公诉；向监察对象所在单位提出监察建议。

(3)监察委员会的监察范围：①公务员和参照《公务员法》管理的人员；②法律、法规授权或受国家机关依法委托管理公共事务的组织中从事公务的人员；③国有企业管理人员；④公办的教育、科研、文化、医疗卫生、体育等单位中从事管理的人员；⑤基层群众性自治组织中从事管理的人员；⑥其他依法履行公职的人员。

18. 如何理解我国人民法院的依法独立审判原则？[中南财大2013年研]

相关试题：简述人民法院的独立审判原则。[中国政法2025年研]

答：(1)依法独立审判原则的含义：

《宪法》第131条规定，人民法院依照法律规定独立行使审判权，不受行政机关、社会团体和个人的干涉。独立行使审判权是指在审理案件时，人民法院要坚持以事实为根据，以法律为准绳，严格依照法律规定的程序独立进行审判活动，以保障人民法院审判活动的严肃性和公正性。

(2)依法独立审判原则的具体含义：

①行使职权的合法性。审判机关必须严格按照法律规定审理案件，正确适用法律，不得滥用职权，枉法裁判。

②审判权的专属性。国家的审判权只能由国家各级审判机关行使，其他任何机关都无权行使此项权利。

③行使职权的独立性。人民法院依照法律独立行使自己的职权，不受行政机关、社会团体和个人的干涉。

④依法独立审判原则并不意味人民法院可以不接受合法的监督。

(3)我国的依法独立审判原则，与西方国家的司法独立相比，有其自身的特点。即人民法院独立行使审判权，并不意味着它可以不受任何领导和监督。

①人民法院必须坚持中国共产党在政治上、思想上、组织上对它的领导。

②人民法院的全部活动要对同级人民代表大会负责，并接受它的监督。

③人民法院的审判活动还要受上级人民法院和人民检察院依法进行的审判监督。

(4)我国人民法院依法独立审判原则的重要意义：

①依法独立审判是实现法律价值——公正的保障。实现公正是行使审判权的根本，而独立审判则是实现公正的保障。

②独立审判是实现依法治国方略的重要手段。只有人民法院严格依法公正审判，依法治国才能得到可靠的保障，才能最后实现。而公正的司法制度又是以法院独立审判，不受任何干涉为其前提条件。

19. 简述人民检察院的性质与职权。[武大2011年研]

相关试题：简述中国宪法关于检察制度的规定。[武大2013年研]

答：(1)人民检察院的性质：

人民检察院是我国国家机构的重要组成部分，是国家的法律监督机关。《宪法》第134条规定："中华人民共和国人民检察院是国家的法律监督机关。"该规定有三方面的含义：

①人民检察院是法律监督机关。法律监督机关不同于行使立法权、行政权和审判权等的国家机关。②人民检察院是国家的法律监督机关。人民检察院以国家的名义进行法律监督、行使国家权力，保障法律实施。③人民检察院监督有别于其他法律监督，通过行使检察权进行法律监督，依法对有关机关和人员的行为是否合法进行监督。

(2)人民检察院的职权：

①根据《人民检察院组织法》和有关法律规定，人民检察院对于叛国案、分裂国家案以及严重破坏国家的政策、法律、法规统一实施的重大犯罪案件，行使检察权。

②根据《刑事诉讼法》第19条的规定，人民检察院在对诉讼活动实行法律监督中发现的司法工作人员利用职权实施的非法拘禁、刑讯逼供、非法搜查等侵犯公民权利、损害司法公正的犯罪，可以由人民检察院立案侦查。对于公安机关管辖的国家机关工作人员利用职权实施的重大犯罪案件，需要由人民检察院直接受理的时候，经省级以上人民检察院决定，可以由人民检察院立案侦查。

③对于公安机关侦查的案件，人民检察院有权进行审查，决定是否逮捕、起诉或者不起诉。对于公安机关的侦查活动是否合法，人民检察院有权实行监督。

④人民检察院有权对刑事案件提起公诉，支持公诉。有权对刑事案件判决、裁定的执行和监狱、看守所等执行机关的活动是否合法，实行监督。人民检察院有权对人民法院的民事审判活动、民事执行活动和行政诉讼实行法律监督；人民检察院对已经发生法律效力的判决、裁定，发现违反法律、法规规定的，有权按照审判监督程序提出抗诉。

⑤人民检察院依法保障公民对违法的国家工作人员提出控告、申诉的权利，追究侵犯公民的人身权利、民主权利和其他权利的人的法律责任，受理公民的控告、检举和申诉。

⑥最高人民检察院根据法律赋予的职权，有权对检察工作中具体应用法律的问题作出解释。

20. 简述人民检察院的组织体系与领导体制。［浙商大2021年研］

相关试题：我国检察院的领导体制是什么？［中山大学2015年研］

答：人民检察院是国家的法律监督机关。在我国，人民检察院通过行使检察权，对各级国家机关以及国家机关工作人员、公民是否遵守宪法和法律实行监督，以保障宪法和法律的统一实施。

(1)人民检察院的组织体系：

全国设立最高人民检察院、地方各级人民检察院和专门人民检察院。

①最高人民检察院，是国家最高检察机关，领导全国人民检察院的工作。

②地方各级人民检察院，分为三种：a. 省级人民检察院，包括省、自治区、直辖市人民检察院；b. 设区的市级人民检察院，包括省、自治区辖市人民检察院，自治州人民检察院，省、自治区、直辖市人民检察院分院；c. 基层人民检察院，包括县、自治县、不设区的市、市辖区人民检察院。

③专门人民检察院，包括军事检察院等。

(2)人民检察院的领导体制：

人民检察院实行双重从属制，既要对同级国家权力机关负责，又要对上级人民检察院负责。国家权力机关对人民检察院的领导，主要表现在人大及其常委会选举、罢免或者任免人民检察院主要组成人员，审议工作报告，进行各种形式的监督等。

检察系统实行最高人民检察院领导地方各级人民检察院和专门人民检察院的工作，上级人民检察院领导下级人民检察院的工作的领导体制。下级人民检察院必须接受上级人民检察院的领导和最高人民检察院的领导，对上级人民检察院负责。这种垂直领导体制主要表现在人事任免和业务领导两方面。

六、论述题

1. 论述我国国家机构组织和活动的原则。[扬州大学2020年研；四川师大2017年研]

相关试题：

(1)简述我国国家机构组织和活动原则。[简答题，广西民大2024年研；宁波大学2018年研]

(2)分析我国的国家组织机构的活动原则。[简答题，湘潭大学2023年研]

(3)国家机构组织和活动原则。[中南财大2022年研]

答：我国国家机构的组织和活动原则主要有：

(1)党的领导原则。中国共产党是最高政治领导力量，党中央是党的最高领导机关。中国共产党按照总揽全局、协调各方的原则，在同级各种组织包括各级国家机关中发挥领导核心作用，并发挥党组在中央和地方国家机关中的领导作用。

(2)民主集中制原则。民主集中制原则是我国宪法的基本原则以及国家机构的组织和活动原则。民主集中制是一种民主与集中相结合的制度，是指在民主基础上的集中和在集中指导下的民主的结合。国家机构的民主集中制原则具体表现在：

①全国人民代表大会和地方各级人民代表大会都经民主选举产生，对人民负责，受人民监督。

②国家行政机关、监察机关、审判机关和检察机关都由人民代表大会产生，对它负责，受它监督。

③在中央的统一领导下，要充分发挥地方的主动性和积极性，进行中央和地方国家机构职权的划分。

④国家机关内部实行工作责任制原则。

(3)为人民服务原则。根据宪法，国家的一切权力属于人民。人民通过人民代表大会行使国家权力，同时，人民依照法律规定，通过一定方式对国家事务，经济、文化以及社会事务进行管理。从本质上看，人民是国家的主人，一切国家机关和国家机关工作人员应当以人民群众的利益为工作重心，密切联系人民群众，倾听人民的意见和建议，自觉接受人民的监督，努力为人民服务。

(4)权责统一原则。我国国家机构实行工作责任制。如果国家机关违法或不当行使职权，应承担相应的法律责任。国家机构贯彻权责统一原则，做到执法有保障、有权必有责、用权受监督、侵权须赔偿、违法要追究，有利于增强国家机关工作人员的责任心，有利于推进依法行政、建设法治政府，有利于建设公正、高效、权威的社会主义司法制度。

(5)精简和效率原则。根据宪法的规定，一切国家机关实行精简的原则，不断提高工作质量和效率。国家机构行使职权的基本要求是用权为民，为人民服务。因此，在工作中必须克服层次过多、职能交叉、机构臃肿、权责脱节和政出多门等弊端，提高工作效能。同时，必须继续推进政府职能转变和机构改革，完善国家机关的机构设置、权责划分和管理制度，不断提高国家机关的管理水平和服务质量，反对官僚主义。

(6)法治原则。近年来，我国不断强调法治的重要性。要坚持依法治国、依法执政、依法行政共同推进，坚持法治国家、法治政府、法治社会一体建设，依法依规完善国家机构职能，依法履行职责，依法管理机构和编制，完善国家机构组织法，发挥法治的规范和保障作用。

2. 论述国务院的主要职权。［四川师大 2018 年研］

相关试题：结合我国《宪法》第 89 条之规定，简要叙述我国国务院的主要职权。［简答题，武大 2007 年研］

答：(1)国务院的性质与地位：

国务院是中央人民政府，是最高国家权力机关的执行机关。国务院从属于全国人大，由全国人大选举产生，受它监督，向它负责并报告工作，在全国人大闭会期间，受全国人大常委会监督并向全国人大常委会负责。国务院是最高国家行政机关，在整个国家行政系统中处于最高地位。国务院统一领导所属各部、各委员会和全国地方各级国家行政机关的工作。全国的一切国家行政机关都必须服从它的决定和命令。

(2)根据现行宪法规定，国务院的职权主要有：

①根据宪法和法律，规定行政措施，制定行政法规，发布决定和命令。行政法规的名称一般包括：条例、规定、办法。国务院根据全国人大及其常委会的授权决定制定的行政法规一般称为暂行条例或暂行规定。

②向全国人民代表大会或全国人大常委会提出议案。

③规定各部和各委员会的任务和职责，统一领导各部和各委员会的工作，领导不属于各部和各委员会的全国性的行政工作；统一领导全国地方各级国家行政机关的工作，规定中央和省、自治区、直辖市的国家行政机关的职权的具体划分；编制和执行国民经济和社会发展计划和国家预算；批准省、自治区、直辖市的区域划分，批准自治州、县、自治县、市的建置和区域划分；依照法律规定决定省、自治区、直辖市范围内部分地区进入紧急状态等。

④领导和管理经济、城乡建设、生态文明建设、教育、科学、文化、卫生、体育、计划生育、民政、公安、司法行政、对外事务、国防建设事业和民族事务等工作。

⑤保障少数民族的平等权利和民族自治地方的自治权利，保护华侨正当的权利和利益，保护归侨和侨眷合法的权利和利益。

⑥改变或撤销各部、各委员会发布的不适当的命令、指示和规章，改变或撤销地方各级国家行政机关的不适当的决定和命令。

⑦全国人大及其常委会授予国务院的其他职权。如根据《立法法》的规定，应当制定法律的事项尚未制定法律的，全国人大及其常委会有权作出决定，授权国务院根据实际需要，对其中的部分事项先制定行政法规，但是有关犯罪和刑罚、对公民政治权利的剥夺和限制人身自由的强制措施和处罚、司法制度等事项除外。

3. 论我国民族自治地方自治机关的自治权。[中山大学2015年研]

相关试题:

(1)民族区域自治区的自治权。[中南财大2021年研]

(2)简述我国民族自治地方的自治权。[简答题,浙商大2020年研]

答: 民族自治地方的自治机关的自治权是指民族自治地方的自治机关根据宪法、民族区域自治法和其他法律规定的权限,并根据实际情况自主地管理本地方、本民族内部事务的权利。除行使宪法规定的一般行政区域的地方国家机关的职权外,民族自治地方行使的广泛自治权主要包括以下内容:

(1)根据本地方实际情况,贯彻执行国家的法律、政策,自治机关可以在经过上级国家机关批准后,变通或者停止执行不适合民族自治地方实际情况的决议、决定、命令和指示。

(2)民族自治地方的人民代表大会有权依照当地民族的政治、经济和文化特点,制定自治条例和单行条例。

①自治条例是规定民族自治地方自治机关的组织和活动原则、民族自治权等内容的综合性的规范性文件。

②单行条例是在民族自治权范围内规定某一方面问题的规范性文件。

③自治区制定的自治条例和单行条例,报全国人大常委会批准后生效;自治州、自治县制定的自治条例和单行条例,报省或者自治区的人大常委会批准后生效,并报全国人大常委会备案。

(3)民族自治地方的自治机关有管理地方财政的自治权。

(4)在国家计划指导下,自主地安排和管理地方性的经济建设事业;根据本地方的特点和需要,制定经济发展的方针、政策和计划;在坚持社会主义原则的前提下,根据法律规定和本地方经济发展的特点,合理调整生产关系、改革经济管理体制。

(5)自主地管理本地方的教育、科学、文化、卫生、体育事业,保护和整理民族的文化遗产,发展和繁荣民族文化。

(6)依照国家的军事制度和当地的实际需要,经国务院批准,可以组织本地方维护社会治安的公安部队。

(7)民族自治机关在执行职务时,依照自治条例的规定,使用当地通用的一种或几种语言文字;同时使用几种通用的语言文字执行职务的,可以实行区域自治的民族的语言文字为主。

(8)根据《民族区域自治法》第22条规定,民族自治地方的自治机关根据社会主义建设的需要,采取各种措施从当地民族中大量培养各级干部、各种科学技术、经营管理等专业人才和技术工人,并且注意在少数民族妇女中培养各级干部和各种专业技术人才;录用工作人员时,对实行区域自治的民族和其他少数民族的人员应当给予适当的照顾。民族自治地方的企业、事业单位依照国家规定招收人员时,优先招收少数民族人员,并且可以从农村和牧区少数民族人口中招收。

4. 谈一谈对我国宪法规定的人民法院依法独立行使审判权的理解。[北大2013年研]

答:(1)根据《宪法》第131条规定,人民法院依法独立行使审判权,不受行政机关、社会团体和个人的干涉;行政机关、社会团体和个人应当尊重和支持人民法院独立行使法定权力而不得以任何方式干涉人民法院独立行使法定职权。

(2)人民法院独立行使审判权必须严格遵守宪法和法律的各项规定。这一含义具体包括：

①人民法院必须在宪法和法律规定的权限范围内行使职权，不得越权行事。

②人民法院必须严格依照法定程序和规则行使职权，不得随心所欲。

③人民法院行使职权所作的各项决定必须忠于事实真相并符合法律规定。

(3)正确理解和执行人民法院依法独立行使审判权原则，还应把握和处理好以下几个方面的关系：

①依法独立行使职权与中国共产党领导的关系。中国共产党是执政党，坚持党对执法机关的领导，是人民法院依法独立行使职权的根本保证。党的方针、政策是制定法律的根据，是执行法律的灵魂，依法独立行使职权同正确执行党的方针、政策是一致的。因此，各级人民法院必须在工作中自觉贯彻执行党的路线、方针和政策，在办案中自觉接受党的领导和监督。但是党委领导在通常情况下，不必对案件的处理作具体指示。

②依法独立行使职权与国家权力机关监督的关系。在国家机关体系中，人民法院由各级国家权力机关产生，各级人民法院都应依法向同级国家权力机关负责并报告工作，自觉接受监督。这不仅与依法独立行使职权原则不矛盾，而且是人民法院排除各种干扰、严格依法办案的有力保障。权力机关发现人民法院办案有错误时，可以提出纠正意见，对此，人民法院应当尊重，但不是必须服从。

③依法独立行使职权与社会和人民群众监督的关系。法律明确规定，“不受行政机关、社会团体和个人的干涉”，这里“干涉”是指干扰诉讼程序正常进行的非法活动，例如，以言代法、以权代法、以权压法、强令办案机关服从等，而不是指正常的工作建议和意见。人民法院在坚持依法独立行使职权的前提下，应当自觉接受来自社会和人民群众的监督，虚心听取各方面的批评、建议和意见，严格区分正确监督和非法干涉的界限，以便不断改进工作，更好地履行自己的职责。

七、法条评析

1. 试析我国《宪法》第62条规定：“全国人民代表大会行使下列职权：……(十六)应当由最高国家权力机关行使的其他职权。”［对外经贸2008年研改编］

答：(1)全国人民代表大会的职权：

全国人民代表大会是最高国家权力机关。根据宪法的规定，全国人民代表大会具有全权的和最高的地位，其主要职权有：

①修改宪法、监督宪法的实施。宪法是国家的根本法，具有最高的法律效力，只有全国人大才有权修改宪法，其他任何国家机关和政党、组织都没有这项权力。宪法的修改，须由全国人大常委会或者1/5以上的全国人大代表提议，由全国人民代表大会以全体代表的2/3以上的多数通过。

②制定和修改国家的基本法律。宪法规定，全国人民代表大会制定和修改刑事、民事、国家机构和其他的基本法律。

③选举、决定、罢免国家机关领导人。根据宪法和法律规定，全国人大选举和罢免全

国人大常委会委员长、副委员长、秘书长和委员；选举和罢免国家主席、副主席；根据国家主席提名，决定国务院总理人选；根据国务院总理提名，决定国务院副总理、国务委员、各部部长、各委员会主任、审计长和秘书长人选，并有权罢免上述人员；选举中央军事委员会主席；根据中央军事委员会主席的提名，决定中央军事委员会其他组成人员，并有权罢免上述人员；选举国家监察委员会主任；选举和罢免最高人民法院院长、最高人民检察院检察长；通过全国人大各专门委员会的主任委员、副主任委员和委员人选，并有权撤销上述人员的职务。

④决定国家的重大事项。包括审查和批准国民经济和社会发展计划和计划执行情况的报告；审查和批准国家的预算和预算执行情况的报告；批准省、自治区和直辖市的建置；决定特别行政区的设立及其制度；决定战争和和平问题。

⑤监督国家机关。全国人大行使的监督权是国家最高形式的监督权。宪法规定，全国人大常委会对全国人大负责并报告工作，国家的行政机关、监察机关、审判机关、检察机关都由人民代表大会产生，对它负责，受它监督，中央军事委员会主席对全国人大负责，中央军事委员会受全国人大监督。

⑥其他应当由全国人大行使的职权。现行宪法规定，全国人大有权行使“应当由最高国家权力机关行使的其他职权。”体现了我国全国人民代表大会的至高无上的法律地位。

(2)对上述法条的理解：

全国人民代表大会拥有国家立法权，是最高国家权力机关，宪法中也对其权力进行了具体的阐述，但是《宪法》第62条规定的全国人民代表大会有权行使“应当由最高国家权力机关行使的其他职权”这一兜底性条款的意义在于以下两个方面：

①全国人大有权行使“应当由最高国家权力机关行使的其他职权”。这是全国人大全权地位的体现。我国现行宪法规定：“全国人民代表大会是最高国家权力机关。”它是行使国家立法权的机关。这一规定表明了全国人民代表大会的性质和它在整个国家机构中的地位。

②这一条款的规定为全国人大处理新问题提供了宪法依据，符合法治原则的基本要求。由于国家生活复杂多变，新的重大问题可能会不断出现，而这些重大问题只有全国人民代表大会有权处理。因此，现行宪法规定的本项职权就为全国人大处理这些新问题提供了宪法依据。法治原则要求：国家机关的一切活动，都必须符合法律规定，不得有任何超越宪法和法律的特权，一切违反宪法和法律的行为都必须予以追究。而且，国家机关按法律办事，在法律规定的范围内活动，可以保证他们行使职权时不受干扰。

2. 请分析《宪法》第75条：“全国人民代表大会代表在全国人民代表大会各种会议上的发言和表决，不受法律追究。”[对外经贸2009年研]

答：上述法条规定了全国人民代表大会代表行使职权时所应受的一种宪法保障。

(1)全国人民代表大会代表的职权：

根据宪法规定，全国人大代表在全国人大会议期间的职权为：

①出席和参加全体会议、代表团全体会议、小组会议，审议各项议案和报告。

②可依照法定程序提出议案，包括修改宪法的议案。

③参加各项选举，可对主席团提名的由全国人大选举产生的国家机构领导人的人选和全国人大各专门委员会的人选，提出意见。

④参加决定国务院组成人员和中央军委副主席、委员的人选。

⑤在审议议案和报告时，可向有关国家机关提出询问；可依照法律规定的程序，书面提出对国务院和国务院各部、各委员会，最高人民法院、最高人民检察院的质询案。

⑥可依照法律的规定提出罢免案。

⑦可依法提议组织关于特定问题的调查委员会。

⑧可向全国人大提出对各方面工作的建议、批评和意见。

(2)该条文体现了宪法中对全国人大代表保障的具体内容：

各级人大代表和常委会组成人员在各级人代会和常委会的各种会议上，包括大会、代表团全体会议、小组会、联组会等，可以就所有的问题自由地发言，这些发言无论内容是否合理、合法，均不受法律的追究。同时，代表可以自由地表决各项议案，既可以投赞成票、反对票，也可以投弃权票，甚至还可以不按表决器，这些行为都是代表依法自由地表达其意志，不受法律追究的表现。任何国家机关和个人都无权干涉代表的发言权和表决权，更不能对代表的发言和表决，事后进行打击报复，违者要追究当事人的法律责任。

(3)对全国人大代表行使职权进行保障的原因：

我国是人民民主专政的社会主义国家，人民是国家的主人，人民行使国家权力的机关是全国人民代表大会和地方各级人民代表大会。在我国现行的政权体制下，人民通过选举人大代表来行使其管理国家和社会各项事务的权利。全国人大代表由人民选举产生，对人民负责，并受人民的监督。全国人大代表对人民负责的一个方面就是要根据人民的意志，在全国人民代表大会上发表各种有利于人民的言论。因此，对全国人大代表在全国人大各种会议上发表的言论和表决进行宪法上的保障正是为了实现人民当家作主，保障人民权利。

(4)全国人大代表发表言论和表决权的限制：

全国人大代表是代表人民行使国家权力，代表的各种发言和表决应当代表人民的利益，要受到广大人民群众的监督和制约。如果代表的发言和表决不能代表人民意志，人民就有权罢免其人大代表资格。从这个意义上讲，全国人大代表的各种发言和表决，也不是随意的。另外，全国人大代表的各种发言和表决不受法律追究仅限于在全国人民代表大会和全国人大常委会的各种会议上，在其他场合，人大代表的发言与其他公民一样也要遵守宪法和法律，合法的言论受到法律保护，不合法的言论也要承担相应的法律责任。

八、案例分析题

1. 为治理风景区发生的不文明行为，某省一设区的市的人大常委会制定了《风景区保护条例》。该条例规定对乱扔垃圾不听劝阻的游客处以50元罚款，情节严重的处以5日以下行政拘留。[2020年法硕(非法学)真题]

结合上述材料，运用宪法学相关知识，回答以下问题：

(1)该市人大常委会是否有权制定风景区保护的地方性法规？能否对破坏景区环境的行为设定行政拘留？分别简述理由。

(2)如该条例施行后，被认为与宪法、法律相抵触，哪些国家机关有权撤销？

答：(1)①该市人大常委会有权制定风景区保护的地方性法规，理由如下：

根据《宪法》的规定，设区的市的人民代表大会和它们的常务委员会，在不同宪法、法律、行政法规和本省、自治区的地方性法规相抵触的前提下，可以依照法律规定对城乡建设和管理、环境保护、历史文化保护等方面的事项制定地方性法规，报本省、自治区人民代表大会常务委员会批准后施行。本题中，该市人大常委会有权制定风景区保护的地方性法规。

②该市人大常委会不能对破坏景区环境的行为设定行政拘留，理由如下：

根据《立法法》的规定，限制人身自由的强制措施和处罚只能由全国人大及其常委会制定法律加以规定。本题中，行政拘留是限制人身自由的行政处罚，只能由全国人大及其常委会制定的法律予以规定，该市人大常委会无权设定行政拘留。

(2)若该条例与宪法、法律相抵触，全国人大常委会和省人大有权将其撤销。

根据《宪法》的规定，全国人大常委会有权撤销国务院制定的同宪法相抵触的行政法规、决定和命令，并有权撤销省、自治区、直辖市的国家权力机关制定的同宪法相抵触的地方性法规和决议。省、自治区、直辖市的人民代表大会有权改变或者撤销它的常务委员会制定的和批准的不适当的地方性法规。本题中，该地方性法规由市人大常委会制定，并经省人大常委会批准，因此，在该条例与宪法、法律相抵触的情况下，全国人大常委会和省人大有权将其撤销。

2. 知名民营企业家王某系海滨市城南区人大代表。2014年2月，王某参加区民营经济工作会议，发言时辱骂同行李某，招致李某不满，二人发生严重冲突。《海滨晚报》对此以“人大代表语涉侮辱”为题进行报道。王某认为，《海滨晚报》侵犯其人大代表言论免责权，向区人民法院提起诉讼。另悉，《海滨晚报》记者在采写报道时，发现王某的朋友、区人大代表张某在2011年参加区人大代表选举时，曾以现金贿赂选民。[2016年法硕(非法学)真题]

请根据我国宪法和法律，结合上述材料，回答下列问题：

(1)《海滨晚报》是否侵犯了王某的言论免责权？为什么？

(2)如果要罢免王某的区人大代表资格，应经过何种法律程序？

(3)如果2011年张某确有贿选行为，其当选区人大代表是否有效？为什么？

答：(1)《海滨晚报》没有侵犯王某的言论免责权。人大代表享有言论免责权，目的是保障代表正常履职。人大代表言论免责权限于人大代表在人大各种会议上的发言与表决。王某的发言系在区民营经济工作会议上，不属于言论免责的范围，故《海滨晚报》的报道没有侵犯王某的言论免责权。

(2)由原选区选民50人以上联名，向区人大常委会书面提出罢免要求，由区人大常委会派有关负责人员主持表决，并经原选区过半数的选民通过。

(3)如果张某确有贿选行为，其当选无效。

理由：根据《选举法》的规定，以金钱或其他财物贿赂选民，妨害选民自由行使选举权和被选举权的，其当选无效，并给予治安管理处罚，构成犯罪的，追究刑事责任。

3. 为加强城市交通管理，某设区的市的人大常委会出台了《城市交通安全管理条例》。该条例规定，出行高峰期禁止外地电动车行驶；如违反，将扣押电动车并托运回原籍。外地来该市务工人员张某认为该规定同宪法法律相抵触，向全国人大常委会书面提出了审查建议。[2019年法硕(法学)真题]

请结合上述材料，根据我国宪法和法律，回答下列问题：

(1)该条例公布后，应如何备案?

(2)全国人大常委会收到张某的审查建议后，应如何处理?

答：(1)《立法法》第81条规定，设区的市的人民代表大会及其常务委员会根据本市的具体情况和实际需要，在不同宪法、法律、行政法规和本省、自治区的地方性法规相抵触的前提下，可以对城乡建设与管理、生态文明建设、历史文化保护、基层治理等方面的事项制定地方性法规，法律对设区的市制定地方性法规的事项另有规定的，从其规定。设区的市的地方性法规须报省、自治区的人民代表大会常务委员会批准后施行。本案中，设区的市的人大常委会出台的《城市交通安全管理条例》为地方性法规。

备案方式为：经省、自治区的人民代表大会常委会批准后施行，并由该市所在省、自治区的人民代表大会常务委员会报全国人民代表大会常务委员会和国务院备案。

(2)处理过程如下：

①全国人大常委会收到审查建议后，由常委会工作机构进行研究，必要时，送有关的专门委员会进行审查，提出意见。

②全国人大专门委员会、常委会工作机构可以向制定机关提出书面审查意见、研究意见。

③制定机关根据上述意见对该条例进行修改或废止，审查终止；制定机关不予修改的，提请全国人大常委会审议决定。

④全国人大专门委员会和常委会工作机构应当将审查研究情况向张某反馈。

4. 2018年8月，全国人大常委会对《个人所得税法》作出修改。根据修改后的《个人所得税法》第六条，居民个人的综合所得，以每一纳税年度的收入额减除费用六万元以及专项扣除、专项附加扣除和依法确定的其他扣除后的余额，为应纳税所得额。其中，专项附加扣除包括子女教育、继续教育、大病医疗、住房贷款利息或者住房租金、赡养老人等支出，具体范围、标准和实施步骤由国务院确定。

2018年12月，国务院印发《个人所得税专项附加扣除暂行办法》，该办法明确了专项附加扣除的范围、标准、方式以及保障措施等内容。[2020年法硕(法学)真题]

请结合上述材料，根据宪法学理论和实践，回答下列问题：

(1)《个人所得税法》规定专项附加扣除制度的宪法依据是什么?

(2)全国人大常委会和国务院在个人所得税立法方面的权限划分是什么?

答：(1)《个人所得税法》规定专项附加扣除制度的宪法依据有：

①宪法规定公民在法律面前一律平等。专项附加扣除制度考虑到公民不同的经济负担，承担不同的纳税义务，体现了合理差别，是对平等原则的落实。

②宪法规定国家保护公民的财产权。专项附加扣除制度减轻了公民的纳税负担，是对公民财产权的保护。

③宪法规定了公民的社会权利。专项附加扣除制度减轻了公民在教育、医疗、住房、赡养老人等方面的经济负担，体现了国家对公民的生存照顾，履行了国家的社会权利保障义务。

(2)全国人大常委会和国务院在个人所得税立法方面的权限划分如下：

①公民有依法纳税的宪法义务是《个人所得税法》制定的规范基础。

②税种的设立、税率的确定和税收征收管理等税收基本制度只能由全国人大及其常委会制定法律。

③国务院为执行《个人所得税法》的规定可以制定行政法规，可以根据全国人大常委会的授权就授权事项作出规定。

④国务院在制定行政法规时必须根据宪法和法律，不得违背《个人所得税法》税收征收管理的精神或授权立法应遵循的原则。

5. 某县规划建设一座大型化工厂，当地居民担心污染问题，多次联系本选区的县人民代表大会代表刘某，希望向其反映问题。刘某均以工作忙为由予以推托，居民对此深为不满。事后，55位选民(其中有4人不属于刘某所在选区选民)联名向县人民代表大会常务委员会递交了罢免刘某代表职务的书面申请。县人民代表大会常务委员会未联系刘某即召开了县人民代表大会常务委员会会议，并以全体委员的过半数通过了对刘某的罢免案。刘某对该罢免结果提出异议。[2011年法硕(法学)真题]

请结合上述材料，运用宪法学知识和选举法的相关规定，回答以下问题：

(1)联名提出罢免请求的选民人数是否合法？为什么？

(2)县人民代表大会常务委员会罢免刘某代表职务的做法存在哪些错误？理由是什么？

答：(1)联名提出罢免请求的选民人数合法。

理由：根据《选举法》的有关规定，对县级人大代表，原选区选民50人以上联名，可以向县级人大常委会书面提出罢免要求。办案联名选民中有51人属于刘某所在选区的选民，人数已经达到法定要求。

(2)县人大常委会罢免刘某代表职务的做法存在的错误及理由如下：

①根据《选举法》规定，罢免县级人大代表，须经原选区过半数的选民通过。本案中，县人大常委会未经刘某所在选区过半数的选民通过即罢免刘某代表职务，其做法是错误的。

②根据《选举法》规定，被提出罢免的代表有权在选民会议上提出申辩意见，也可以书面提出申辩意见。本案中，县人大常委会未给予刘某申辩机会，其做法是错误的。

6. 某市政府为了整顿城市道路交通秩序的混乱状况，在多方的建议下，欲出台关于限行摩托车的规定。公民甲某在得知这一消息后，认为出台这样的规定不合理、不合法。于是联合了近百人到市政府门前游行示威，要求市政府不要作限行摩托车的规定。[2006年法硕(非法学)真题]

请根据宪法和法律的有关规定分析：

(1)某市政府是否有权出台限行摩托车的规定？为什么？

(2)公民甲某的行为是否合法？为什么？

(3)公民甲某应如何表达自己的意见？

答：(1)该市政府有权作出限行摩托车的规定。

理由：地方各级人民政府属于地方国家行政机关，具有执行、管理和协调的职能。道路交通及车辆等事项属于行政机关的管理范围。市政府可以根据城市发展的实际情况作出相应的规定。

(2)公民甲某的行为违反了宪法和集会游行示威法的规定。

理由：公民进行集会游行示威等活动必须首先获得当地公安机关的许可，并按照被许可的事项进行。公民甲某擅自联合群众到市政府门前游行示威，扰乱了正常的工作、生活秩序，属于违法行为，应根据具体情节确定其应当承担的法律责任。

(3)公民甲某对市政府关于限行摩托车的规定有意见，可以向市政府提出批评或建议；也可以直接向该市人民代表大会常务委员会提交书面建议书，行使宪法赋予公民的监督权；还可以向当地公安机关提出游行示威申请，经许可后进行游行示威，表达自己的意见。

7. 2009年5月，某省人民政府所在地的市中级人民法院受理了本省与外省两企业之间的经济纠纷，在该案审理之前，审判人员先后接到市人民政府有关领导的多份批示，指出该案涉及本省重大经济利益，要求审判人员公正审理。经审理，法院判决本省当事人一方败诉。事后，省人民代表大会常务委员会明确指出，该判决严重影响本省经济利益，损害了投资环境，要求市人民代表大会常务委员会依法行使职权，纠正法院的判决。[2011年法硕(非法学)真题]

请结合我国宪法学的相关知识，分析上述材料并回答下列问题：

(1)市人民政府有关领导的做法是否合法？请说明理由

(2)市人民代表大会常务委员会可以采取哪些方式监督市中级人民法院？

答：(1)省人民政府有关领导的做法不合法。

理由：我国《宪法》《人民法院组织法》明确规定，人民法院依照法律独立行使审判权，不受行政机关、社会团体和个人干涉。省人民政府有关领导的做法实际上是在干涉法院独立行使审判权。

(2)市人民代表大会常务委员会可以采取监督市中级人民法院的方式有：

①人大常委会可以通过对法院工作进行检查、质询的方式来行使监督权。

②人大常委会可以通过对法院工作报告的表决行使监督权。

③人大常委会可以通过人大代表对法院审判案件的旁听行使监督权。

第八章　“一国两制”与特别行政区制度

8.1　复习指南

【知识框架（庖丁解牛）】

- “一国两制”与特别行政区制度
  - 特别行政区制度
    - 概念、基本内容
    - 宪制基础：宪法和基本法
  - 中央和特别行政区的关系
    - 特别行政区的法律地位
    - 中央对特别行政区直接行使的权力
    - 特别行政区行使的高度自治权
      - 行政管理权
      - 立法权
      - 独立的司法权和终审权
      - 自行处理对外事务的权力
      - 其他授予的权力
  - 特别行政区政治体制
    - 性质和特点
    - 行政长官
    - 行政机关、立法机关、司法机关
    - 非政权性的区域组织和市政机构

【通关提要（提纲挈领）】

本章主要介绍“一国两制”和特别行政区制度的相关知识。学习时，需熟悉“一国两制”和特别行政区制度的概念和内容；重点掌握特别行政区政权机关的高度自治权；掌握特别行政区的政治体制，尤其注意行政长官的性质以及香港、澳门司法机关设置的差别。本章主要考查简答题或论述题，复习时要熟悉相关法条，对比记忆相似知识点，避免混淆。

8.2　考研真题与典型题详解

一、单项选择题

1. 根据《宪法》和《香港特别行政区基本法》规定，下列哪一选项是正确的？（　　）［2017 年法考真题］

A. 行政长官就法院在审理案件中涉及的国防、外交等国家行为的事实问题发出的证明文件，对法院无约束力

B. 行政长官对立法会以不少于全体议员 2/3 多数再次通过的原法案，必须在 1 个月内签署公布

C. 香港特别行政区可与全国其他地区的司法机关通过协商依法进行司法方面的联系和相互提供协助

D. 行政长官仅从行政机关的主要官员和社会人士中委任行政会议的成员

【解析】A 项，《香港特别行政区基本法》第 19 条第 3 款规定，香港特别行政区法院对国防、外交等国家行为无管辖权。香港特别行政区法院在审理案件中遇有涉及国防、外交等国家行为的事实问题，应取得行政长官就该等问题发出的证明文件，上述文件对法院有约束力。行政长官在发出证明文件前，须取得中央人民政府的证明书。

B 项，《香港特别行政区基本法》第 49 条规定，香港特别行政区行政长官如认为立法会通过的法案不符合香港特别行政区的整体利益，可在 3 个月内将法案发回立法会重议，立法会如以不少于全体议员 2/3 多数再次通过原案，行政长官必须在 1 个月内签署公布或按本法第 50 条的规定处理。第 50 条规定，香港特别行政区行政长官如拒绝签署立法会再次通过的法案或立法会拒绝通过政府提出的财政预算案或其他重要法案，经协商仍不能取得一致意见，行政长官可解散立法会。行政长官在解散立法会前，须征询行政会议的意见。行政长官在其一任任期内只能解散立法会一次。由此可知，行政长官可以签署公布法案或者解散立法会。

C 项，《香港特别行政区基本法》第 95 条规定，香港特别行政区可与全国其他地区的司法机关通过协商依法进行司法方面的联系和相互提供协助。

D 项，《香港特别行政区基本法》第 55 条第 1 款规定，香港特别行政区行政会议的成员由行政长官从行政机关的主要官员、立法会议员和社会人士中委任，其任免由行政长官决定。

2. 根据《宪法》和法律的规定，关于特别行政区，下列哪一选项是正确的？（ ）［2014 年法考真题］

A. 澳门特别行政区财政收入全部由其自行支配，不上缴中央人民政府

B. 澳门特别行政区立法会举行会议的法定人数为不少于全体议员的三分之二

C. 非中国籍的香港特别行政区永久性居民不得当选为香港特别行政区立法会议员

D. 香港特别行政区廉政公署独立工作，对香港特别行政区立法会负责

【解析】A 项，《澳门特别行政区基本法》第 104 条规定，澳门特别行政区保持财政独立。澳门特别行政区财政收入全部由澳门特别行政区自行支配，不上缴中央人民政府。

B 项，《澳门特别行政区基本法》第 77 条规定，澳门特别行政区立法会举行会议的法定人数为不少于全体议员的 1/2。除本法另有规定外，立法会的法案、议案由全体议员过半数通过。

C 项，《香港特别行政区基本法》第 67 条规定，香港特别行政区立法会由在外国无居留权的香港特别行政区永久性居民中的中国公民组成。但非中国籍的香港特别行政区永久性居民和在外国有居留权的香港特别行政区永久性居民也可以当选为香港特别行政区立法会

2A

议员，其所占比例不得超过立法会全体议员20%。因此，香港立法会可以有外籍议员的存在，但是应该符合基本法规定的比例限制。

D项，《香港特别行政区基本法》第57条规定，香港特别行政区设立廉政公署，独立工作，对行政长官负责。因此，廉政公署不对立法会负责，只对行政长官负责。

3. 澳门特别行政区依照《澳门特别行政区基本法》的规定实行高度自治，享有行政管理权、立法权、独立的司法权和终审权。关于中央和澳门特别行政区的关系，下列哪一选项是正确的？(　　)[2016年法考真题]

A. 全国性法律一般情况下是澳门特别行政区的法律渊源

B. 澳门特别行政区终审法院法官的任命和免职须报全国人大常委会备案

C. 澳门特别行政区立法机关制定的法律须报全国人大常委会批准后生效

D. 《澳门特别行政区基本法》在澳门特别行政区的法律体系中处于最高地位，反映的是澳门特别行政区同胞的意志

【解析】A项，全国性法律一般不在特别行政区实施，只有在特别行政区实施的全国性法律才是特别行政区的法律渊源之一。

B项，《澳门特别行政区基本法》第87条第3、4款规定，终审法院法官的免职由行政长官根据澳门特别行政区立法会议员组成的审议委员会的建议决定。终审法院法官的任命和免职须报全国人民代表大会常务委员会备案。

C项，《澳门特别行政区基本法》第17条第1、2款规定，澳门特别行政区享有立法权。澳门特别行政区的立法机关制定的法律须报全国人民代表大会常务委员会备案。备案不影响该法律的生效。

D项，《澳门特别行政区基本法》反映了包括澳门同胞在内的全国人民的意志和利益。

4. 根据我国宪法和港、澳基本法规定，关于港、澳基本法的修改，下列哪一选项是不正确的？(　　)[2011年法考真题]

A. 在不同港、澳基本法基本原则相抵触的前提下，全国人大常委会在全国人大闭会期间有权修改港、澳基本法

B. 港、澳基本法的修改提案权属于全国人大常委会、国务院和港、澳特别行政区

C. 港、澳特别行政区对基本法的修改议案，由港、澳特别行政区出席全国人大会议的代表团向全国人大会议提出

D. 港、澳基本法的任何修改，不得同我国对港、澳既定的基本方针政策相抵触

【解析】《香港特别行政区基本法》第159条规定，本法的修改权属于全国人民代表大会。本法的修改提案权属于全国人民代表大会常务委员会、国务院和香港特别行政区。香港特别行政区的修改议案，须经香港特别行政区的全国人民代表大会代表2/3多数、香港特别行政区立法会全体议员2/3多数和香港特别行政区行政长官同意后，交由香港特别行政区出席全国人民代表大会的代表团向全国人民代表大会提出。本法的修改议案在列入全国人民代表大会的议程前，先由香港特别行政区基本法委员会研究并提出意见。本法的任

3B　4A

何修改，均不得同中华人民共和国对香港既定的基本方针政策相抵触。《澳门特别行政区基本法》第 144 条的规定同此。

5. 下列关于香港特别行政区行政长官的表述，正确的是(　　)。[2019 年法硕(法学)真题]

A. 行政长官必须年满四十五周岁

B. 行政长官由当地选举产生，由立法会任命

C. 行政长官在其一任任期内可以解散立法会两次

D. 行政长官是香港特别行政区的首长，代表香港特别行政区

【解析】行政长官是特别行政区的首长，代表特别行政区，对中央人民政府和特别行政区负责。作为特别行政区的首长，对立法会负责。

A 项，《香港特别行政区基本法》第 44 条规定，香港特别行政区行政长官由年满 40 周岁，在香港通常居住连续满 20 年并在外国无居留权的香港特别行政区永久性居民中的中国公民担任。因此，香港特别行政区行政长官必须年满 40 周岁，而不是 45 周岁。

B 项，《香港特别行政区基本法》第 45 条第 1 款规定，香港特别行政区行政长官在当地通过选举或协商产生，由中央人民政府任命。因此行政长官通过选举或协商产生，由中央人民政府任命。

C 项，《香港特别行政区基本法》第 50 条规定，香港特别行政区行政长官如拒绝签署立法会再次通过的法案或立法会拒绝通过政府提出的财政预算案或其他重要法案，经协商仍不能取得一致意见，行政长官可解散立法会。行政长官在解散立法会前，须征询行政会议的意见。行政长官在其一任任期内只能解散立法会一次。

D 项，《香港特别行政区基本法》第 43 条规定，香港特别行政区行政长官是香港特别行政区的首长，代表香港特别行政区。

6. 关于香港特别行政区司法机关，下列说法正确的是(　　)。[2018 年法硕(法学)真题]

A. 香港特别行政区法院由普通法院和行政法院组成

B. 香港特别行政区法院对国防等国家行为无管辖权

C. 香港特别行政区终审法院受最高人民法院的监督

D. 香港特别行政区法院的法官必须是特区永久性居民中的中国公民

【解析】A 项，《香港特别行政区基本法》第 81 条规定，香港特别行政区设立终审法院、高等法院、区域法院、裁判署法庭和其他专门法庭，没有行政法院。

BC 两项，《香港特别行政区基本法》第 19 条规定：“香港特别行政区享有独立的司法权和终审权。香港特别行政区法院除继续保持香港原有法律制度和原则对法院审判权所作的限制外，对香港特别行政区所有的案件均有审判权。香港特别行政区法院对国防、外交等国家行为无管辖权。香港特别行政区法院在审理案件中遇有涉及国防、外交等国家行为的事实问题，应取得行政长官就该等问题发出的证明文件，上述文件对法院有约束力。行政

5D　6B

长官在发出证明文件前，须取得中央人民政府的证明书。”

D项，《香港特别行政区基本法》第92条规定：“香港特别行政区的法官和其他司法人员，应根据其本人的司法和专业才能选用，并可从其他普通法适用地区聘用。”香港特别行政区法院的法官并没有相关限制性规定，只有行政长官即特首有相关限制。

7. 下列关于香港特别行政区立法会议员的表述，正确的是（　　）。[2020年法硕(法学)真题]

A. 立法会议员在就职时必须依法宣誓

B. 行政长官有权任命部分立法会议员

C. 立法会主席由立法会议员互选产生，由全国人大常委会任命

D. 立法会议员只能由香港特区永久性居民中的中国公民担任

【解析】A项，《香港特别行政区基本法》第104条规定，香港特别行政区行政长官、主要官员、行政会议成员、立法会议员、各级法院法官和其他司法人员在就职时必须依法宣誓拥护中华人民共和国香港特别行政区基本法，效忠中华人民共和国香港特别行政区。

B项，《香港特别行政区基本法》第68条规定，香港特别行政区立法会由选举产生。因此，立法会议员由选举产生，而非行政长官任命。

C项，《香港特别行政区基本法》第71条规定，香港特别行政区立法会主席由立法会议员互选产生。没有规定立法会主席需要由全国人大常委会任命，全国人大常委会的任免范围也不包含立法会主席。

D项，《香港特别行政区基本法》第67条规定，香港特别行政区立法会由在外国无居留权的香港特别行政区永久性居民中的中国公民组成。但非中国国籍的香港特别行政区永久性居民和在外国有居留权的香港特别行政区永久性居民也可以当选为香港特别行政区立法会议员，其所占比例不得超过立法会全体议员的20%。此外，需要注意区分的是澳门立法会议员不要求“无外国居留权”和“中国公民”的限制。

二、多项选择题

1. 根据特别行政区基本法，下列关于特别行政区的表述，正确的有（　　）。[2022年法硕(法学、非法学)真题]

A. 特别行政区基本法是全国人大制定的法律

B. 特别行政区行政长官在当地通过选举或协商产生，由中央人民政府任命

C. 与特别行政区有关的外交事务由中央人民政府负责管理

D. 特别行政区立法机关制定的法律须报全国人大常委会备案

【解析】A项，特别行政区基本法由全国人民代表大会制定并发布。

B项，特别行政区行政长官在当地通过选举或协商产生，由中央人民政府任命。

C项，中央人民政府负责管理与特别行政区有关的外交事务。

D项，特别行政区享有立法权，特别行政区立法机关制定的法律须报全国人大常委会备案，备案不影响该法律的生效。

7A　▎　1ABCD

2. 关于特别行政区制度，下列哪些说法是不正确的？（　　）［2010 年法考真题］

A. 香港特别行政区行政长官任职须年满四十五周岁

B. 香港特别行政区司法机关由其法院和检察院组成

C. 香港和澳门特别行政区的各级法院都有权解释本特别行政区基本法

D. 国务院有权对香港和澳门特别行政区的部分地区宣布进入紧急状态

【解析】A 项，《香港特别行政区基本法》第 44 条规定，香港特别行政区行政长官由年满 40 周岁，在香港通常居住连续满 20 年并在外国无居留权的香港特别行政区永久性居民中的中国公民担任。

B 项，《香港特别行政区基本法》第 80 条规定，香港特别行政区各级法院是香港特别行政区的司法机关，行使香港特别行政区的审判权。香港的司法机关只有各级法院，行使刑事检察工作的律政司属于行政机关，而非司法机关。

D 项，香港和澳门特别行政区的部分地区紧急状态决定权属于全国人民代表大会常务委员会。

3. 根据《香港特别行政区基本法》和《澳门特别行政区基本法》的规定，下列哪些选项是正确的？（　　）［2013 年法考真题］

A. 对世界各国或各地区的人入境、逗留和离境，特别行政区政府可以实行入境管制

B. 特别行政区行政长官依照法定程序任免各级法院法官、任免检察官

C. 香港特别行政区立法会议员因行为不检或违反誓言而经出席会议的议员三分之二通过谴责，由立法会主席宣告其丧失立法会议员资格

D. 基本法的解释权属于全国人大常委会

【解析】A 项，《香港特别行政区基本法》第 154 条第 2 款规定，对世界各国或各地区的人入境、逗留和离境，香港特别行政区政府可实行出入境管制。《澳门特别行政区基本法》第 139 条第 2 款规定，对世界各国或各地区的人入境、逗留和离境，澳门特别行政区政府可实行出入境管制。

C 项，《香港特别行政区基本法》第 79 条第 7 项规定，香港特别行政区立法会议员行为不检或违反誓言而经立法会出席会议的议员 2/3 通过谴责，由立法会主席宣告其丧失立法会议员的资格。

D 项，《香港特别行政区基本法》第 158 条第 1 款规定，本法的解释权属于全国人民代表大会常务委员会。《澳门特别行政区基本法》第 143 条第 1 款规定，本法的解释权属于全国人民代表大会常务委员会。可见，香港和澳门基本法的解释权属于全国人大常委会。

B 项，香港属于普通法地区，司法机关只有法院，检察机关是作为行政机关的一部分，在香港即为律政司。《香港特别行政区基本法》第 48 条第 6 项规定，香港特别行政区行政长官依照法定程序任免各级法院法官。可见在香港特别行政区，只有各级法官由行政长官任免。

三、概念题

1. 特别行政区［中南财大 2021 年研；浙江财大 2020 年研；中财 2018 年研；华农 2017

2ABD　3ACD

年研；河北大学2012年研]

答：特别行政区是指在中华人民共和国行政区域范围内设立的，享有特殊法律地位、实行特殊的社会制度、政治制度、经济制度和文化制度的地方行政区域。《宪法》第31条规定，国家在必要时得设立特别行政区。在特别行政区内实行的制度按照具体情况由全国人民代表大会以法律规定。

2．特别行政区与民族自治区[上海大学2005年研]

答：(1)特别行政区是指在中华人民共和国行政区域范围内设立的，享有特殊法律地位、实行特殊的社会制度、政治制度、经济制度和文化制度的地方行政区域。

(2)民族自治区是中国少数民族聚居地设立的省级民族区域自治地方。民族自治地方是指少数民族聚居并实行区域自治的行政区域，分为自治区、自治州、自治县三级。

(3)二者的相同之处在于，它们都是我国不可分割的地方行政区，享有一定自治权；与中央的关系都是中央和地方的关系，受中央人民政府管辖。

(4)二者的不同点：

①实行地区不同。民族自治区是在少数民族聚居的特定地区；特别行政区是在香港、澳门、台湾等特定地区。

②权限不同。民族自治区有民族自治权；而特别行政区有“高度的自治权”。

③实行的社会制度不同。民族自治区坚持社会主义制度；特别行政区保持原有的资本主义制度。

3．“一国两制”[湖南师大2022年研；常州大学2020年研；四川师大2015年研]

答：“一国两制”是“一个国家，两种制度”的简称，是为解决香港、澳门和台湾的历史遗留问题而提出的方针。它是指在统一的社会主义国家内，在中央政府的统一领导下，经过最高国家权力机关决定，可以容许局部地方由于历史的原因而不实行社会主义的制度和政策，依法保持不同于全国现行制度的特殊制度。《香港特别行政区基本法》和《澳门特别行政区基本法》的基本指导思想就是“一国两制”方针。

四、判断分析题

1．我国香港、澳门特别行政区实行高度自治，根据有关法律规定，特别行政区享有外交权。[武大2009年研]

答：这种观点是不正确的，具体分析如下：

(1)香港、澳门特别行政区享有高度自治权，其中包括自行处理有关对外事务的权力。具体体现为以下几个方面：

①特别行政区有参加外交谈判、国际会议、国际组织的权力。

②特别行政区有签订国际协议的权力。

③特别行政区有与外国互设官方、半官方机构的权力。

④特别行政区有签发特区护照和旅行证件的权力。

(2)香港、澳门享有自行处理有关对外事务的权力，但外事权不能等同于外交权。外交权是主权国家的象征，是主权的重要组成部分，只有主权国家才可以享有，是一种国家的主权行为。而特别行政区直辖于中央人民政府，对中央人民政府有直接从属性。特别行政区只依法享有高度自治权，但不享有国家主权，没有外交和国防方面的权力，也不是一个独立的政治实体。因而享有的只能是外事权而不能是外交权。

2. 特别行政区和民族区域自治地方都享有自治权。［南开大学 2011 年研］

答：这种观点是正确的，具体分析如下：

(1)特别行政区实行高度自治，依照法律的规定享有立法权、行政管理权、独立的司法权和终审权。

(2)民族自治地方的自治权是指民族自治地方的自治机关根据宪法、民族区域自治法和其他法律的规定，根据实际情况自主地管理本地方、本民族内部事务的自主权。

(3)必须注意的是特别行政区所享有的是高度自治权，而民族区域自治地方所享有的自治权的权限低于特别行政区的自治权限，具体表现为：①特别行政区不再下设任何政权单位；②中央对特别行政区的事务管得比较少，中央人民政府所属各部门不得干预特别行政区自行管理的事务；③中央政府除为特别行政区制定基本法外，全国性法律除极少数由法律明确规定须在特别行政区实施外，其他法律均不在特别行政区实施。

五、简答题

1. 简述特别行政区制度的基本内容。［扬州大学 2024 年研；中南财大 2022 年研］

相关试题：

(1)简述特别行政区制度的概念和特点。［广东财大 2018 年研］

(2)简述特别行政区的概念与特点。［河北大学 2016 年研］

(3)简述中国特别行政区制度。［武大 2013 年研］

(4)特别行政区的特点。［北理 2012 年研］

答：特别行政区制度是国家基于宪法和基本法针对特别行政区实行的特殊管理制度。其基本内容有：

(1)维护国家统一、主权和领土完整。国家对香港、澳门恢复行使主权意义重大，实行“一国两制”的底线是维护国家统一、主权和领土完整。

(2)实行“一国两制”。“一国”是“两制”的前提和基础。中央对特别行政区有全面管治权。特别行政区是中国不可分离的地方行政区域，同时又保留原社会制度，享有高度自治权。

(3)实行高度自治。特别行政区依据授权享有行政管理权、立法权、独立司法权和终审权，自治范围广泛，如能自行制定货币金融政策、发行货币、保持财政独立等。

(4)保持原有的资本主义制度和生活方式不变。港澳原有的社会、经济制度不变，生活方式不变，法律基本不变，资本主义制度和生活方式 50 年不变。

(5)实行当地人治理。特别行政区的行政机关和立法机关由当地人组成，即“港人治港”“澳人治澳”。治港、治澳者要以爱国者为主体，爱国是基本政治要求。

2. 简述特别行政区政治体制的特点。［中南财大 2005 年研］

相关试题：特别行政区的政权机关具有怎样的特点？［广东财大 2020 年研］

答：行政、立法和司法是政治体制中最基本、最重要的三个部分，这三者的关系构成了政治体制的基本内容。根据港澳特别行政区政治体制的原则，这三者的关系应是司法独立、行政主导、立法与行政既制衡又配合。

(1)司法独立。司法机关和司法活动是特别行政区政治体制的组成部分，对特别行政区的安定和发展有重要作用。特别行政区的司法独立包含三个方面：

①独立于特别行政区的行政机关和立法机关，其活动不受任何干涉。

②法官履行审判职责的行为不受法律追究。法官虽由行政长官任命但只有在无力履行职责或行为不检的情况下，行政长官才可根据相关审议庭的建议将其免职。

③独立于内地，不受内地任何部门包括各级司法机关的干预。

(2)行政主导。行政主导体制是以行政长官为权力核心，具有较高地位及广泛职权，并在特区的政治生活中起主要作用的政治体制。行政主导具体体现在：

①行政长官有较高法律地位。行政长官地位高于立法、行政、司法机关，代表特区向中央负责，有权从特区整体利益出发，协调行政、立法、司法机关关系，可以签署法案、预算案，提名主要官员，任免行政会成员，代表特区处理中央授权的对外事务等。

②行政长官是特别行政区政府的首长，代表特别行政区。行政长官领导政府，决定政策发布，发布行政命令，决定政府官员是否向议会作证或提供证据。

③行政长官在立法程序中有重要作用。首先，行政长官有立法创议权。凡是涉及公共收支、政府体制、政府运作的议案，属于政府的专属提案，且政府提案后优先列入议会议程。其次，立法会的法案由行政长官签署并公布。第三，行政长官对立法会通过的法案有相对否决权。最后，行政长官有权根据法律规定的程序解散立法会。

④行政长官在司法领域中的作用。行政长官享有对法官的任免权。法院审理案件涉及国防、外交等国家行为的事实问题时，应取得行政长官的就该问题发出的证明文件。此外，行政长官享有特赦或减轻刑事罪犯刑罚的权力。

(3)行政与立法既制衡又配合：

①行政对立法的制衡：

a. 行政长官的相对否决权。行政长官可以拒绝签署立法会通过的法案，并在3个月内将法案发回立法会重新审议。

b. 解散立法会。如果行政长官拒绝签署立法会再次通过的法案，或立法会拒绝通过政府提出的财政预算案或其他重要法案，经协商仍不能取得一致意见，行政长官可解散立法会，但在任期内只能解散立法会一次。

c. 立法会议员所提出的法律草案，凡涉及政府政策者，在提出前必须得到行政长官的书面同意。

②立法对行政的制衡：

a. 政府必须遵守立法会通过的法律并向立法会负责。执行立法会通过的生效法律，定期向社会作施政报告，答复质询，征税和公共开支须经立法会批准。

b. 行政长官任免终审法院院长、高等法院院长，事先须经立法会同意。

c.《香港特别行政区基本法》第52条第2款规定，因两次拒绝签署立法会通过的法案而解散立法会，重选的立法会仍以全体议员2/3多数通过所争议的原案，而行政长官仍拒绝签署时，行政长官必须辞职。

d. 弹劾行政长官。《香港特别行政区基本法》第 73 条第 9 款规定，如立法会全体议员的 1/4 联合动议，指控行政长官有严重违法或渎职行为而不辞职，经立法会通过进行调查，立法会可委托终审法院首席法官负责组成独立的调查委员会，并担任主席。调查委员会负责进行调查，并向立法会提出报告。如该调查委员会认为有足够证据构成上述指控，立法会以全体议员 2/3 多数通过，可提出弹劾案，报请中央人民政府决定。

③立法与行政的配合。配合的主要机制是行政会制度。行政会是协助行政长官决策的机构，行政会委员的构成是复合的，其中本身就包含一部分立法会议员。行政长官在作出重要决策、向立法会提交法案、制定附属立法（或行政法规）和解散立法会之前，须征询行政会议（行政会）的意见；行政长官如不采纳行政会议（行政会）多数成员的意见，应将具体理由记录在案。

3. 简述民族区域自治与特别行政区自治的区别。［2004 年法硕（非法学）真题］

答：（1）二者的含义：

①特别行政区自治是指在中华人民共和国行政区域范围内设立享有特殊法律地位、实行特殊的社会制度、政治制度、经济制度和文化制度的地方行政区域，除了特殊事项由中央统一管理外，其余事项由特别行政区行使高度自治权。

②民族区域自治是指在中华人民共和国范围内，在中央政府的统一领导下，以少数民族聚居区为基础，建立相应的自治地方，设立自治机关，行使宪法和法律授予的自治权的政治制度。

（2）民族区域自治和特别行政区自治都须在中华人民共和国范围内进行，但又有所区别。二者主要有以下四个方面的区别：

①目的不同。民族区域自治是为解决民族问题而实行的区域自治与民族自治相结合的制度；特别行政区自治是为解决祖国统一问题而在“一国两制”方针指导下赋予特别行政区享有高度自治权的制度。

②适用区域不同。民族区域自治的适用区域是少数民族聚居区；特别行政区自治适用于港、澳、台地区。

③自治程度不同。特别行政区的自治程度要高于民族自治区域。

④法律依据不同。民族区域自治的依据是宪法和民族区域自治法；特别行政区自治的依据是《宪法》第 31 条和特别行政区基本法。

六、论述题

1. 论述我国宪法关于特别行政区的法律规定及中央与特别行政区的关系。［上海大学 2004 年研］

相关试题：

（1）论述我国中央与特别行政区的关系。［中国政法 2022 年研］

（2）2019 年中国共产党十九届四中全会通过《中共中央关于坚持和完善中国特色社会主义制度推进国家治理体系和治理能力现代化若干重大问题的决定》。《决定》指出必须坚持“一国”是实行“两制”的前提和基础，“两制”从属和派生于“一国”并统一于“一国”之内。

请结合宪法学有关原理谈谈你对中央对特别行政区全面管治权与特别行政区高度自治权的关系。[广西民大2020年研]

(3)论述我国中央人民政府和特别行政区的关系。[2017年法硕(法学)真题]

(4)简述中央对特别行政区的权力。[简答题，中南财大2012年研]

(5)中央政府与特别行政区的关系。[简答题，复旦大学2009年研；武大2009年研]

答：(1)我国《宪法》第31条和第62条第14项是特别行政区设立的宪法依据。

①《宪法》第31条规定，国家在必要时得设立特别行政区。在特别行政区内实行的制度按照具体情况由全国人民代表大会以法律规定。

②《宪法》第62条第14项规定，全国人民代表大会决定特别行政区的设立及其制度。

(2)中央与特别行政区的关系如下：

①特别行政区对中央人民政府的直接从属性：

a. 我国《宪法》第31条和第62条第14项表明，特别行政区对中央人民政府具有隶属关系，特别行政区是中华人民共和国的一部分，是地方一级行政区域，但它不享有国家主权，没有外交和国防方面的权力，也不是一个独立的政治实体。

b. 根据《香港特别行政区基本法》《澳门特别行政区基本法》的规定，中央对特别行政区享有外交事务管理权、特别行政区防务管理权、政府主要官员任免权、修改和解释特别行政区基本法的权力以及宣布特别行政区进入非常状态等多项权力。

②特别行政区实行高度自治，享有高度自治权。

a. 行政管理权。特别行政区有权依照基本法的有关规定自行处理有关行政事务，包括行政决策与执行、人事任免、社会治安、经济贸易、财政金融、教育文化事业、医疗科技、劳工事务等事项。

b. 立法权。除了国防、外交和其他不属于特别行政区自治范围的事项外，特别行政区的立法机关有权依据基本法的规定，对高度自治范围内的其他事务制定适用于特别行政区的法律。

c. 独立的司法权和终审权。《香港特别行政区基本法》和《澳门特别行政区基本法》第19条均规定，香港、澳门特别行政区享有独立的司法权和终审权。特别行政区法院独立进行审判，不受任何干涉；凡是在特别行政区内发生的任何案件，以特别行政区的终审法院为最高审级，该特别行政区终审法院的判决即是最终判决。

d. 自行处理有关对外事务的权力。包括：特别行政区有参加外交谈判、国际会议、国际组织的权力；特别行政区有签订国际协议的权力；特别行政区有与外国互设官方、半官方机构的权力；特别行政区有签发特区护照和旅行证件的权力。但特别行政区处理对外事务的权力不包括外交权力。

e. 其他权力。包括：特别行政区保持财政独立，财政收入不上缴中央人民政府，中央人民政府不在特别行政区征税；特别行政区的货币体系独立，其发行权属于特别行政区政府；特别行政区使用的语言文字，除中文外，在香港特别行政区还可使用英文，在澳门特别行政区还可使用葡文；特别行政区除悬挂中华人民共和国国旗外，还有自己的区旗、区徽等。

③特别行政区与省、自治区和直辖市相比，除享有高度自治权外，还有以下特殊性：

a. 在我国一般地方政权体系中，省、自治区和直辖市属于最高的一级地方政权，在其之下还有市、市辖区、县、乡、镇等行政单位；根据有关基本法的规定，特别行政区不再下设任何政权单位。

b. 中央对特别行政区和省、自治区和直辖市的干预程度不同。省、自治区和直辖市必须执行中央及有关部门制定的行政规章、政策及措施，中央有关部门可以直接下达各种指令、指示以及要求完成的具体指标。而相对而言，中央对特别行政区的事务管得比较少，中央人民政府所属各部门则不得干预特别行政区自行管理的事务。

c. 实施的法律不同。中央政府除为特别行政区制定基本法外，全国性法律除极少数由法律明确规定需在特别行政区实施者外，其他法律均不在特别行政区实施。从这个意义上说，特别行政区所实行的法律自成体系。

2. 特别行政区法律制度的内容。[吉林大学2005年研]

答：特别行政区制度是指根据我国宪法和基本法的规定设立具有特殊法律地位、实行特殊社会政治经济制度的行政区域，并规定特区机关享有高度自治权的制度。特别行政区的法律制度自成体系，不属于社会主义性质。其基本内容包含以下几个方面：

(1)特别行政区基本法：

基本法是根据我国宪法，由全国人大制定的基本法律，它反映了包括香港同胞和澳门同胞在内的全国人民的意志和利益，体现了国家的方针政策，是社会主义性质的法律。基本法既是中华人民共和国社会主义法律体系的组成部分，又是特别行政区法律体系的组成部分。在我国社会主义法律体系中，其地位仅低于宪法而高于其他规范性法律文件。而在特别行政区法律体系中，基本法又处于最高的法律地位。

(2)予以保留的原有法律：

①《香港特别行政区基本法》第8条规定：“香港原有法律，即普通法、衡平法、条例、附属立法和习惯法，除同本法相抵触或经香港特别行政区的立法机关作出修改者外，予以保留。”澳门基本法也作了类似规定。原有法律予以保留必须具备一定条件，即不与基本法相抵触或者未经特别行政区的立法机关作出修改。总的来说，凡属于殖民统治性质或者带有殖民主义色彩、有损我国主权的法律，都应废止或者修改。

②基本法对如何处理与其相抵触的原有法律有明文规定。如《香港特别行政区基本法》第160条规定：“香港特别行政区成立时，香港原有法律除由全国人民代表大会常务委员会宣布为同本法相抵触者外，采用为香港特别行政区法律，如以后发现有的法律与本法抵触，可依照本法规定的程序修改或停止生效。在香港原有法律下有效的文件、证件、契约和权利义务，在不抵触本法的前提下继续有效，受香港特别行政区的承认和保护。”

(3)特别行政区立法机关制定的法律：

①特别行政区享有立法权，除有关国防、外交和其他按照基本法的有关规定不属于特别行政区自治范围的法律之外，立法会可以制定任何其有权制定的法律，包括民法、刑法、诉讼法、商法等法律。

②只要特别行政区立法机关制定的法律符合基本法中关于中央管理的事务和中央与特别行政区关系的条款，符合法定程序，就可以在特别行政区生效适用。否则，全国人大常委会在征询特别行政区基本法委员会意见后，可将有关法律发回，但不作修改。经全国人大常委会发回的法律立即失效。

(4)适用于特别行政区的全国性法律：

①全国性法律是全国人大及其常委会制定的法律。由于实行“一国两制”，特别行政区将保持其原有的法律制度，全国性法律一般不在特别行政区实施。但是，特别行政区作为中华人民共和国不可分离的一部分，那些体现国家主权和统一的全国性法律又有必要实施。因而，在特别行政区实施的全国性法律，也是特别行政区的法律渊源之一。

②在特别行政区实施的全国性法律是很少量的，即使是有关国防、外交的法律，也不是都适用于特别行政区，如兵役法等就不适用于特别行政区。《香港特别行政区基本法》第18条第4款规定，全国人大常委会决定宣布战争状态或因特别行政区内发生特别行政区政府不能控制的、危及国家统一或安全的动乱而决定特别行政区进入紧急状态，中央人民政府可发布命令将有关全国性法律在特别行政区实施。

(5)适用于特别行政区的国际条约：

①特别行政区成立前就已在香港或澳门适用而在特别行政区成立后经转换仍在香港或者澳门适用的国际条约。

②特别行政区成立后才开始在香港或者澳门适用的国际条约。

3.《中华人民共和国宪法》和特别行政区基本法对中央与特别行政区的关系作了规定，其中，属于中央的权力包括哪些？[浙江财大2018年研]

相关试题：简述我国中央对特别行政区行使的权力。[简答题，2013年法硕(法学)真题]

答：我国《宪法》第31条和第62条第13项关于特别行政区的设立及其所实行的制度由全国人大决定的规定，表明了特别行政区对中央人民政府的隶属关系。特别行政区对虽然中央具有直接从属性，但除了一些特殊事项需要直接由中央决定外，对高度自治范围内的其他事项均可以由特别行政区自行处理。根据我国宪法和香港、澳门特别行政区基本法的规定，中央对特别行政区行使下列权力：

(1)中央人民政府负责管理与特别行政区有关的外交事务。

(2)中央人民政府负责管理特别行政区的防务。

(3)中央人民政府任命特别行政区行政长官和行政机关的主要官员。

(4)审查和发回特别行政区制定的法律。

(5)对列入附件三的在特别行政区实施的全国性法律作出增减。

(6)对行政长官产生办法和立法会产生办法修改的决定权。

(7)决定特别行政区进入非常状态。

(8)解释和修改基本法。

(9)从国家层面建立健全香港特别行政区维护国家安全的法律制度和执行机制。

(10)规范香港特别行政区立法会议员资格。

第九章　宪法实施和监督

9.1　复习指南

【知识框架(庖丁解牛)】

- 宪法实施和监督
  - 宪法实施
    - 概念、条件、功能
    - 特点：内容广泛性、主体普遍性、方式多样性
    - 实施方式：执行、适用、遵守
    - 健全保证宪法全面实施的体制机制
  - 宪法监督制度
    - 含义、意义、历史发展
    - 违宪与违法的区别
    - 类型
      - 普通法院审查制：含义、特点、优点、局限性
      - 专门机关审查制
        - 宪法法院模式[奥地利模式]
        - 宪法委员会模式[法国模式]
      - 代议机关监督制：英国模式和其他国家模式
  - 我国的宪法监督制度
    - 形成过程
    - 基本内容
      - 宪法的根本法地位
      - 基本目标
      - 构成
        - 宪法解释程序机制
        - 合宪性审查
        - 备案审查制度
        - 依法撤销和纠正违宪违法的规范性文件
    - 我国的合宪性审查机制：主体、对象、程序
    - 我国宪法监督制度的特点
    - 坚持和完善我国的宪法监督制度

【通关提要(提纲挈领)】

本章主要介绍宪法实施和监督，属于重点章节。学习时，需熟悉宪法监督的类型、我国宪法监督制度的基本内容；重点掌握我国宪法监督制度的对象、程序、方式和违反宪法的责任，以及我国宪法监督制度的完善。本章主要考查简答题和论述题，复习时要整体掌握相关考点的基本概念和具体内容，分点记忆。

9.2 考研真题与典型题详解

一、单项选择题

1. 关于宪法实施，下列哪一选项是不正确的？(　　)[2012 年法考真题]

A. 宪法的遵守是宪法实施最基本的形式

B. 制度保障是宪法实施的主要方式

C. 宪法解释是宪法实施的一种方式

D. 宪法适用是宪法实施的重要途径

【解析】宪法实施是指宪法规范在实际生活中的贯彻落实，是宪法制定颁布后的运行状态，也是宪法作用于社会关系的基本形式。

AD 两项，宪法实施主要包括三个方面：①宪法的执行。通常指国家代议机关和国家行政机关贯彻落实宪法内容的活动。要求这些机构在活动程序和活动方式上必须严格执行宪法的规定，也要求这些机构在组织其他国家机关、建立各种制度的过程中严格遵循宪法的规定。②宪法的适用。通常指国家司法机关在司法活动中贯彻落实宪法的活动。宪法适用不仅是宪法实施的重要途径，而且也是法治国家加强宪政建设、树立宪法权威的重要内容。③宪法的遵守。通常指一切国家机关、政党、社会组织和公民个人严格依照宪法规定从事各种行为的活动。宪法遵守既是宪法实施最基本的要求，也是宪法实施最基本的方式。

C 项，宪法解释是指特定主体依据一定的标准或原则对宪法内容、含义及其界限所作的一种说明。宪法解释是宪法适用的必然环节和内在因素，因为有权机关必须先解释宪法规范的意义才能将之适用于具体事件，因此，宪法解释是宪法实施的一种方式。

B 项，制度保障是为宪法实施提供保障，而不是宪法实施的方式。

2. 根据现行宪法和立法法，下列关于宪法监督的表述，正确的是(　　)。[2017 年法硕(非法学)真题]

A. 全国人大及其常委会均有权监督宪法的实施

B. 全国人大宪法和法律委员会认为司法解释同宪法相抵触，可予以撤销

C. 公民认为地方性法规同宪法相抵触，可向全国人大书面提出审查要求

D. 全国人大常委会有权改变或撤销国务院制定的同宪法相抵触的行政法规

【解析】A 项，根据《宪法》第 62 条第 2 项的规定，全国人大有权监督宪法的实施。根据第 67 条第 1 项的规定，全国人大常委会有权解释宪法、监督宪法的实施。

B 项，《立法法》第 109 条第 2 款规定，最高人民法院、最高人民检察院作出的属于审判、检察工作中具体应用法律的解释，应当自公布之日起 30 日内报全国人民代表大会常务委员会备案。司法解释是向全国人大常委会备案，宪法和法律委员会无权撤销司法解释。

C 项，《立法法》第 110 条第 2 款规定，前款规定以外的其他国家机关和社会团体、企业事业组织以及公民认为行政法规、地方性法规、自治条例和单行条例同宪法或者法律相抵触的，可以向全国人民代表大会常务委员会书面提出进行审查的建议，由常务委员会工

1B　2A

作机构进行审查；必要时，送有关的专门委员会进行审查、提出意见。因此公民认为地方性法规同宪法相抵触，可向全国人大书面提出审查建议，不能提出审查要求。

D 项，根据《立法法》第 108 条第 2 项规定，全国人大常委会有权撤销同宪法和法律相抵触的行政法规，但是无权改变。

3. 关于我国的宪法监督，下列说法正确的是(　　)。[2013 年法硕(非法学)真题]

A. 全国人大有权撤销省级人大及其常委会制定的地方性法规

B. 全国人大常委会有权改变国务院制定的不适当的行政法规

C. 国务院有权改变或者撤销地方人民政府工作部门的不适当的决定和命令

D. 县级以上地方各级人大常委会有权撤销本级人民政府不适当的决定和命令

【解析】A 项，《宪法》第 67 条第 8 项规定，全国人民代表大会常务委员会有权撤销省、自治区、直辖市国家权力机关制定的同宪法、法律和行政法规相抵触的地方性法规和决议。

B 项，《宪法》第 67 条第 7 项规定，全国人民代表大会常务委员会有权撤销国务院制定的同宪法、法律相抵触的行政法规、决定和命令。据此，全国人大常委会有权撤销但无权改变。

C 项，根据《宪法》第 89 条的规定，国务院有权改变或者撤销各部、各委员会发布的不适当的命令、指示和规章；改变或者撤销地方各级国家行政机关的不适当的决定和命令。

D 项，《宪法》第 99 条第 2 款规定，县级以上的地方各级人民代表大会审查和批准本行政区域内的国民经济和社会发展计划、预算以及它们的执行情况的报告；有权改变或者撤销本级人民代表大会常务委员会不适当的决定。第 104 条规定，县级以上的地方各级人民代表大会常务委员会有权撤销本级人民政府的不适当的决定和命令，撤销下一级人民代表大会的不适当的决议。

4. 合宪性审查是加强我国宪法实施和监督的重要制度。下列选项中，不属于合宪性审查对象的是(　　)。[2021 年法硕(非法学)真题]

A. 司法解释　　B. 村规民约

C. 单行条例　　D. 地方性法规

【解析】ACD 三项，《立法法》第 110 条第 1 款规定，国务院、中央军事委员会、国家监察委员会、最高人民法院、最高人民检察院和各省、自治区、直辖市的人大常委会认为行政法规、地方性法规、自治条例和单行条例同宪法或者法律相抵触，或者存在合宪性、合法性问题的，可以向全国人大常委会书面提出进行审查的要求，由全国人大有关的专门委员会和常务委员会工作机构进行审查、提出意见。

B 项，制定村规民约是村民自治范围内的事项，由村民会议制定，不属于合宪性审查的对象。

5. 下列关于我国宪法宣誓制度的表述，正确的是(　　)。[2021 年法硕(非法学)真题]

A. 宣誓人包括国家工作人员和人大代表

3D　4B　5D

B. 国务院各部委负责人的宣誓仪式由国务院组织

C. 宪法宣誓制度为我国所首创

D. 宣誓可以分为单独宣誓和集体宣誓

【解析】宪法宣誓制度是指全国人大及其常务委员会、国务院、中央军委、最高人民法院、最高人民检察院等中央国家机构和县级以上人大及其常委会、人民政府、人民法院、人民检察院等县级以上地方国家机构选出或任命的国家工作人员在就任时应当公开对宪法宣誓。

A项，宪法宣誓人员不包括人大代表。

B项，国务院任命的国家工作人员的宪法宣誓，由国务院人事行政主管部门会同国务院办公厅具体组织。国务院各部门任命的国家工作人员的宪法宣誓，由各部门分别组织。

C项，宪法宣誓制度不是我国首创。1919年德国《魏玛宪法》第一次确认了国家公职人员就职时向宪法宣誓的制度。

D项，宣誓仪式根据情况，可以采取单独宣誓或者集体宣誓的形式。

二、多项选择题

1. 某市政府发布《关于加强车辆停放秩序管理的通告》，要求“停车统一朝向”并予以处罚，并在“坚持部门联动”部分规定了市人大常委会、法院和检察院的相关职责。根据我国宪法和法律，下列关于该通告表述正确的有(　　)。[2024年法硕(法学、非法学)真题]

A. 该《通告》属于城乡建设与管理领域的地方性法规

B. 该《通告》无权规定市人大常委会、法院和检察院职责

C. 市人大常委会若认为该《通告》不适当，有权予以撤销

D. 公民若认为该《通告》违法，可以向市人大常委会提出审查要求

【解析】A项，地方性法规由地方人大及其常务委员会制定。而该通告由该市政府发布。

B项，设区的市政府规章一般立法，仅限于城乡建设与管理、生态文明建设、历史文化保护、基层治理等。

C项，地方人大常委会有权撤销本级人民政府制定的不适当的规章。市人大常委会若认为该《通告》不适当，有权予以撤销。

D项，公民若认为该通告违法，可以向市人大常委会提出审查建议。国务院、中央军事委员会、国家监察委员会、最高人民法院、最高人民检察院、省级人民代表大会及其常务委员会可以提出审查要求，其他主体只能提出审查建议。

2.《全国人民代表大会常务委员会关于实行宪法宣誓制度的决定》于2016年1月1日起实施。关于宪法宣誓制度的表述，下列哪些选项是正确的？(　　)[2016年法考真题]

A. 该制度的建立有助于树立宪法的权威

B. 宣誓场所应当悬挂中华人民共和国国旗或者国徽

C. 宣誓主体限于各级政府、法院和检察院任命的国家工作人员

D. 最高法院副院长、审判委员会委员进行宣誓的仪式由最高法院组织

1BC　2ABD

【解析】A 项，宪法是国家的根本法，宪法宣誓制度的建立有助于彰显宪法权威，激励和教育国家工作人员忠于宪法、遵守宪法、维护宪法，加强宪法实施。

B 项，《全国人民代表大会常务委员会关于实行宪法宣誓制度的决定》第 8 条规定，宣誓场所应当庄重、严肃，悬挂中华人民共和国国旗或者国徽。

C 项，《全国人民代表大会常务委员会关于实行宪法宣誓制度的决定》第 1 条规定，各级人民代表大会及县级以上各级人民代表大会常务委员会选举或者决定任命的国家工作人员，以及各级人民政府、人民法院、人民检察院任命的国家工作人员，在就职时应当公开进行宪法宣誓，而非仅局限于各级政府、法院和检察院任命的国家工作人员。

D 项，《全国人民代表大会常务委员会关于实行宪法宣誓制度的决定》第 6 条规定，全国人民代表大会常务委员会任命或者决定任命的最高人民法院副院长、审判委员会委员、庭长、副庭长、审判员和军事法院院长，最高人民检察院副检察长、检察委员会委员、检察员和军事检察院检察长，中华人民共和国驻外全权代表，在依照法定程序产生后，进行宪法宣誓。宣誓仪式由最高人民法院、最高人民检察院、外交部分别组织。

3. 根据《立法法》，关于规范性文件的备案审查制度，下列哪些选项是正确的？(　　)［2017 年法考真题］

A. 全国人大有关的专门委员会可对报送备案的规范性文件进行主动审查

B. 自治县人大制定的自治条例与单行条例应按程序报全国人大常委会和国务院备案

C. 设区的市政府制定的规章应报本级人大常委会、市所在的省级人大常委会和政府、国务院备案

D. 全国人大宪法和法律委员会经审查认为地方性法规同宪法相抵触而制定机关不予修改的，应向委员长会议提出予以撤销的议案或者建议

【解析】A 项，根据《立法法》第 111 条第 1 款规定，人大专门委员会和常务委员会工作机构可以对报送备案的规范性文件进行主动审查。

B 项，《立法法》第 109 条第 3 项规定，自治州、自治县的人民代表大会制定的自治条例和单行条例，由省、自治区、直辖市的人民代表大会常务委员会报全国人民代表大会常务委员会和国务院备案；自治条例、单行条例报送备案时，应当说明对法律、行政法规、地方性法规作出变通的情况。

C 项，《立法法》第 109 条第 4 项规定，部门规章和地方政府规章报国务院备案；地方政府规章应当同时报本级人民代表大会常务委员会备案；设区的市、自治州的人民政府制定的规章应当同时报省、自治区的人民代表大会常务委员会和人民政府备案。

D 项，《立法法》第 112 条第 3 款规定，全国人民代表大会宪法和法律委员会、有关的专门委员会、常务委员会工作机构经审查认为行政法规、地方性法规、自治条例和单行条例同宪法或者法律相抵触，或者存在合宪性、合法性问题需要修改或者废止，而制定机关不予修改或者废止的，应当向委员长会议提出予以撤销的议案、建议，由委员长会议决定提请常务委员会会议审议决定。

3ABCD

三、不定项选择题

根据《宪法》和法律，关于我国宪法监督方式的说法，下列选项正确的是(　　)。[2016年法考真题]

A. 地方性法规报全国人大常委会和国务院备案，属于事后审查

B. 自治区人大制定的自治条例报全国人大常委会批准后生效，属于事先审查

C. 全国人大常委会应国务院的书面审查要求对某地方性法规进行审查，属于附带性审查

D. 全国人大常委会只有在相关主体提出对某规范性文件进行审查的要求或建议时才启动审查程序

【解析】AB两项，事先审查又称预防性审查，是指当法律、法规和法律性文件尚未正式颁布实施之前，由特定机关对其是否合宪所进行的审查。事后审查是指在法律、法规和法律性文件颁布实施以后，由特定机关对其是否合宪所进行的审查。我国采取事先审查和事后审查相结合的方式。事先审查主要体现为法规等规范性文件经批准后生效，事后审查主要体现为规范性文件的备案。

C项，附带性审查是指司法机关在审理案件过程中，因提出对所适用的法律、法规和法律性文件是否违宪的问题，而对该法律、法规和规范性文件所进行的合宪性审查。附带性审查往往以争讼事件为前提，审查主体是司法机关。

D项，全国人大常委会可以在相关主体提出对某规范性文件进行审查的要求或建议时被动启动审查程序，也可以对报送备案的规范性文件进行主动审查。

四、概念题

1. 宪法实施[安徽大学2022年研；沈工大2020年研；河北大学2017年研；北航2016年研]

相关试题：宪法实施和宪法监督[广西民大2020年研]

答：宪法实施，是指宪法规范在现实生活中的贯彻落实，宪法实施反映着宪法制定颁布后的实际运行状态，是宪法调整特定社会关系(宪法关系)的基本形式。宪法实施主要由宪法适用和宪法遵守两部分构成。宪法实施的特点主要表现在：①宪法实施的广泛性；②宪法实施的综合性；③宪法实施的原则性；④宪法实施的多层级性；⑤宪法实施的持续性；⑥宪法实施的保障性；⑦宪法实施方式的具体多样性。

2. 宪法适用[中南财大2008年研；武大2006年研]

答：参见本章案例分析题第1题答案。

3. 合宪性审查[四川大学2022年研；安徽大学2022年研；浙商大2020年研；河北大学2017年研；中财2017年研；四川师大2015年研；中山大学2011年研；武大2007年研]

答：参见本章论述题第7题答案。

AB

4. 最高代表机关审查制[浙商大 2018 年研]

答：最高代表机关审查制，是指作为民意代表机关的立法机关审查宪法行为是否违反宪法的制度。最高代表机关审查制，在资本主义国家表现为立法机关审查制，在社会主义国家表现为最高国家权力机关审查制。实行最高代表机关审查制的国家，在宪法中都明确规定由作为代表机关的议会、全国人民代表大会、最高苏维埃等实施宪法监督权。

5. 事先审查[中南财大 2010 年研]

答：事先审查是指在法律文件生效前进行的预防性审查。例如，自治区人大制定的自治条例和单行条例需要报请全国人大常委会批准，全国人大常委会在批准过程中对其合宪性进行审查。它是在法律、法规和法律性文件尚未正式颁布实施之前，由有权机关对其是否合宪进行审查；如果在审查过程中发现其违宪，给予修改、纠正。

6. 违宪责任[浙江财大 2020 年研；河北大学 2018 年研；安徽师大 2016 年研；四川师大 2012 年研；南开大学 2007 年研]

答：参见本章论述题第 5 题答案。

7. 附带性审查[中山大学 2010 年研]

相关试题：附带审查和起诉审查[武大 2013 年研]

答：附带性审查，又称具体性审查或个案审查，是指司法机关在审理具体案件的诉讼过程中，因提出对所适用的法律、法规是否违宪的问题，而对该法律、法规进行审查。其通常与诉讼联系在一起，与诉讼有关的法律、法规和法律性文件是附带审查的对象。附带审查是美国、日本等一些由司法机关负责保障宪法实施的国家进行违宪审查的唯一方式。

五、简答题

1. 如何理解宪法和法律委员会？[中南财大 2020 年研]

相关试题：论述全国人民代表大会宪法和法律委员会的性质和职责。[论述题，北大 2023 年研]

答：为弘扬宪法精神，增强宪法意识，维护宪法权威，加强宪法实施和监督，推进合宪性审查工作，2018 年全国人大通过的宪法修正案将全国人大“法律委员会”更名为全国人大“宪法和法律委员会”。宪法和法律委员会的性质可定位为负责协助全国人大及其常委会依法行使宪法解释与监督宪法实施职能的具体合宪性审查机构，以合宪性审查为主线构筑的宪法和法律委员会的权力运行机制。

(1)宪法和法律委员会的职责主要包括两个方面：

①承担既有法律规定的由“法律委员会”承担的职责。

②在继续承担统一审议法律草案等工作的基础上，增加推动宪法实施、开展宪法解释、推进合宪性审查、加强宪法监督、配合宪法宣传等工作职责。

(2)设立宪法和法律委员会的意义在于：

①意味着依宪治国与依法治国的统一。依法治国首先要依宪治国，宪法是国家的根本法，是国家一切法律的母法。将“法律委员会”改为“宪法和法律委员会”既是对宪法地位和作用的强调，也在宪法层面上体现了依法治国与依宪治国的统一。

②意味着宪法监督机制的完善。宪法的实施有赖于监督，而宪法监督的关键在于合宪性审查。宪法和法律委员会在继续承担统一审议法律草案工作的基础上，增加推动宪法实施、开展宪法解释、推进合宪性审查、加强宪法监督、配合宪法宣传等职责。可以看出，宪法和法律委员会将承担起合宪性审查工作，将使合宪性审查工作落到实处。

③意味着设区的市的地方立法权的保障。宪法和法律委员会的设立有利于设区的市在宪法法律规定的范围内，制定体现本行政区域实际情况的地方性法规，更为有效地加强社会治理、促进经济社会发展，也有利于规范设区的市制定地方性法规的行为。

2. 简述违宪与违法的区别。[扬州大学2023年研]

答：(1)概念界定：

①违宪行为，指国家机关、政党等组织在实施宪法过程中直接违反宪法的行为。宪法监督主要针对此防止和纠正。

②违法与合法：判断标准是国家法律(不包括宪法)，法律是立法机关依据宪法制定的。从逻辑上看，违反法律间接违反宪法，符合法律间接符合宪法，但宪法学关注的违宪是直接违反宪法的情况。

(2)二者的主要区别：

①性质不同。违宪是违反宪法；违法是违反法律。

②行为主体不同。违宪主体主要是行使国家权力的国家机关；违法主体范围更广，包括国家机关、企事业组织、社会团体和个人。

③审查主体不同。合宪性审查主体依国家不同，有普通法院、宪法法院或委员会、代议机关；合法性审查主体通常是法院。

④责任形式不同。违宪的责任形式有撤销违宪文件、拒绝适用违宪文件、取缔违宪政党组织、罢免领导人、确认违宪行为无效等；违法责任主要是刑事责任、民事责任和行政责任。

3. 简答违宪审查与宪法监督和司法审查的区别。[河北大学2014年研]

相关试题：

(1)宪法监督[概念题，扬州大学2024年研；湘潭大学2023年研；中南财大2023年研]

(2)违宪审查与宪法监督。[武大2015年研]

答：宪法监督、违宪审查和司法审查是三个既有区别又有联系的概念，不能等同。

(1)宪法监督、违宪审查和司法审查的联系：

宪法监督包含违宪审查和司法审查，司法审查是违宪审查的一种模式。三者是一种包含关系，都是为了维护宪法的实施，防止违宪行为的产生。

(2)违宪审查与宪法监督、司法审查的区别：

①违宪审查与宪法监督：

a. 从对象上看，宪法监督对象宽，违宪审查对象窄，后者为前者所包含。

b. 从主体上看，宪法监督主体为所有政党、组织和全体公民，违宪审查主体则只包括享有违宪审查权的国家机关。

c. 从形式上看，宪法监督既包括违宪审查这种具有法律意义的监督，也包括舆论批评、抗议活动等不具有法律意义的监督；而违宪审查对立法或行政行为等所作的是否违宪的结论都具有法律意义。

②违宪审查与司法审查：

a. 违宪审查有多种模式，司法审查只是其中一类。

b. 在实行司法审查的国家中，司法审查既包括对违宪的审查也包括对违法的审查，这表明违宪审查与司法审查的范围有时也不尽一致。

4. 简述宪法监督制度的类型。［吉林大学2023年研］

相关试题：简述世界各国宪法监督制度的主要类型。［广西民大2019年研］

答：为确保宪法有效实施，世界各国构建起不同的宪法监督体制，按监督机关、审查方式及程序的不同，可分为三种类型：

(1)普通法院审查制。又称“司法审查”“违宪审查”，指普通法院在审理具体案件时附带审查法律的合宪性，即通过司法程序审查、裁决立法和行政机关是否违宪。其属于分散型体制，多为英美法系国家采用。美国首创，有总统制、议会制下两种模式，超60多个国家施行。

①特点：a. 被动附带审查；b. 各级法院有权查，只能宣告不予适用违宪条款；c. 最高法院判例效力高且一般不溯及既往；d. 案件上诉至最高法院的概率小。

②优点：结合具体案件审查，启动主体广，利于保障公民权利。

③缺点：法官非民选却能宣布民选机关法律违宪，有悖民主原则，且需造成实际侵害形成案件后才能启动审查程序。

(2)专门机关审查制。指设立专门机关负责宪法监督，以特定程序审查法律文件的合宪性。其属于集中型体制，可分为两种模式：

①宪法法院模式(以奥地利、德国为代表)。宪法法院独立于普通司法系统，其判决和解释有普遍约束力。宪法法院有权解释宪法并对法律文件进行合宪性审查。其审查对象主要是已生效的法律文件，少数国家允许对未生效的法律文件进行预防性审查。

②宪法委员会模式(以法国为代表)。宪法委员会成员由总统、国民议会议长和参议院议长任命，主要职责是对组织法、议会规章、法律等进行合宪性审查，并监督选举活动的合宪性。其审查对象主要是议会已通过但尚未公布生效的法律文件，进行事前的、抽象的合宪性审查。

(3)代议机关审查制。指由民意代表机关或立法机关审查宪法行为的合宪性。其类型有：

①英国模式。英国法院服从欧洲人权法院关于《欧洲人权公约》的判决，可以谴责违反公约的议会法律，但无权撤销或废除该法律。执政党通常会选择修改被谴责的法律，以避免政治和国际声誉受损。

②其他国家模式(如中国、朝鲜、越南、古巴)。最高国家权力机关统一行使宪法监督权，有权解释宪法、监督宪法实施，并撤销违反宪法的决议和命令。最高代表机关通常是最高国家权力机关，在地位上高于其他国家机关，有助于确保合宪性审查的权威性。

5. 简述我国宪法监督制度的特点。[沈工大2023年研；中南财大2021年研；昆明理工2020年研；扬州大学2019年研]

答：我国宪法监督制度的主要特点有：

(1)保证党中央令行禁止。宪法明确规定国家指导思想。宪法监督机关及协助监督机构在审查规范性文件时，需依据宪法的基本精神，遵循指导思想。同时坚持党对国家生活和社会生活的全面领导，协助监督机构要贯彻党中央决策部署，有重点开展专项审查工作。

(2)最高国家权力机关统一行使宪法监督权。全国人大及其常委会作为宪法监督主体，具有独特优势。全国人大及其常委会能全面代表人民意志，其对宪法基本精神、原则和价值的认识，是其他机关无法比拟的。基于民主集中制原则，全国人大是最高国家权力机关，全国人大常委会是其常设机关，其他中央机关都由其产生、受其监督、向其负责。且由其行使宪法监督权符合我国政治理念和体制，避免了其他机关行使监督权的不当性。

(3)注重备案审查。备案审查制度依托人民代表大会制度和单一制国家结构形式，所有规范性文件生效后都要提交相应机关或组织备案，重要法规、司法解释需提交全国人大常委会备案。全国人大和人大常委会对备案文件进行合宪性审查，这种方式能避免规范性文件违宪造成的实际侵害，维护宪法秩序，保障公民基本权利。

(4)对违宪文件采取制定机关自我纠正与撤销并重。协助监督机构发现审查对象违宪时，有权建议制定机关自我纠正。若制定机关自我纠正，停止审查；若拒不纠正，向全国人大常委会委员长会议提出书面审查意见和撤销议案，由委员长会议决定是否提请常委会会议审议。这种方式比其他宪法监督制度下对违宪法律文件的处理方式更灵活，既维护了国家法制统一，又有利于国家机关依法行使职权。

(5)宪法监督主体与合法性审查主体具有同一性。全国人大常委会对行政法规、监察法规等规范性文件的违宪和违法问题，按照合宪性审查的相同程序进行审查。合法性审查与合宪性审查存在衔接关系，先进行合法性审查，在法律范畴内无法解决争议时再进行合宪性审查，有助于保障社会主义法律体系的统一。

六、论述题

1. 论述宪法实施的条件与过程。[四川师大2014年研]

相关试题：

(1)简述宪法实施的条件。[简答题，浙江财大2020年研]

(2)宪法实施的外部条件有哪些？[简答题，武汉理工2009年研]

答：(1)宪法实施的主要条件：

①宪法实施的外部条件：

a. 宪法实施的政治条件，既包括政治基础条件，也包括政治形势条件。民主政治就是宪法实施的政治基础条件。政治的民主化程度决定着宪法实施的程度，加强民主政治建设的过程，也就是贯彻落实宪法的过程。

b. 宪法实施的经济条件，既包括宪法和宪法实施得以生存的物质基础，也包括经济发展本身通过政治、思想等提出对于宪法和宪法实施的内在需求。经济发展程度一方面决定着宪法实施程度，另一方面也为宪法实施提供了动力和保障。

c. 宪法实施的思想意识条件，主要指人们对宪法的认识状况对于宪法实施的制约和影响。思想是行动的指南。人们对宪法的认识对宪法的制定、适用和遵守起着重大作用。

②宪法实施的自身条件：

宪法实施的政治、经济和思想意识条件，作为外在的客观基础，为宪法的有效实施提供了可能性。但是，一个国家或者一个国家的一定历史时期，能否利用这些条件，将宪法的实施从可能变为现实，关键还在于宪法实施的自身条件。“外因是变化的条件，内因是变化的根据，外因通过内因起作用”的道理在这个问题上也同样适用。具体说来，宪法实施的自身条件主要包括宪法本身是否科学和宪法本身是否规定了完善的实施机制等方面。

(2)宪法实施的过程：

①宪法实施过程，即宪法作用于社会生活的过程，是指宪法实施的连续性在时间和空间上的表现。它既是宪法在人类社会中存在和发展总过程的一部分，同时又由若干具体过程所构成。宪法实施过程的特点为：实效性、动态性、阶段性、整体性、权威性。

②宪法实施过程的主要阶段：

a. 准备阶段。其基本任务是为宪法的实际实施创造条件、打好基础。充分的准备是成功的一半。因此，要有效实施宪法，同样离不开准备程序。

b. 实际实施阶段。这一阶段是宪法实施程序中的主要环节，是宪法规范调整各种社会关系的具体表现，是体现在宪法规范中的立宪价值和宪政精神能否得以实现的关键。因此，无论是理论分析和经验总结，还是具体事务的准备，最终都是为了宪法的实际实施。

c. 实施评价阶段。宪法实施评价是指有关国家机关或者公民个人以宪法规范、立宪价值取向及社会发展需要等为标准，对宪法实施主体的行为及其效果进行检查对照，并作出明确判断的活动。必须注意两点：第一，在评价时，必须正确处理好整体与部分、宏观与微观之间的关系，不能以偏概全，而应该既立足全局、立足宏观评价宪法的整体实施状况，又立足局部、立足微观评价个别宪法规范的实施效果，并将它们之间有机统一起来。第二，必须确定评价宪法实施状况的标准，主要包括宪法规范标准和宪政价值标准两个层次。

2. 试述宪法实施的功能和基本方式。［沈工大 2022 年研］

相关试题：简述宪法实施的功能。［简答题，武工大 2024 年研］

答：(1)宪法实施的功能：

宪法实施的功能在于将宪法的理念、基本原则、精神及规范内涵付诸实践，实行宪法所确立的根本制度、基本制度和基本国策，发挥宪法保障基本人权、规范国家权力和推进依法治国等作用。具体功能如下：

①确立国家的根本制度和基本原则。通过宪法实施，确立国家的根本制度和政治生活的基本原则，调整国家政治组织及其职能。

②保障人权作为宪法核心价值的实现。人权作为公民的基本权利是宪法的核心内容和价值。通过宪法实施，确保这些权利在实际生活中得到实现。

③确保国家机构依据宪法行使权力、履行职责。通过宪法实施，构建完整的国家机构体系，并确保国家权力机关、监察机关、行政机关和司法机关在法治轨道上有序运行。

④推动形成以宪法为核心的统一法律体系。宪法是最高法、根本法，是法律体系的核心。通过实施宪法，形成以宪法为核心的统一法律体系，奠定法治国家的基础。

⑤传导宪法所承载的社会核心价值观。通过宪法实施，传达社会核心价值观，促进社会文明建设，协调利益关系，化解矛盾纠纷，维护社会稳定和国家长治久安。

(2)宪法实施的方式：

①宪法的执行。指国家机关直接依据宪法行使公共管理职能。包括：

a. 设立国家机关与权力配置。国家机构体系依宪法创设。国家机关设立要有宪法依据，形成宪法关系和权力配置。我国依民主集中制创设人民代表大会制度，由人大产生监督其他机关，处理中央和地方关系有相应原则，监察体制改革也通过宪法修正案保证合宪性。

b. 宪法修改。修改宪法是实施宪法的条件和具体行为。修宪权受宪法约束。修宪要依宪法规定的主体、程序进行，不得违背宪法根本精神，要在遵循宪法理念等前提下修改。

c. 宪法解释。宪法解释是实施宪法的条件和行为。解释机关要遵循宪法理念等，按程序对宪法规范内涵说明，使其与社会实际一致，调整宪法关系。

d. 立法活动。狭义立法是立法机关依宪创制规范，是宪法实施的主要方式。立法活动包括全国人大及其常委会立法、国务院授权立法和依职权立法、民族自治地方立法、地方人大立法、经济特区立法。

e. 作出决定、决议。针对重大问题作出的决定、决议只具个别效力，是直接依宪法行使国家权力的方式，属于宪法实施的重要方式。只有直接依宪法作出的决定、决议才是宪法实施活动。

②宪法的适用。指特定国家机关适用宪法解决争议，争议包括规范性文件合宪性、国家机关权限、选举诉讼、弹劾案、政党违宪等。英美法系由普通法院、大陆法系由宪法法院或宪法委员会解决争议。在我国，全国人大和人大常委会有权判断法律文件合宪性，其他机关无权直接适用宪法解决争议，但在适用法律时可参照宪法理解法律内涵，裁判文书不能引用宪法作为裁判依据，但可阐述其原则精神。

③宪法的遵守。指国家机关、政党、社会组织和个人遵循宪法规定行为。国家机关要执行和遵守宪法，政党要在宪法范围内活动，公民要以宪法为活动准则。宪法遵守是内在要求和重要形式。宪法也可通过法律实施间接实施，立法将宪法规定具体化后，法律实施也属于宪法实施范畴。

3. 论述健全保证我国宪法全面实施的体制机制。[武工大2023年研]

答：要健全保证宪法全面实施的体制机制，可以从以下几个方面着手：

(1)健全宪法规范与社会实际相适应的制度。保证宪法规范与社会实际相适应的制度主要有：

①宪法解释制度。我国现行宪法虽规定全国人大常委会解释宪法，但缺乏具体程序。应制定《宪法解释程序法》，明确提出宪法解释案的主体、审议程序、通过程序、效力、颁布主体及载体等。

②宪法修改制度。我国宪法虽规定了宪法修改程序，但过于简单，实践中形成了一些补充性的宪法修改惯例。部分惯例应适时通过宪法修改明确载入宪法。

(2)健全宪法实施的制度：

①宪法宣誓制度。宪法宣誓制度能促使国家工作人员树立宪法意识、恪守宪法原则、

弘扬宪法精神、履行宪法职责，彰显宪法权威，激励和教育国家工作人员忠于、遵守并维护宪法。2018 年《宪法修正案》将宪法宣誓制度写入宪法。

②领导干部宪法教育制度。抓住党员领导干部这个“关键少数”，推动领导干部带头尊崇、学习、遵守、维护、运用宪法。把宪法法律列入党委(党组)中心组学习内容，列为党校、行政学院、干部学院、社会主义学院必修课。

③国家宪法日。2014 年全国人大常委会将每年 12 月 4 日定为“国家宪法日”，用于纪念和宣传宪法。

④确保立法机关依据宪法进行立法，使宪法规定在立法过程中得以落实。

⑤保证国家机关按宪法作出具体决定决议，确保宪法实施的具体实践。

4. 试论宪法实施保障及其基本方式。［南开大学 2011 年研］

相关试题：

(1)试述宪法实施保障。［广东财大 2021 年研］

(2)简述我国宪法实施的保障机制。［简答题，沈工大 2020 年研；安徽师大 2018 年研］

(3)试论我国宪法实施保障的法律规定及如何保障宪法的实施。［江西师大 2016 年研］

答：(1)宪法实施保障的含义：

宪法实施保障在一定意义上，即宪法监督，是指立宪国家为了促进宪法的贯彻落实而建立的制度和开展的活动的总称。

(2)宪法实施保障的基本内容：

①保障法律、法规和法律性文件的合宪性：

a. 宪法是国家法律体系的基础，因而国家立法机关制定的一般法律以及其他国家机关制定的法规和法律性文件，都必须以宪法为依据，不得与宪法相抵触。否则，会有损宪法的权威和尊严，妨碍宪法的贯彻实施，法治国家建设也只能成为空谈。

b. 宪法的原则精神只有通过普通法律、法规的具体化，通过整个国家法律的健全和完备才能有效实施。如果法律、法规背离宪法的原则精神，那么宪法实施也就根本无从谈起。因此，保障法律、法规和法律性文件的合宪性是宪法实施保障的重要内容。

②保障国家机关及其工作人员、各政党、武装力量、社会团体、企业事业组织和全体公民的行为的合宪性。宪法作为国家的根本法，具有最高的法律效力，一切国家机关、社会组织和公民个人都必须将宪法作为自己根本的行为准则。如果立宪国家的机关、组织和个人的行为，背离宪法所确立的基本准则，同样也将有损宪法的权威和尊严，从而妨碍宪法的贯彻实施。因此，保障国家机关及其工作人员、各政党、武装力量、社会团体、企业事业组织和全体公民的行为的合宪性是宪法实施保障的又一重要内容。

(3)宪法实施保障的基本方式：

①以被审查的对象是否已经生效为依据，可以分为：

a. 事先审查又称预防性审查。这种方式通常适用于法律、法规和法律性文件的制定过程中。它是指在法律、法规和法律性文件尚未正式颁布实施之前，由有权机关对其是否合宪进行审查；如果在审查过程中发现其违宪，即予修改、纠正。这种方式可以减少法律规范在适用时由于违宪所造成的实质损害，但有时会延误立法进程，影响立法工作的效率。

b. 事后审查，指在法律、法规和法律性文件颁布实施之后，或者在特定行为产生实际影响之后，由有权机关对其是否合宪进行的审查。这种方式有利于提高立法工作的效率，尊重有权机关实施宪法的行为，但不利于预防和减少违宪事件的发生。

c. 事先审查和事后审查相结合。由于事先审查和事后审查各有其优缺点，为了更好地发挥宪法实施保障机制的作用，有些国家采取了两者相结合的方式。

②以审查的起因为依据，可以分为：

a. 附带审查，指司法机关在审理案件过程中，因涉及拟适用的法律、法规和法律性文件是否违宪的问题，而对该法律、法规和法律性文件所进行的合宪性审查。

b. 起诉审查，指有关国家机关、社会组织或公民个人在自己宪法上的权力或权利受到侵犯或可能受到侵犯时，依法诉请宪法实施保障机关对特定的法律性文件和行为的合宪性进行审查。

c. 提请审查，指特定的国家机关或国家领导人依法将有异议的法律性文件或行为，提请该国的宪法实施保障机关进行合宪性审查。

(4)我国宪法实施的保障机制：

①政治保障，指中国共产党带头模范地遵守和执行宪法。这是我国宪法得以贯彻落实的根本保证。中国共产党是我国的执政党，在国家政治生活中处于领导地位。但是在宪法和法律面前，中国共产党与其他政党、组织一样，都必须在宪法和法律的范围内活动。在中国共产党的模范带头作用下，其他政党、组织和广大人民群众也会自觉地遵守和执行宪法。

②法律保障，指宪法自身的保障。其主要表现在宪法明确规定它是国家的根本法，具有最高的法律效力，一般法律、法规都不得与宪法的规定相抵触，明确规定了修改宪法的特别程序。宪法通过规定这些内容，有力地保证了宪法的实施。

③组织保障，指依靠监督宪法实施的机关来保障宪法的实施。行使监督宪法实施职权的机关是全国人民代表大会及其常务委员会。全国人大有权修改宪法，全国人大常委会有权解释宪法；全国人大有权改变或撤销全国人大常委会不适当的决定；全国人大常委会有权撤销国务院制定的同宪法、法律相抵触的行政法规、决定和命令，有权撤销省、自治区、直辖市国家权力机关制定的同宪法、法律和行政法规相抵触的地方性法规和决议。

④依靠人民群众。我国宪法是我国各族人民的根本利益和长远利益体现，同时也是每个公民正当个人利益的保障。宪法能否贯彻执行同人民群众的切身利益关系十分密切。因此，广大人民群众不仅自己要自觉地遵守宪法和法律，还要监督各级国家机关、各企业事业组织、社会团体及其工作人员和其他公民遵守和执行宪法。

(5)我国宪法实施保障改革的方向：

我国的宪法实施保障机制为贯彻落实宪法，推进社会主义民主政治建设和法治国家建设发挥了重要作用。但应该清醒地认识到现阶段我国的宪法实施保障机制还存在诸多明显的不足，因此宪法保障改革是大势所趋。我国宪法保障改革的方向包括以下几个方面：

①建立专门的宪法实施保障机构，促使全国人民代表大会及其常务委员会监督宪法实施的职责能真正落到实处。

②制定切实可行的、保障宪法实施的实体和程序性法律规定。

③正确认识宪法实施保障机制重要性，正确看待这一机制对于促进我国社会主义民主

政治建设和法治国家建设的关键作用。

5. 试述违宪责任的概念、特征及形式。［江西师大 2015 年研］

相关试题：违宪责任有哪些特征？［简答题，河北大学 2015 年研］

答：(1)违宪责任的概念：

违宪责任是一种政治上的、领导上的特殊法律责任，是指国家机关及其工作人员、各政党、社会团体、企事业单位和公民的言论或行为违背宪法的原则、精神和具体内容因而必须承担相应的法律责任。

(2)违宪责任的特征：

①违宪责任的承担主体虽然具有多重性，但主要是国家立法机关。违宪责任承担主体通常包括国家机关、武装力量、政党、社会团体、企事业组织及担任一定职务的个人，与刑事、民事与行政责任承担主体相比，违宪责任承担主体具有多重性。

②违宪责任是基于宪法关系而发生的，即在宪政实践中，因宪法关系主体违宪而引起。宪法关系主体与公民、法人和其他组织在民事法律关系、行政法律关系或其他关系中因违法而引起的责任，不是违宪责任。

③违宪责任追究程序具有多元性。违宪责任承担主体的多重性，决定了作出违宪制裁措施的机关及其程序具有多元性。违宪责任的追究机关包括立法机关、司法机关和某些特设机关，在个别国家还包括总统。追究机关不同，其适用程序也各有不同。

④违宪责任既具有法律性质又具有政治性质。同时，违宪责任还反映一定的政治愿望和要求。

⑤违宪责任的承担方式也不同于其他法律责任。违宪责任是由于破坏了宪法关系，即国家机关与公民之间的权利义务关系或国家机关相互之间的关系而引起的，因而其承担方式主要是弹劾、罢免、宣告无效、拒绝适用、撤销等。

(3)违宪责任的形式：

①弹劾，指特定国家机关(一般为国家权力机关)依照法定程序和权限剥夺违宪或违法失职的国家领导人和重要公职人员职务的一种制裁措施。这一制裁违宪措施主要适用于实行总统制的国家。弹劾的对象主要是由公民和特殊机构选举出来并在其任职期间选举人无权罢免的政府官员。

②罢免，指对政府公共官员在其任职届满之前，由选民或原选举单位以选举方式罢免其职务的一种制裁措施。罢免责任适用对象主要是违宪失职、或有违民意、或失职腐败、或缺乏为官之德才的政府官员。

③撤销，指合宪性审查机关废除违宪的法律法规的一种措施。撤销这一违宪责任，一般由实行立法机关审查或专门机关审查模式的国家宪法规定。

④宣告无效，指合宪性审查机关否定违宪法律法规和行为的效力的一种措施。

⑤拒绝适用，指普通法院在审查具体案件中，对违宪法律法规不予采用的一种措施。采用这一违宪责任的主要是在合宪性审查上实行司法机关审查模式的国家。

⑥取缔政治组织，指合宪性审查机关禁止违宪政党存在与活动的一种措施。目前，不少实行政党政治的国家都采用了这一违宪责任形式。

6. 论述我国宪法监督制度的基本内容。［吉林大学2021年研］

相关试题：

(1)我国宪法监督制度的内容。［简答题，西南财大2025年研］

(2)结合宪法监督制度的类型，论述我国的宪法监督制度的内容和特点。［中南财大2024年研］

(3)结合实际分析我国宪法监督制度的内容。［湖南师大2024年研］

(4)我国宪法监督制度的主要内容。［简答题，沈工大2024年研］

(5)试述宪法监督的基本目标。［南京大学2023年研］

(6)试论述我国宪法监督制度。［吉林大学2015年研；华农2011年研］

答：我国基于人民代表大会制度和单一制国家结构形式，采用最高国家权力机关监督宪法实施的体制。我国宪法监督制度的基本内容主要包括：

(1)宪法的根本法地位。根据《宪法》序言，宪法是“国家的根本法，具有最高的法律效力”。这是宪法监督制度的法律基础。一切法律等规范性文件都不得抵触宪法。为保障宪法的地位和权威，需要宪法监督制度。

(2)宪法监督的基本目标。根据《宪法》第5条规定，中华人民共和国实行依法治国，建设社会主义法治国家；国家维护社会主义法制的统一和尊严。宪法监督制度的根本目标是，实现依宪治国、依宪执政，追究一切违反宪法的行为，维护国家法制的权威性、统一性。

(3)我国宪法监督制度的构成：

①宪法解释程序机制。我国采用最高国家权力机关解释宪法的体制，宪法明确规定由全国人大常委会解释宪法。全国人大也拥有解释宪法的权力。

②合宪性审查机制。在我国最高国家权力机关监督宪法实施的体制下，全国人大和全国人大常委会负责对所有的规范性文件进行合宪性审查。合宪性审查是宪法监督制度的主要内容和重要机制。

③备案审查制度。即所有的规范性文件均纳入备案审查范围。我国针对不同性质和效力的规范性文件，建立了多套备案审查机制。备案审查包括合宪性审查、合法性审查及适当性审查。

④依法撤销和纠正违宪违法的规范性文件。违宪的规范性文件主要通过合宪性审查机制予以撤销和纠正。在我国，撤销和纠正违法的规范性文件的机制主要有：行政复议制度、行政诉讼制度、备案审查制度和其他机制。

7. 论述我国合宪性审查机制的主要内容。［扬州大学2022年研］

相关试题：

(1)合宪性审查的主体、程序、意义。［中国政法2024年研］

(2)论述我国的合宪性审查制度。［华南理工2023年研；中山大学2019年研；中财2018年研］

(3)简述合宪性审查。［简答题，广西民大2022年研］

(4)我国宪法中合宪性审查制度的基本内容。［北航2020年研］

答：合宪性审查，是指特定机关对立法等公权力行为是否符合宪法予以审查判断和相应处理的活动。合宪性审查是宪法实施的制度保障，是宪法监督的基本形式甚至是主要形式。我国合宪性审查机制的主要内容有：

(1)合宪性审查的主体：

①核心主体。全国人大及其常委会是具有独立宪法地位的合宪性审查主体，常委会是日常性审查机关。

②协助机构。宪法和法律委员会及法制工作委员会协助审查。

(2)合宪性审查的对象：所有规范性文件。

①全国人大的法律不得与宪法抵触。

②全国人大常委会的法律不得抵触宪法。全国人大有权改变或撤销其不适当法律，撤销违背规定的自治条例和单行条例。

③向常委会提出合宪性审查要求或建议的对象包括行政法规等，范围后扩大到监察法规、经济特区法规、司法解释。

④所有规范性文件必须提交有关机关或党组织备案接受审查。

(3)合宪性审查的程序：

①审查程序的启动：

a. 依职权审查：第一，备案审查。法规等自公布 30 日内报常委会备案，办公厅登记存档后分送审查，相关机构主动研究并反馈意见。第二，批准审查。自治区自治条例和单行条例报常委会批准生效，审查任务由专门委员会或法制工作委员会进行。第三，移送审查。法制工作委员会对移送法规等进行审查。

b. 依申请审查：一是，经国家机关要求启动审查。特定国家机关认为规范性文件同宪法抵触，书面提出审查要求，由办公厅接收等流程后进行审查。二是，经组织、公民建议启动审查。上述机关外的主体书面提出审查建议，由法制工作委员会接收登记后依法审查，必要时送专门委员会审查。

c. 专项审查。法制工作委员会结合重点工作对相关法规等进行专项审查，过程中发现共性问题可一并审查。对一些情况可不启动审查程序，对不属于常委会备案审查范围的审查建议可移送其他机关处理。

②审查方式和期限：

a. 制定机关说明并反馈意见。发现可能有问题的，可与制定机关沟通或询问，要求 1 个月内说明并反馈。

b. 审查研究方式。征求国务院意见、征求其他机构意见、听取各方意见、询问审查建议人、实地调研、召开联合审查会议，意见分歧大的向委员长会议报告。

c. 审查期限。一般 3 个月内完成审查研究并报告。

(4)处理：

①建议自我纠正。协助审查机构发现问题可先沟通要求修改或废止，沟通无果则提出书面意见要求处理，逾期未报处理意见可督促或约谈，按意见修改或废止后审查终止。未按意见修改或废止的，可提出撤销等议案。

②撤销。全国人大有权撤销常委会不适当法律等，常委会有权撤销同宪法抵触的多种规范性文件。

③不予批准。常委会对违反宪法的自治区人大自治条例和单行条例可不予批准或责令修改后批准。

④责令修改。宪法和法律委员会认为抵触宪法的应提出书面意见并责令修改。

⑤改变。全国人大有权改变常委会不适当法律等。

(5)反馈与公开:

①反馈。国家机关提出审查要求的,常委会办公厅反馈;公民等提出建议的,法制工作委员会反馈,形式为书面或口头,也可通过平台反馈。对移送情况也可告知。

②公开。专门委员会等应适当公开备案审查工作情况。

(6)报告工作。法制工作委员会每年向常委会专项报告备案审查工作情况,审议后修改并刊载。

8. 论述合宪性审查模式和我国合宪性审查模式制度的完善。[吉林大学2010年研改编]

相关试题:

(1)当代违宪审查制度的基本模式。[山东大学2016年研]

(2)论我国违宪审查制度的现状及完善。[吉林大学2013年研]

(3)违宪审查的主要模式。[河北大学2012年研;中山大学2011年研]

(4)违宪审查有哪些主要模式?[简答题,南开大学2010年研;对外经贸2010年研]

答:(1)合宪性审查模式:

合宪性审查模式是指在宪法实施监督理论指导下,由合宪性审查主体、对象、方式、方法、原则等构成的可供人们理解、把握和仿照的固定形式。该模式取决于一个国家的政治、经济、文化条件和历史背景,不同的国家在模式的选择上会有一定的差异。以合宪性审查权的归属为标准,这些模式主要包括:

①司法机关审查模式:

a. 司法机关审查模式是普通法院在审理具体案件中,对该案件所适用的法律和行政法规的合宪性进行审查、裁决的一种合宪性审查模式。

b. 优点:因有权启动合宪性审查程序的主体比较广泛,故能使一国的合宪性审查具有经常性、有效性和可操作性,从而维护宪法的最高权威和一国的法制统一。

c. 不足:第一,司法审查主要是具体的个案审查,它不能撤销违宪的法律及法律性文件。第二,对有关法律违宪性裁决的效力具有不确定性和有限性。因为司法权属于终极性、被动性权力,且受立法、行政权力制约,法院对违宪案件的裁决,如果当事人不服,还可以上诉或申诉。因此,司法审查很难具有终局性。第三,该程序必须在违宪事实发生后才能启动,不利于对于宪法权威和民众利益的保护。

d. 司法审查模式依据其合宪性审查权的来源,又可分为通过司法判决确定合宪性审查权归属的美国模式和由宪法明确规定合宪性审查权的日本模式。

②立法机关审查模式:

a. 立法机关审查模式是宪法或宪法惯例所规定的立法机关负责审查、裁决违宪案件的一种合宪性审查模式。

b. 优点:立法审查具有权威性和权力行使的统一性以及监督的直接性和快捷性。

c. 不足:该模式也有实效性、经常性和公正性不够理想的缺陷。因为立法机关本身担负着沉重的立法任务，加上合宪性审查的专业性强、工作量大，立法机关往往缺乏精力和时间对所有的法律、法规进行合宪性审查，更不可能受理具体的违宪诉讼。同时，不能体现违宪审查机构的专门性和裁判过程的司法性，特别是无法解决自身监督自身立法的问题。

③专门机关审查模式：

a. 专门机关审查模式是由宪法所规定的专门机关对法律、法规、行政规章等的合宪性进行审查、裁决的一种合宪性审查模式。

b. 该模式可分为特设司法机关审查模式和专门政治机关审查模式两类。特设司法机关审查模式是指由根据宪法规定设立的专门行使合宪性审查权的法院负责合宪性审查的一种模式，这种模式在大多数国家被称为宪法法院审查模式。专门政治机关审查模式，一般又称为宪法委员会模式，其特点在于专门政治机关的职权主要是政治性职权。

④复合审查模式：

a. 复合审查模式是一国的合宪性审查权由两个或两个以上的国家机关共同行使，并根据法律规定或国家认可的权限、程序和方式对违宪案件进行合宪性审查和裁决的一种模式。

b. 特点：审查主体的双重性或多重性，且各审查主体相互分工，密切配合，使违宪案件得到有效审查。不过，该模式也有合宪性审查权分散、不统一的缺陷。

(2)我国合宪性审查模式的完善：

①我国现行审查模式主要是在我国宪政实践中，依据1982年宪法和行政诉讼法以及国家赔偿法确定下来的。我国已经初步建立起国家权力机关和司法机关相结合，事先审查与事后审查相统一的合宪性审查模式。

a. 全国人民代表大会及其常务委员会负责监督宪法实施，享有合宪性审查权。

b. 行政诉讼法、国家赔偿法规定了司法机关有权对国家机关及其工作人员公务行为的合宪性、合法性问题进行审查。

c. 评价：优点是符合国家体制，审查具有权威性，权力行使具有统一性及公正性。不足是审查主体不明确和多层次，审查范围狭窄，缺乏程序保障等。

②我国合宪性审查制度完善的总体原则：

a. 完善我国合宪性审查制度应从可行性和中国的国情出发。

b. 要充分利用现有法律资源，尤其是宪法资源。

③我国合宪性审查制度完善的具体方式：

我国在合宪性审查模式上，应当实行全国人大及其常委会与普通法院行政庭共同进行合宪性审查的复合审查模式，并对其予以健全和完善。主要表现在以下方面：

a. 坚持党对合宪性审查工作的领导，确保正确的政治方向。坚持党的领导，是保证中国特色合宪性审查制度正确的政治方向，确保合宪性审查制度的运行顺利展开的关键。在未来中国特色合宪性审查制度发展过程中，应当注意处理好党的领导在这一制度运行中的具体领导方式等问题。

b. 加强全国人大及其常委会的机构建设，促使合宪性审查运行的具体化。具体说来，主要是加强全国人大宪法和法律委员会的建设，明确其开展宪法解释、推进合宪性审查的程序、方法、职权等，促使其成为配合全国人大及其常委会展开宪法监督和实施工作的重要“助手”。应推动制定《宪法解释程序法》《全国人大宪法和法律委员会工作程序规定》等规定上述内容的程序性法律法规，使合宪性审查工作有法可依，逐渐走向常态化。

c. 探索人民法院尤其是最高人民法院提起合宪性审查请求的制度安排。在未来的制度构建中，可以探索建立人民法院在具体审判个案中，如发现存在合宪性问题的法律法规，可通过一定方式(如经最高人民法院统一审查后提起)提交有权机关进行审查的制度安排。

d. 增强全民的宪法意识，为合宪性审查制度奠定广泛坚实的思想基础。具体措施包括：加强宪法的解释、普及工作，使人民透彻了解宪法条文的实质意义，尤其要加强对国家机关及其工作人员的守宪意识教育。

9. 党的十九大报告提出，加强宪法实施和监督，推进合宪性审查工作。试比较合宪性审查模式的司法审查制和宪法法院审查制，并指出其分别对中国推进合宪性审查工作有何借鉴意义。[华侨大学2018年研]

答：(1)合宪性审查模式的司法审查制：

司法机关审查模式是指普通法院在审理具体案件中，对该案件所适用的法律、法规以及法律性文件的合宪性进行审查、裁决的一种合宪性审查模式。这一模式的优点在于能使一国的合宪性审查具有经常性、有效性和可操作性，从而维护宪法的最高权威和一国法制的统一。但是，司法审查模式也有其不足，主要表现在，司法审查主要是针对具体个案的审查，并且它不直接撤销违宪的法律及法律性文件。对于那些明显违宪的法律、法规，如果没有具体的诉案，法院便不能积极主动地去宣布某项法律、法规违宪，这样就会导致违宪的法律、法规依然存在于法律体系之中。另外，该程序必须在违宪事实发生后才能启动，也不利于对于宪法权威和民众利益的保护。

司法审查模式依据其合宪性审查权的来源，又可分为通过司法判决确定合宪性审查权归属的美国模式和由宪法明确规定合宪性审查权的日本模式。如前所述，美国联邦法院享有合宪性审查权是通过个案判决确定的，而日本最高法院享有合宪性审查权则来自日本宪法的规定。

(2)宪法法院审查制：

宪法法院审查制又可称为特设司法机关审查模式，是专门机关审查模式中的一种。专门机关审查模式，是指由宪法所规定的专门机关对法律、法规以及法律性文件的合宪性进行审查、裁决的一种合宪性审查模式。这些机关可分为两类，即特定司法机关和专门政治机关。专门机关审查模式也可由此分为特设司法机关审查模式和专门政治机关审查模式。

特设司法机关审查模式，是指由根据宪法规定设立的专门行使合宪性审查权的法院负责合宪性审查的一种模式。这种模式在大多数国家被称为宪法法院审查模式。一般说来，宪法法院在合宪性审查方面具有广泛的权限，它不仅有权审查当事人提起诉讼的有关法律是否合宪，而且有权审查没有当事人提起诉讼的有关法律是否合宪。同时，有的国家的宪法法院还有权审理对总统或联邦法官的弹劾案及政党违宪案等。同司法机关审查模式相比，特设司法机关审查模式不仅具有地位超脱、权限广泛、程序灵活和审查方式多样的特点和优点，而且特设司法机关的审查具有终极性效力。但特设司法机关的地位超脱，权限范围广泛也带来了不少消极影响。其突出表现是案件堆积如山，精力和人手不够，难以应对。

(3)对我国合宪性审查工作的推进：

从我国国情来看，我国是“权力机关至上”“民主集中制”的国家。国家权力机关在国家体系中处于主导地位，其行使的权力具有最高性和全权性，其他国家机关相对它来讲则具有从属性，因而另外设立独立机构审查国家权力机关所制定的法律的合宪性，不一定符合我国国情。同时，虽然国家权力机关负责合宪性审查存在着一些弊端，但这种弊端完全可以通过完善我国的政治体制予以克服。从法律资源来看，我国宪法已赋予全国人大及其常委会以合宪性审查权，尽管在以往的宪政实践中，全国人大及其常委会很少行使该项职权，但随着宪政实践的发展，这一权力一定会得到有效行使。同时，我国宪法还规定，设立各专门委员会协助全国人大及其常委会的工作，那么在以后的宪政实践中，专门委员会中的宪法和法律委员会，也可以协助权力机关行使合宪性审查权。再者，1989 年我国行政诉讼法的颁布以及人民法院行政庭的设立，为司法机关审查侵犯公民基本权利的宪法控诉案提供了基础。有鉴于此，我国在合宪性审查模式上，应当实行全国人大及其常委会与普通法院行政庭共同进行合宪性审查的复合审查模式，并对其予以健全和完善。

10．谈谈我国宪法监督制度的发展与完善。［中山大学 2017 年研］

相关试题：如何完善宪法监督制度？［西北政法 2022 年研］

答：宪法监督是指由特定国家机关按照法律程序对国家机关作出的宪法行为进行合宪性审查的制度。完善宪法监督制度，应从以下方面入手：

(1)强化宪法监督理念。要从对公民普法入手：①要加强宪法的宣传工作，及时作出宪法解释，使公民在具体实践中感受到宪法的存在和威严；②要提高各级人大代表的宪法素养，把监督宪法的实施作为其重要职责。

(2)完善合宪性审查程序，积极推进合宪性审查工作。

①集中规定合宪性审查的对象。我国现行法律没有将合宪性审查对象规定在一个法律文件中，而是分散在不同的法律文件中，这样的方式缺乏统一性和有效性。完善宪法监督制度，应统一明确合宪性审查的对象，这样才有利于宪法的实施。

②限定启动合宪性审查程序的主体资格条件。我国现行法律规定，能够提出合宪性审查建议的主体范围过于广泛，且这些主体的实际权利并未受到损害，导致在实践中无法有效实施。完善宪法监督制度，应对提出合宪性审查的主体资格条件予以适当限定。

③审查程序需要进一步细化。完善宪法监督制度，要明确、细化宪法监督的每一步程序，如受理机构、时效、审查的标准、具体步骤、表决机制等，使其具有可操作性。要使得具体的受理机构和公民认为自己的宪法权力受到侵犯时，清楚如何向有关机关提出审查建议的程序。

(3)应加强党对宪法监督的领导。宪法是党的主张和人民意志的有机统一，集中反映了党的思想路线和方针政策，体现了全国各族人民的利益和意志。坚持党的领导，这是完善宪法监督制度的重要政治保证和前提条件。

11．2015 年 7 月，全国人大常委会通过《关于实行宪法宣誓制度的决定》。2018 年宪法修改确认了宪法宣誓制度，规定国家工作人员就职时应当依照法律规定公开进行宪法宣誓。联系实际，论述宪法宣誓制度对推进依法治国的意义。［2020 年法硕(非法学)真题］

答：(1)宪法宣誓的含义：

宪法是国家的根本法，是治国安邦的总章程，依法治国首先是依宪治国。

宪法宣誓制度是宪法实施的一个环节，是我国宪法实施制度的完善和最新发展。

(2)宪法宣誓的主体和内容：

根据《全国人大常委会关于实行宪法宣誓制度的决定》的规定，全国人大及其常务委员会、国务院、中央军委、最高人民法院、最高人民检察院等中央国家机构和县级以上人大及其常委会、人民政府、人民法院、人民检察院等县级以上地方国家机构选出或任命的国家工作人员在就任时应当公开对宪法宣誓。

宪法宣誓的内容为："我宣誓：忠于中华人民共和国宪法，维护宪法权威，履行法定职责，忠于祖国、忠于人民，恪尽职守、廉洁奉公，接受人民监督，为建设富强民主文明和谐美丽的社会主义现代化强国努力奋斗！"

(3)宪法宣誓制度对推进依法治国的意义：

①宪法宣誓制度可以提升国家工作人员的法治意识，增强其对宪法法律的敬畏和信仰。

②宪法宣誓制度对促进科学立法、严格执法、公正司法、全民守法发挥着积极的作用。

③宪法宣誓制度有利于维护宪法的最高法律地位、法律权威和法律效力。

④宪法宣誓制度有利于激励和教育国家工作人员忠于宪法、遵守宪法、维护宪法，是我国宪法实施制度的完善和最新发展。

七、案例分析题

1. 2001年8月22日，山东省青岛市三名考生状告教育部，就全国高考录取分数线的地区差异向最高法院提出了宪法诉讼，主张保障公民的平等受教育权，但最后被以等级管辖(应向中级人民法院起诉)和行政诉讼的审理范围(限于具体行政行为)为由驳回。[中山大学2009年研]

请以此案为例，分析中国宪法实施的重点和难点。

答：(1)宪法实施是法律实施的一种具体形式，是指宪法规范在现实生活中的贯彻落实，概括说来，宪法实施主要由两部分构成：

①宪法适用。指一定国家机关对宪法实现所进行的有目的的干预，通过适用宪法解决争议，包括两层含义：

a. 国家代议机关和国家行政机关对宪法实施的干预。实施宪法不仅要求这些机关依宪设立，要求这些机关严格依宪运作(即依照宪法规定的职权范围、活动程序和原则行使其职权)，而且更重要的是要求这些机关通过追究宪法责任等途径，确保宪法的禁止性规定和宪法设定的义务能够得到落实。

b. 国家司法机关在司法活动中对宪法实施的干预。虽然目前我国法院一般不直接引用宪法条文作为判决的依据，但理论界一致认为，由于宪法与其他部门法一样具有一般的法律属性，因此，宪法也必然具有司法适用性。

②宪法遵守。指一切国家机关、社会组织和公民个人严格依照宪法的规定从事各项行为。宪法遵守既是宪法实施最基本的要求，也是宪法实施最基本的方式。宪法遵守通常包括三层含义：a. 享有宪法赋予的权利；b. 履行宪法规定的作为义务；c. 不违反宪法规定的禁止性命令。

(2)按照以上对宪法实施的阐述可知，目前我国宪法实施的重点在于宪法适用部分。

①我国实行的是立法保障机制。全国人大及其常委会有权监督宪法实施，但是在实践中，由于缺乏专门的宪法实施保障机构，全国人大及其常委会监督宪法实施的职责不能真正地落实，针对违反宪法中规定的公民基本权利的事项没有进行严格的审查，这才导致上述青岛三个考生被迫向最高人民法院提起诉讼。

②缺乏切实可行的、保障宪法实施的实体和程序性法律规定。我国并没有规定公民可以提起宪法诉讼，因此，也没有其他相应的实体和程序性规定，进而导致公民的诉讼无门。通过上述案例可以看出，正是由于缺乏相应的实体和程序性法律规定，青岛三考生的诉求才被法院以等级管辖(应向中级人民法院起诉)和行政诉讼的审理范围(限于具体行政行为)为由驳回。

2. 2003年5月27日，洛阳市中级人民法院在审理一起种子赔偿纠纷案时，遭遇法律冲突问题。在庭审中，就赔偿损失的计算办法，原告(汝阳县种子公司)与被告(伊川县种子公司)争议激烈，原告主张适用《种子法》，以"市场价"计算赔偿数额；被告则要求适用《河南省农作物种子管理条例》，以"政府指导价"计算赔偿金额。经审判，洛阳市中级人民法院下达(2003)洛民初字第26号民事判决书，原告和被告都不服判决，向河南省高级人民法院提起上诉。洛民初字第26号民事判决书写道："《种子法》实施后，玉米种子的价格已由市场调节，《河南省农作物种子管理条例》作为法律位阶较低的地方性法规，其与《种子法》相抵触的条(款)自然无效。"

请根据宪法和有关法律规定回答如下问题：

(1)人民法院应当援引何种法律、法规作出判决？为什么？

(2)人民法院是否有权作出宣布地方性法规无效的决定？为什么？说明理由。

(3)针对本案，公民是否有权提出违宪审查的权利？其依据是什么？

答：(1)人民法院应当援引《种子法》的规定作出判决。

理由：根据《立法法》规定，法律的效力高于行政法规、地方性法规、规章。本案中，河南省人大常委会有权制定《河南省农作物种子管理条例》之类的地方性法规，但前提是不得与宪法、法律、行政法规相抵触。《河南省农作物种子管理条例》与《种子法》发生了矛盾和冲突。根据上位法的效力高于下位法效力的原则，《河南省农作物种子管理条例》属于地方性法规，其法律效力低于作为法律的《种子法》，因此法院应援引《种子法》进行判决。

(2)人民法院无权宣布地方性法规无效。

理由：根据我国《宪法》规定，撤销同宪法、法律相抵触的地方性法规的权力属于全国人大常委会，而不是人民法院。尽管《河南省农作物种子管理条例》这一地方性法规确实违反了《种子法》，但人民法院无权确认其无效。

(3)公民有权提请全国人大常委会进行违宪审查的权利。

依据：根据《立法法》第110条规定，公民认为行政法规、地方性法规、自治条例和单行条例同宪法或者法律相抵触的，可以向全国人大常委会书面提出进行审查的建议，由常委会工作机构进行审查；必要时，送有关的专门委员会进行审查、提出建议。据此，公民有权向全国人大常委会提出违宪审查。

3. 某省高级人民法院在审理一起刑事案件时，发现省人大常委会通过的一个地方性法规与宪法相抵触，于是报请最高人民法院，由最高人民法院决定是否采用该地方性法规。最高人民法院根据该省高级人民法院的报请，下文作出决定，宣布该地方性法规无效并指令该省高级人民法院不予采用。高级人民法院依据最高人民法院的指令作出不采用该地方性法规的决定。

请根据宪法和法律的有关规定分析：

(1)上述两级法院的做法有哪些不妥之处？为什么？

(2)省高级人民法院应当如何做才符合宪法或者有关法律的规定？

(3)具体结合上述案例说明我国对违宪审查制度的完善。

答：(1)上述两级法院做法的不妥之处及理由如下：

①省高级人民法院不应报请最高人民法院决定是否采用该与宪法相抵触的地方性法规。因为最高人民法院与高级人民法院之间是指导和监督关系，而不是领导关系。

②省高级人民法院不应依据最高人民法院的指令作出不采用该地方性法规的决定。

③最高人民法院无权决定在审理案件时是否采用地方性法规。在我国，法院并不是违宪审查的主体，没有违宪审查权。根据宪法，负责对地方性法规进行违宪审查的机关有两个：全国人大常委会和省级人民代表大会。在我国，任何人民法院都没有违宪审查的权力。因此，最高人民法院的做法侵犯了全国人大常委会和省人民代表大会的宪法权力。

(2)省人民法院的正确做法：在审理案件时，如果发现省人大常委会通过的地方性法规与宪法相抵触，应该暂时中止案件的审理，请求全国人大常委会或者省人民代表大会对有关的地方性法规进行违宪审查，然后再根据审查结论对案件作出判决，而不能径直宣布地方性法规无效，不予采用。

(3)从上述案例可以看出，我国的违宪审查制度在具体运作过程中存在下列问题，亟待完善：

①我国宪法虽然授权一定机关行使违宪审查的权力，但不具有专门性，这导致主体不明，责任不清，因而成立专门的违宪审查机关势在必行。

②宪法和法律有关违宪审查制度的规定过于原则，因此需要具体法律进一步贯彻，特别要加强程序建设。

③司法审判中有关宪法的适用没有得到加强，这不利于维护宪法的权威和制止违宪行为的出现，因此，有必要加强宪法在司法审判实践中的适用。